监察法要义

舒国兵 —— 著

当代中国出版社
Contemporary China Publishing House

图书在版编目(CIP)数据

监察法要义 / 舒国兵著. -- 北京：当代中国出版社，2023.6
ISBN 978-7-5154-1266-5

Ⅰ.①监… Ⅱ.①舒… Ⅲ.①行政监察法—中国 Ⅳ.①D922.11

中国国家版本馆 CIP 数据核字(2023)第 096131 号

出 版 人	冀祥德
责任编辑	靳振国　沈秋彤
责任校对	贾云华
印刷监制	刘艳平
装帧设计	鲁　娟
出版发行	当代中国出版社
地　　址	北京市地安门西大街旌勇里 8 号
网　　址	http://www.ddzg.net
邮政编码	100009
编 辑 部	(010)66572156
市 场 部	(010)66572281　66572157
印　　刷	北京润田金辉印刷有限公司
开　　本	710 毫米×1000 毫米　1/16
印　　张	18.25 印张　2 插页　275 千字
版　　次	2023 年 6 月第 1 版
印　　次	2023 年 6 月第 1 次印刷
定　　价	88.00 元

版权所有，翻版必究；如有印装质量问题，请拨打(010)66572159 联系出版部调换。

目录

第一章 监察法概述 / 001

第一节 监察权 / 002

一、监察权的性质 / 002

二、监察权的行使主体和对象 / 006

三、监察权的权能 / 007

第二节 监察法 / 008

一、监察法的概念和内涵 / 008

二、监察法的立法目的 / 009

第三节 监察法的渊源 / 013

一、宪法 / 013

二、法律 / 014

三、行政法规 / 016

四、规章 / 016

五、监察法规 / 017

六、司法解释 / 017

七、其他规范性文件 / 018

第二章 监察法的基本原则 / 019

第一节 党的全面领导原则 / 020

一、党的全面领导体现为思想上的领导 / 020

二、党的全面领导体现为组织上的领导 / 021

三、党的全面领导体现为各方面和全过程的领导 / 021

第二节　监察独立原则 / 022

一、监察机关具有独立的法律地位 / 022

二、监察职能具有专属性 / 022

三、监察官任免和履职具有独立性 / 023

四、监察机关独立行使监察权 / 023

第三节　惩戒与教育相结合原则 / 024

第四节　保障人权原则 / 025

一、监察法确立保障人权原则是现代法治的必然要求 / 025

二、保障人权原则的具体体现 / 026

第五节　互相配合、互相制约原则 / 028

一、监察机关与审判机关、检察机关、执法部门的互相配合 / 029

二、监察机关与审判机关、检察机关的互相制约 / 030

第六节　依靠群众原则 / 031

一、依靠群众是党的群众路线的本质要求 / 031

二、依靠群众是人民群众维护自身根本利益的内在诉求 / 031

三、依靠群众能充分调动人民群众这一反腐败的基础力量 / 032

第三章　监察机关 / 033

第一节　监察机关的地位 / 033

一、监察委员会是国家的监察机关 / 033

二、监察委员会是行使国家监察职能的专责机关 / 034

第二节　监察机关的组织 / 035

一、国家监察委员会 / 035

二、地方各级监察委员会 / 036

三、监察委员会的内部机构设置 / 036

四、派驻或者派出监察机构、监察专员 / 040

第三节 监察机关的领导体制 / 045

一、党对监察委员会的领导关系 / 046

二、各级监察委员会之间的领导关系 / 046

三、派出机关对派驻或者派出监察机构、监察专员的领导关系 / 049

四、监察委员会的内部领导体制 / 050

第四节 监察官 / 052

一、监察官的条件、选用和任免 / 052

二、监察官的兼任禁止与回避 / 054

三、监察官的监督和惩戒 / 054

四、监察官的职业保障 / 054

第四章 监察职权 / 056

第一节 监察监督 / 056

一、监察监督的内涵 / 057

二、监察监督的内容 / 058

三、监察监督的方式 / 061

四、监督联动 / 064

第二节 监察调查 / 065

一、监察调查的内涵 / 065

二、监察调查权的性质 / 067

三、监察调查的内容和范围 / 070

四、监察调查的措施、程序和保障 / 071

第三节 监察处置 / 072

一、监察处置的内涵 / 072

二、监察处置的措施 / 075

三、对监察处置职责的保障 / 083

第五章 监察范围和管辖 / 084

第一节 监察对象 / 085

一、公务员和参公管理人员 / 085

二、经授权或委托管理公共事务的组织中从事公务的人员 / 087

三、国有企业管理人员 / 088

四、公办事业单位中从事管理的人员 / 089

五、基层群众性自治组织中从事管理的人员 / 090

六、其他依法履行公职的人员 / 090

第二节　监察事项 / 091

一、公职人员政治品行、行使公权力和道德操守情况 / 091

二、职务违法行为 / 091

三、职务犯罪行为 / 092

第三节　管辖 / 094

一、一般管辖 / 095

二、提级管辖 / 096

三、指定管辖 / 097

四、派驻、派出管辖 / 098

五、协商管辖 / 099

六、管辖争议 / 099

七、监察管辖优先 / 100

第六章　证据 / 102

第一节　证据概述 / 103

一、证据的概念 / 103

二、证据能力 / 104

三、关于证据的属性 / 105

四、定案根据 / 106

第二节　证据类型 / 107

一、监察证据的法定种类 / 108

二、证据的理论分类 / 111

第三节　证据规则 / 112

一、全面收集证据规则 / 113

二、非法证据排除规则 / 113

三、最佳证据规则 / 117

第四节 证明标准 / 117

一、二元的证明标准 / 118

二、职务犯罪案件的证明标准 / 119

三、职务违法案件的证明标准 / 120

第五节 证据审查 / 121

一、证据审查的内容 / 122

二、具体证据的审查与认定 / 123

第七章 监察措施 / 125

第一节 监察措施概述 / 125

一、监察措施的含义 / 125

二、监察法中的强制措施 / 126

第二节 留置措施 / 128

一、留置措施的适用条件 / 128

二、留置的程序和要求 / 132

三、被留置人员的权利保障 / 133

四、留置的期限和解除 / 134

五、刑期折抵 / 136

第三节 一般调查措施 / 136

一、谈话 / 137

二、询问 / 142

三、查询 / 146

四、调取 / 149

五、勘验检查 / 152

六、鉴定 / 155

第四节 特别调查措施 / 159

一、讯问 / 159

　　二、冻结 / 163

　　三、搜查 / 165

　　四、查封、扣押 / 167

　　五、通缉 / 173

　　六、技术调查 / 175

　　七、限制出境 / 178

第八章　监察程序 / 181

　第一节　监察程序概述 / 181

　第二节　线索处置 / 184

　　一、线索来源 / 184

　　二、归口受理 / 186

　　三、承办并分类处置 / 189

　　四、集中管理 / 191

　第三节　初步核实 / 191

　　一、初步核实的含义 / 191

　　二、初步核实的程序和要求 / 191

　第四节　立案 / 193

　　一、立案条件 / 193

　　二、立案申请及审批 / 195

　　三、立案后的通知通报 / 196

　第五节　调查 / 196

　　一、确定调查方案 / 196

　　二、开展调查 / 197

　　三、调查期限 / 198

　　四、调查终结 / 200

　　五、补充调查 / 202

　第六节　审理 / 202

一、监察案件审理的含义 / 202

二、受理案件 / 203

三、审理组和审理期限 / 203

四、审理原则和依据 / 204

五、审理中的谈话 / 205

六、审理终结 / 206

七、提级和指定管辖案件的审理 / 207

第七节 处置 / 208

一、劝诫措施的程序和要求 / 209

二、政务处分的程序和要求 / 209

三、问责的程序和要求 / 211

四、监察建议的程序和要求 / 214

五、撤销案件的程序和要求 / 214

六、涉案财物的处置程序和要求 / 215

第八节 移送审查起诉 / 216

一、案件移送衔接 / 216

二、审查结果 / 219

三、监察机关的配合义务 / 221

四、没收违法所得申请和缺席审判意见程序 / 222

五、从宽处罚建议 / 223

第九章 监察救济及对监察的监督 / 231

第一节 监察救济 / 232

一、复审与复核 / 233

二、申诉控告 / 234

三、国家赔偿 / 238

第二节 对监察机关和监察人员的监督 / 242

一、外部监督 / 242

二、内部监督 / 250

三、对监察机关和监察人员的责任追究 / 256

第十章　反腐败国际合作 / 260

第一节　反腐败国际合作概述 / 260

一、反腐败国际合作的主体 / 261

二、反腐败国际合作的形式 / 263

三、反腐败国际合作的内容 / 264

四、反腐败国际合作的重点工作 / 269

第二节　监察机关在反腐败国际合作中的工作职责 / 272

一、国家监察委员会的工作职责 / 272

二、地方各级监察机关的工作职责 / 275

三、涉外案件办理工作的具体要求 / 275

第三节　国(境)内工作 / 276

一、防逃工作 / 277

二、防逃工作的具体要求 / 278

第四节　对外合作 / 279

一、申请发布红色通报 / 279

二、开展引渡 / 279

三、开展刑事司法协助 / 279

四、执法合作 / 280

五、境外追缴 / 280

第一章　监察法概述

十八大以来,党坚定推进全面从严治党,严厉惩治腐败,开展了强有力的反腐败斗争,取得了重大成果,为开创党和国家事业新局面提供了重要保证。如何将这一来之不易的成果巩固下来,形成既治标又治本的长效治理机制,成为新形势下全面从严治党的重大课题。

2016年10月,党的第十八届中央委员会第六次全体会议提出,建设廉洁政治,坚决反对腐败,"必须筑牢拒腐防变的思想防线和制度防线,着力构建不敢腐、不能腐、不想腐的体制机制"。会议同时强调,"各级党委应当支持和保证同级人大、政府、监察机关、司法机关等对国家机关及公职人员依法进行监督"。这是首次将彼时仅为政府内设职能部门的监察机关与同级政府及司法机关并列。

同年11月,中共中央办公厅印发《关于在北京市、山西省、浙江省开展国家监察体制改革试点方案》,部署在试点地区设立各级监察委员会,从体制机制、制度建设上先行先试、探索实践,为在全国推开积累经验。随后,12月25日,第十二届全国人大常委会第二十五次会议通过了《关于在北京市、山西省、浙江省开展国家监察体制改革试点工作的决定》(以下简称《监察体制改革试点决定》),正式拉开了国家监察体制改革的序幕。2017 年 11 月 4 日,改革试点在全国全面推开。

经过前期的探索和经验积累,2018 年 3 月 11 日,第十三届全国人大第一次会议通过了《中华人民共和国宪法修正案》(以下简称 2018 年《宪法修正案》),在《宪法》第三章国家机构中新增了第七节监察委员会。据此,监察委员会依法独立行使监察权,与同级政府、人民法院和人民检察院等平行。同年 3 月 20 日,《中华人民共和国监察法》(以下简称《监察法》)颁布。自此,监察权成为一项新的权力,我国形成了"一府一委两院"的权力新格局,开启了国家监察的新时代。监察法也由此成为一个新的法律部门。

第一节 监察权

一、监察权的性质

依据《监察体制改革试点决定》,监察委员会行使监察职权,将人民政府的监察厅(局)、预防腐败局及人民检察院查处贪污贿赂、失职渎职以及预防职务犯罪等部门的相关职能整合至监察委员会。这引发了有关监察权性质的讨论。及至 2018 年《宪法修正案》于《宪法》第 127 条第 1 款规定,"监察委员会依照法律规定独立行使监察权,不受行政机关、社会团体和个人的干涉",此类关于监察权性质的争论仍未停歇。

根据《中华人民共和国行政监察法》(以下简称《行政监察法》,现已失效)第 2 条的规定,监察机关是人民政府行使监察职能的机关,依法对国家行政机关及其公务员和国家行政机关任命的其他人员实施监察。因此原行政监察机关所行使的监察权为行政权,自无疑问。同时,人民检察院作为司法机关,其所享有的查处贪污贿赂、失职渎职以及预防职务犯罪等职权属于司法权,亦无疑问。然而,国家监察体制改革将上述相关职能整合至监察委员会后,就必然会引起监察权究竟是何种性质之权力的争论。

有论者主张监察权是现代公共权力"第四权",即在西方传统分权理论中的立法权、行政权、司法权之外形成的第四项权力。[1] 另有论者认为，国家监察体制改革将原属于人民政府的行政监察权、预防腐败局的腐败预防权及人民检察院的职务犯罪查处与预防权这几种不同形态及属性的权力加以整合，是对既往权力属性的改造、扬弃和克服，进而涅槃形成了性质不同的、新型复合性国家权力，即国家监察权。[2] 还有论点认为，中国特色监察权由两部分组成：一部分是党的执政权延伸出来的政治权力性质的监察权；另一部分则是需要借助于国家权力体系运行的国家监察权。因而监察权属于一种执政党的执政权与国家机构的国家治理权相混合的产物，是党在长期执政实践中创造的一种执政方式。[3]

新华社曾于2017年11月5日播发《积极探索实践 形成宝贵经验 国家监察体制改革试点取得实效——国家监察体制改革试点工作综述》一文。对于监察委员会的定位，该文讲道，"监察委员会实质上就是反腐败工作机构，和纪委合署办公，代表党和国家行使监督权，是政治机关，不是行政机关、司法机关"。[4] 中共中央纪律检查委员会、中华人民共和国国家监察委员会法规室编写的《〈中华人民共和国监察法〉释义》一书中也持此观点，认为监察委员会"是实现党和国家自我监督的政治机关，不是行政机关、司法机关"。[5] 监察机关是否属于政治机关暂且不论，这些权威的观点潜在的意义似乎表明监察机关所行使的监察权至少不同于行政权和司法权。

有论者指出，由于我们受传统政治学和宪法学理论影响，认为国家权力一般划分为立法权、行政权、司法权，进而将国家机关相应划分为立法机关、行政机关、司法机关三类。然而监察委员会显然不属于一般意义上的立法机关、行

---

[1] 魏昌东：《国家监察委员会改革方案之辨正：属性、职能与职责定位》，载《法学》2017年第3期。
[2] 徐汉明：《国家监察权的属性探究》，载《法学评论》2018年第1期。
[3] 莫纪宏：《国家监察体制改革要注重对监察权性质的研究》，载《中州学刊》2017年第7期。
[4] 《积极探索实践 形成宝贵经验 国家监察体制改革试点取得实效——国家监察体制改革试点工作综述》，载新华网，2022年6月10日访问。
[5] 中共中央纪律监察委员会、中华人民共和国国家监察委法规室：《〈中华人民共和国监察法〉释义》，中国方正出版社2018年版，第62页。

政机关、司法机关,故难以对其进行准确定性。[1] 这一观点同样可以作为监察权的性质存在争论的原因。事实上,由上述关于监察权性质的争论可知,这些观点中均会将监察权与行政权和司法权进行比较。

如果仅从西方三权分立学说出发,并将其奉为圭臬,那必然就会认为古往今来的公权力,不论国内、国际或区域的,也不论民主、专制或独裁的,都有确认规则、管理事务、裁断纠纷这三项职能,即所谓立法、行政和司法三种权力。[2]

然而我国的国家权力配置并全然不遵循这种逻辑。依据我国《宪法》第2条第2款和第3条第3款的规定,"人民行使国家权力的机关是全国人民代表大会和地方各级人民代表大会""国家行政机关、监察机关、审判机关、检察机关都由人民代表大会产生,对它负责,受它监督"。也就是说我国的国家权力配置是先有人民代表大会作为权力机关,之后再产生其他国家机关。这从西方三权分立学说来看,确实存在立法、行政和司法三种权力的划分,但其内在逻辑完全不同。理论上讲,人民通过选举人大代表组成人民代表大会之后,人民代表大会所享有的是一种概括性的权力,其并非只是立法机关,并不天然的只享有立法权。同时,这种概括性的权力也并非必然要予以划分,而即便划分,也并不必然就只有立法、行政和司法三种类型。有学者甚至指出,这种三分法的产生并不是源于逻辑而是源于经验。[3]

对于我国的这种国家权力配置方式,有学者从功能主义出发研究指出,我国并不认为立法、行政和司法是一种逻辑周延的权力划分方式,也不认为这三者穷尽了其他的国家权力类型,而是根据国家任务的变化和不同阶段的需要,来调整国家权力的基本结构,创设新的国家机构和权力类型。[4] 国家监察委员会就是根据现实需要,依据这种国家权力配置方式而创设出来的新的国家机

---

[1] 伊士国:《国家监察体制改革的宪法学思考》,载《甘肃社会科学》2020年第6期。
[2] 夏勇:《改革司法》,载《读书》2003年第1期;张千帆:《宪法学导论——原理与应用》(第三版),法律出版社2014年版,第287页。
[3] 参见[英]W. Ivor. 詹宁斯:《法与宪法》,龚祥瑞、侯健译,生活·读书·新知三联书店1997年版,第7页。
[4] 陈明辉:《论我国国家机构的权力分工:概念、方式及结构》,载《法商研究》2020年第2期。

构和权力。可以说,"国家机构的创设不是根据权力的类型化决定的,而是国家机构的种类决定了权力的类型化"。[1]

故而,仅从西方三权分立学说出发,去讨论监察权是否为行政权、司法权、准司法权,或是混合了行政权与司法权的某种权力,其意义并不明显。而从上述功能主义的视角却可以得出结论,即监察权就是监察权。依据《监察法》第1条的规定,这是一种为了深化国家监察体制改革,加强对所有行使公权力的公职人员的监督,实现国家监察全面覆盖,深入开展反腐败工作,推进国家治理体系和治理能力现代化而创设的权力。

循着这种现实需要出发,可以发现,"完善监督体制,做好监督体系顶层设计"的目的在于"形成全面覆盖国家机关及其公务员的国家监察体系"。[2] 深化国家监察体制改革的初心,就是"要把增强对公权力和公职人员的监督全覆盖、有效性作为着力点,推进公权力运行法治化,消除权力监督的真空地带,压缩权力行使的任性空间,建立完善的监督管理机制、有效的权力制约机制、严肃的责任追究机制"。[3] 因此,监察权就是监察权,是一种监督权性质的权力。

从文义上看,监督有监察督促之义。监,即督察。察,则是细看,详审;考察,调查。因而监察是一种监督,自无疑问。而从我国的国家权力配置来看,亦是如此。我国《宪法》第3条第3款明确规定,"国家行政机关、监察机关、审判机关、检察机关都由人民代表大会产生,对它负责,受它监督"。这表明人民代表大会作为权力机关,对由其产生的国家机关具有监督权。而且人民代表大会作为人民行使国家权力的机关,这种监督同时也是代表人民对各国家机关的监督。按上述功能主义的立场遵循职能分工的逻辑,人民代表大会完全可以出于现实需要,创设新的国家机构并将监督职能的部分的加以分配,以便更好地对各国家机关及其工作人员进行监督。因而有论者指出,"监督权是国家政权建

---

[1] 陈明辉:《论我国国家机构的权力分工:概念、方式及结构》,载《法商研究》2020年第2期。

[2] 习近平:《在第十八届中央纪律检查委员会第六次全体会议上的讲话》,载《人民日报》2016年5月3日,第2版。

[3] 习近平总书记2018年12月13日在中共中央政治局第十一次集体学习时的讲话。

立后,为人民所保有的直接或间接行使的检查督促国家机关法定权力之权,而监察权则是由特定的机关代表人民行使这种监督权的具体化表达形式。因而两者的关系可总结为:监察权是监督权具体化的一种主要表现形式"。[1] 本书对此表示赞同。《监察法》第 1 条所规定的,"为了深化国家监察体制改革,加强对所有行使公权力的公职人员的监督",便是这一观点的佐证。

综上所述,管见以为,监察权就是监察权,是一种监督权性质的权力。并且基于此结论,就能有力的解释,监察委员会既非行政机关,也非司法机关,而是监督机关的观点。[2] 因此,本书不再对监察委员会的性质进行赘述。

二、监察权的行使主体和对象

(一)监察权的行使主体

依据《监察法》第 3 条和第 4 条的规定,各级监察委员会是行使国家监察职能的专责机关,并且监察委员会依照法律规定独立行使监察权不受行政机关、社会团体和个人的干涉。据此,监察权的行使主体为各级监察委员会,且是专责的监察权行使主体。此外,依据《监察法》第 12 条和第 13 条的规定,各级监察委员会可以向本级中国共产党机关、国家机关、法律法规授权或者委托管理公共事务的组织和单位以及所管辖的行政区域、国有企业等派驻或者派出监察机构、监察专员。派驻或者派出的监察机构、监察专员根据授权,可以按照管理权限依法对公职人员进行监督,提出监察建议,依法对公职人员进行调查、处置。因此某种程度上,派驻或者派出的监察机构、监察专员也包括在监察权的行使主体中。

(二)监察权的行使对象

依据《监察法》第 3 条的规定,监察机关依照《监察法》对所有行使公权力的公职人员进行监察。据此,监察权的行使对象为所有行使公权力的公职人员。具体包括第 15 条所列举的以下人员:(1)中国共产党机关、人民代表大会

---

[1] 吴园林、刘昱成:《监察权性质新论》,载《河北法学》2021 年第 2 期。
[2] 马怀德:《再论国家监察立法的主要问题》,载《行政法学研究》2018 年第 1 期。

及其常务委员会机关、人民政府、监察委员会、人民法院、人民检察院、中国人民政治协商会议各级委员会机关、民主党派机关和工商业联合会机关的公务员，以及参照《公务员法》管理的人员；(2)法律、法规授权或者受国家机关依法委托管理公共事务的组织中从事公务的人员；(3)国有企业管理人员；(4)公办的教育、科研、文化、医疗卫生、体育等单位中从事管理的人员；(5)基层群众性自治组织中从事管理的人员；(6)其他依法履行公职的人员。

需要注意的是，据《监察法》的上述规定，监察机关发生职责采用的是"对人监察"，即只对行使公权力的公职人员进行监察，而不对其他国家机关行使公权力进行监察。

监察权的行使主体和对象是监察法的基本内容，本书后文有关监察机关组织及监察范围和对象的章节将对此予以详述。

三、监察权的权能

据《监察体制改革试点决定》，试点地区的监察委员会按照管理权限，对本地区所有行使公权力的公职人员依法实施监察；履行监督、调查、处置职责。最终通过的《监察法》第11条对此予以确认，规定"监察委员会依照本法和有关法律规定履行监督、调查、处置职责"。据此，监察机关享有监督、调查、处置三项职权。

首先，监督是对公职人员开展廉政教育，对其依法履职、秉公用权、廉洁从政从业以及道德操守情况进行监督检查。其次，调查是对涉嫌贪污贿赂、滥用职权、玩忽职守、权力寻租、利益输送、徇私舞弊以及浪费国家资财等职务违法和职务犯罪进行调查。最后，处置是对违法的公职人员依法作出政务处分决定；对履行职责不力、失职失责的领导人员进行问责；对涉嫌职务犯罪的，将调查结果移送人民检察院依法审查、提起公诉；向监察对象所在单位提出监察建议。

监察机关的监督、调查、处置职能是监察法的重点内容，本书后文有关监察职权的内容将对此详细阐述。

第二节 监察法

一、监察法的概念和内涵

(一) 监察法的概念

监察法的概念有广义和狭义之分。狭义的监察法,是指2018年3月20日由第十三届全国人民代表大会第一次会议审议通过的《监察法》。《监察法》全文共9章69条,对监察机关的组织、管辖、职责、监察对象、监察措施、监察程序、反腐败国际合作等诸多内容均有所规定。广义的监察法,则是包括《监察法》在内的诸多有关监察法律规范的总称。这些监察法律规范包括《监察官法》《公职人员政务处分法》《监察法实施条例》,以及《国家监察委员会管辖规定(试行)》《国家监察委员会与最高人民检察院办理职务犯罪案件工作衔接办法》《国家监察委员会特约监察员工作办法》《监察机关监督执法工作规定》等。而随着国家监察体制改革的不断深入,以《监察法》为核心的各类监察法律规范也将不断地被补充和完善。

(二) 监察法的内涵

从规范内容来看,即使是狭义的《监察法》,也包括了监察机关的组织、管辖、职责、监察对象、监察措施、监察程序、反腐败国际合作等诸多内容。众多监察法律规范也同样围绕或涉及此类内容。因而《监察法》是包含丰富内容的综合性法律。

1. 监察法既是组织法也是行为法

与我国其他国家机关不同,《监察法》里直接规定了监察机关的地位、产生、组成,以及领导体制,因此《监察法》是组织法。而在赋予监察机关依法履行监督、调查、处置等职责的同时,《监察法》又对其权限作出了相应规定。如留置被调查人应当是具有特定情形时,且经依法审批方可将其留置在特定场所。因此《监察法》同时又是行为法。

2. 监察法既是实体法也是程序法

《监察法》专门规定了监察机关的监察权限,规定监察机关享有依法履行监督、调查、处置的职责。监察机关据此行使监督、调查职权,有权依法向有关单位和个人了解情况,收集、调取证据。相应地,有关单位和个人则有如实提供和积极配合的义务。同时,《监察法》也专章规定了监察机关履行监察职责的程序,要求监察机关严格按照程序开展工作。因此《监察法》既规定了实体法的内容,又规定了程序法的内容。

3. 监察法既是基本法也是特别法

2023 年 3 月 13 日,第十四届全国人民代表大会第一次会议通过《关于修改〈中华人民共和国立法法〉的决定》明确规定,监察委员会的产生、组织和职权属于只能制定法律的事项。《监察法》是必须由全国人民代表大会制定的法律,属于基本法。同时,《监察法》作为深入开展反腐败工作的基本法,将原先由检察院行使的职务犯罪侦查权,整合到由监察机关行使的监察调查权中,称为职务犯罪调查。但鉴于《监察法》与《刑事诉讼法》的密切联系,也有观点认为《监察法》是特别刑事诉讼法。[1]

二、监察法的立法目的

根据《监察法》第 1 条的规定,制定本法是"为了深化国家监察体制改革,加强对所有行使公权力的公职人员的监督,实现国家监察全面覆盖,深入开展反腐败工作,推进国家治理体系和治理能力现代化"。第 2 条则表明本法的制定意在"构建集中统一、权威高效的中国特色国家监察体制"。这些均为监察法的立法目的。不过,在诸多目的当中,仍存在直接目的与根本目的的区分。

(一)监察法的直接目的

1. 实现国家监察全面覆盖

在启动国家监察体制改革试点之前,对公职人员的监督和反腐败职能分散于党的纪律检查机关、人民检察院的反贪污贿赂局和反渎职侵权局以及行政系

---

[1] 秦前红主编:《监察法学教程》,法律出版社 2019 年版,第 37—40 页。

统内的行政监察部门。这被称为"三驾马车"模式,存在监察对象交叉重叠,却又有所缺漏,因而难以周延的弊端。[1] 如党的纪律检查机关只能对党员进行监督,人民检察院只对职务犯罪进行侦查,行政监察部门虽对职务违法行为进行监察但却只限于行政机关及其工作人员。这使得大量的非党员且非公务员的违纪违法行为无法被有效监督,因此监察范围存在较大的空白。

对此,习近平总书记2016年在第十八届中央纪律检查委员会第六次全体会议上的讲话中提出,行政监察法的"监察对象要涵盖所有公务员",要"扩大监察范围,整合监察力量,健全国家监察组织架构,形成全面覆盖国家机关及其公务员的国家监察体系"。[2] 但这仍非治本之策,因此《监察体制改革试点决定》规定,试点地区监察委员会按照管理权限对本地区所有行使公权力的公职人员依法实施监察,实现了国家监察的全面覆盖。《监察法》的出台,将"加强对所有行使公权力的公职人员的监督"规定于该法第1条中,其直接目的就是实现国家监察全面覆盖。

2. 深入开展反腐败工作

"人民群众最痛恨腐败现象,腐败是我们党面临的最大威胁。"[3]新中国成立以来,中国共产党领导的反腐败斗争经历了"运动反腐"到"对策反腐",再到"制度反腐"的不同历史阶段,其所取得的成果为不同时期党和国家的建设事业提供了重要保证。[4]

党的十八届四中全会之后,全面依法治国成为党在新时代领导人民治理国家的基本方略。而十八大以来,我们党就始终坚持用法治思维和法治方式惩治腐败。在以习近平同志为核心的党中央的领导下,坚定不移"打虎""拍蝇""猎狐",不敢腐的目标初步实现,不能腐的笼子越扎越紧,不想腐的堤坝正在构

---

[1] 秦前红:《困境、改革与出路:从"三驾马车"到国家监察——我国监察体系的宪制思考》,载《中国法律评论》2017年第1期。

[2] 习近平:《在第十八届中央纪律检查委员会第六次全体会议上的讲话》,人民出版社2016年版,第23—24页。

[3] 习近平:《在庆祝全国人民代表大会成立60周年大会上的讲话》,人民出版社2014年版,第16页。

[4] 吴建雄:《新中国反腐的历史轨迹和实践经验》,载《国家检察官学院学报》2020年第2期。

筑,取得了一系列的成果并积累了一系列有益经验。尤其是国家监察体制改革,经过试点工作的实践,在探索构建不敢腐、不能腐、不想腐的长效机制方面积累了可复制可推广的经验。

然而,虽然反腐败斗争取得了压倒性胜利,但是反腐败斗争的形势依然严峻。需知腐败问题具有顽固性和反复性,是长期存在的。这决定了我们要有"反腐败永远在路上"的思想准备。习近平总书记在党的十九大召开期间,参加贵州省代表团讨论时就曾指出:"在全面从严治党这个问题上,我们不能有差不多了、该松口气、歇歇脚的想法,不能有打好一仗就一劳永逸的想法,不能有初见成效就见好就收的想法。"

因此,通过制定《监察法》,将十八大以来党在反腐败工作方面积累的有益经验以法律的形式固定下来,形成不敢腐、不能腐、不想腐的长效机制,是全面依法治国的内在要求,也是巩固前期反腐败工作中取得的重大成果的需要,更是继续深入开展反腐败工作的需要。

3. 构建集中统一、权威高效的中国特色国家监察体制

在国家监察体制改革之前,我国的监察体制机制存在监察范围过窄和反腐败力量分散的问题。

首先是监察范围过窄的问题。在国家监察体制改革之前,中国共产党形成了以党章为根本、若干配套党内法规为支撑的党内法规制度体系。其中为加强党内监督的党内法规就有《中国共产党廉洁自律准则》《中国共产党党内监督条例》《中国共产党纪律检查委员会工作条例》《中国共产党纪律处分条例》《中国共产党问责条例》等。然而这些党内法规仅能适用于党员,只是对党员的监督全覆盖。依据《行政监察法》的规定,行政监察机关仅对各级人民政府各部门及其公务员或任命的其他人员实施监察,并未覆盖所有行使公权力的公职人员。而非党员非公务员的职务违法行为,又因不属于职务犯罪行为而不属于人民检察院的管辖范围。

其次是反腐败力量分散的问题。由上述内容可知,党的纪律检查机关是依据党内法规对党员的违纪行为进行审查,行政监察机关则依照《行政监察法》对行政机关工作人员的违法违纪行为进行监察,而检察机关则依据《刑事诉讼

法》对国家工作人员的职务犯罪行为进行侦查。[1] 显然,这种状况下不同机构都具有一定程度的反腐败力量,但却不集中也不统一,甚至还有交叉重叠。不仅如此,这种"九龙治水""各管一段"的状况还会使得各机构间协调配合的成本上升,降低效率,无法统合资源,形成有效的反腐败合力。此外,由于行政监察机关在定位上属于一级政府的内设机构,因此在实际上并不能发挥应有的监督作用,权威性和监督效果明显不足。有学者就指出,行政监察机关鲜少"捕抓"或检举揭发过党政主要领导。[2]

因此,构建集中统一、权威高效的中国特色国家监察体制,是为了实现国家监察全面覆盖,深入开展反腐败工作的要求,也正是监察法立法的直接目的之一。

(二)监察法的根本目的

2013年11月12日,中国共产党第十八届中央委员会第三次全体会议通过的《中共中央关于全面深化改革若干重大问题的决定》提出,"全面深化改革的总目标是完善和发展中国特色社会主义制度,推进国家治理体系和治理能力现代化"。其中,"国家治理体系是党领导下管理国家的制度体系,包括经济、政治、文化、社会、生态文明和党的建设等各领域体制机制、法律法规安排,也就是一整套紧密相连、相互协调的国家制度;国家治理能力则是运用国家制度管理社会各方面事务的能力,包括改革发展稳定、内政外交国防、治党治国治军等各个方面"。[3]

毫无疑问,国家监察体制改革是健全党和国家监督体系的重要部署,是推进国家治理体系和治理能力现代化的一项重要改革。[4] 针对监察范围过窄、反腐败力量分散、机构协调配合成本高、效率低下等问题,国家监察体制改革旨在实现监察全面覆盖、深入开展反腐败、构建集中统一和权威高效的中国特色

---

[1] 李建国副委员长2018年3月13日在第十三届全国人民代表大会第一次会议上所作《关于〈中华人民共和国监察法(草案)〉的说明》。

[2] 秦前红:《困境、改革与出路:从"三驾马车"到国家监察——我国监察体系的宪制思考》,载《中国法律评论》2017年第1期。

[3] 习近平:《切实把思想统一到党的十八届三中全会精神上来》,载《求是》2014年第1期。

[4] 习近平总书记2018年12月13日在中共中央政治局第十一次集体学习时的讲话。

国家监察体制。而制定《监察法》，则是将改革的成果固定下来，并以法律的形式保障改革的深化和顺利推进。在将来，随着国家监察体制改革的不断深入，将形成更科学有效、更符合实践需要、运作更为顺畅的国家监察体制，可以进一步完善国家治理体系，有效提升国家治理能力。[1]

因此，从根本上来说，监察法立法的目的，正是推进国家治理体系和治理能力现代化。

第三节　监察法的渊源

法律渊源，是指客观法的形式和表现方式，是对法律适用者具有约束力的法规范。[2] 因此监察法的渊源是指在适用监察法时对适用者具有约束力的各项法规范。目前，监察法的渊源包括了《宪法》、法律、法规和规章、司法解释、其他规范性文件，此外还包括党内法规。

一、宪法

宪法是国家的根本大法，具有最高的法律效力。此前，按照原《行政监察法》的规定，监察机关是人民政府行使监察职能的机关，是人民政府的内设机构，因而在当时的监察权从属于行政权。2018年《宪法修正案》在《宪法》第三章国家机构中新增了第七节监察委员会，将其与国务院、人民法院和人民检察院等平行。与此同时还用第123条至第127条共5个条文对监察委员会的性质、地位、人员组成、任期、与其他国家机关的关系等作出了规定。2018年《宪法修正案》的前述规定，使得监察委员会具有了截然不同的性质和法律地位。此外，《监察法》及相关法律的制定均需要依据《宪法》，而正是因为《宪法》的创设，才使监察法和监察权得以产生。2018年3月5日召开的十三届全国人

---

[1] 马怀德:《〈国家监察法〉的立法思路与立法重点》，载《环球法律评论》2017年第2期。
[2] [德]伯恩·魏德士(Bernd Ruthers):《法理学》，丁小春、吴越译，法律出版社2003年版，第101—102页。

大一次会议,也是先通过了 2018 年《宪法修正案》,再据此于 3 月 20 日通过了《监察法》。因此,宪法是监察法最重要的法律渊源。

二、法律

法律是监察法的主要渊源,包括了《监察法》和与《监察法》相配套及相关的法律。《监察法实施条例》第 22 条明确规定,监察机关依法履行监察调查职责,依据《监察法》《公职人员政务处分法》和《刑法》等规定对职务违法和职务犯罪进行调查。

(一)《监察法》

根据《立法法》第 10 条的规定,由全国人民代表大会和全国人民代表大会常务委员会行使国家立法权,并且刑事、民事、国家机构的法律以及其他基本法律只能由全国人民代表大会制定和修改。《监察法》作为监察领域独立的基本法,即是由十三届全国人大一次会议依据《宪法》制定。《监察法》共九章 69 条,分别对指导思想、基本原则、监察机关及其职责、监察范围和管辖、监察权限、监察程序、反腐败国际合作、对监察机关和监察人员的监督等作出了规定。可见《监察法》是一部综合性的法律,本书将对相应内容加以阐释。

(二)与《监察法》相配套的法律

依据《监察法》第 14 条的规定,国家实行监察官制度,依法确定监察官的等级设置、任免、考评和晋升等制度。目前与《监察法》相配套的《监察官法》2021 年 8 月 20 日制定出台,并于 2022 年 1 月 1 日起实施。《监察官法》共九章 68 条,规定了监察官的职责、义务和权利,监察官的条件和选用,监察官的任免,监察官的管理,监察官的考核和奖励,监察官的监督和惩戒,监察官的职业保障。

我国《宪法》第 86 条、第 129 条、第 135 条分别规定了国务院、人民法院、人民检察院的组织由法律规定。据此,我国制定了相应的《国务院组织法》《人民法院组织法》《人民检察院组织法》,对相应国家机关的组织、人员、活动原则、职权等作出规定。同样作为国家机关的监察委员会,依据《宪法》第 124 条第 4 款的规定,监察委员会的组织和职权也由法律规定。不过,目前暂未出台相应的"监察委员会组织法"。随着国家监察体制改革的不断深化,有待将来予以补充完善。

(三)与《监察法》相关的法律

《监察法》意在深化国家监察体制改革,加强对所有行使公权力的公职人员的监督,以实现国家监察全面覆盖,深入开展反腐败工作,推进国家治理体系和治理能力现代化,并赋予了监察委员会监督、调查、处置的职权。因此监察委员会在行使监察权的过程中,将涉及诸多相关法律规范,故而此类与《监察法》相关的法律同样成为监察法的法律渊源。典型的有《刑法》《刑事诉讼法》《公职人员政务处分法》《公务员法》等。

监察机关依照《监察法》对所有行使公权力的公职人员进行监察,调查职务违法和职务犯罪。按照《国家监察委员会管辖规定(试行)》第11条的规定,其调查职务犯罪的管辖范围包括公职人员涉嫌贪污贿赂、滥用职权、玩忽职守、权力寻租、利益输送、徇私舞弊以及浪费国家资财等职务犯罪案件。而这些犯罪主要规定在我国《刑法》第八章贪污贿赂罪和第九章渎职罪中。因而《刑法》是监察机关在调查职务违法和职务犯罪时应予适用的重要法律渊源。

监察机关在调查职务违法和职务犯罪时适用《监察法》的有关规定,但《监察法》同时还规定,对涉嫌职务犯罪,经调查认为犯罪事实清楚,证据确实、充分的,应当将调查结果移送人民检察院依法审查、提起公诉。而且监察机关在收集、固定、审查、运用证据时,应当与刑事审判关于证据的要求和标准相一致。对于监察机关移送的案件,人民检察院依照《刑事诉讼法》对被调查人采取强制措施,有《刑事诉讼法》规定的不起诉的情形的,经上一级人民检察院批准,可以作出不起诉的决定。《监察法实施条例》第192条还规定,案件审理部门对于受理的案件,应当以包括《刑事诉讼法》在内的法律法规为准绳,对案件事实证据、性质认定、程序手续、案涉财物等进行全面审理。因此《刑事诉讼法》的有关规定同样是监察法的重要法律渊源。

此外,监察机关可以依法对违法的公职人员依法作出政务处分决定,而《公职人员政务处分法》对政务处分的种类、适用、程序等都作出了相应规定,是监察机关对职务违法行为作出处置的重要法律渊源。《公务员法》则对公务员的条件、义务、权利、职级任免升降、监督与惩戒等有详细规定，是监察机关在认定公职人员的身份、确定公职人员是否违反法定职权以及如何进行职务违法的处置时的重要法律依据。《监察法实施条例》第38条即规定，《监察法》第15条第1项所称公务员范围，依据《公务员法》确定；而参照《公务员法》管理的人员，则是指有关单位中经批准参照《公务员法》进行管理的工作人员。

三、行政法规

依据《立法法》第72条的规定，国务院根据宪法和法律，制定行政法规。行政法规可以就下列事项作出规定：(1)为执行法律的规定需要制定行政法规的事项；(2)《宪法》第89条规定的国务院行政管理职权的事项。其中有关于监察工作的行政法规，也可成为监察法的渊源。如《行政机关公务员处分条例》，是为规范行政机关公务员的行为，保证行政机关及其公务员依法履行职责的重要行政法规，其对行政机关公务员违反法律、法规、规章以及行政机关的决定和命令如何给予处分作出了相应规定。《事业单位人事管理条例》则规定了有关事业单位工作人员处分的内容。

四、规章

涉及监察工作的规章同样也是监察法的渊源。例如人力资源和社会保障部与原监察部制定的《事业单位工作人员处分暂行规定》，规定了有关事业单位工作人员处分的内容，对违法违纪的事业单位工作人员，可以根据行为的性质、情节、危害程度，作出警告、记过、降低岗位等级或者撤职、开除等不同的处分。又如原监察部、人力资源社会保障部、财政部及审计署联合制定的《违规发放津贴补贴行为处分规定》，规定有违规发放津贴补贴行为的单位，其负有责任的领导人员和直接责任人员，以及有违规发放津贴补贴行为的个人，应当承担纪律责任。其中的行政机关公务员和法律、法规授权的具有公共事务管理职能的事业单位中经批准参照公务员管理的工作人员，由任免机关或者监察机关按照管理权限依法给予处分。这些规章是监察机关对相应公职人员进行处置的重要依据。

五、监察法规

监察法规是国家监察体制改革之后出现的新的法规类型,由国家监察委员会所制定,是监察工作非常重要的法律渊源。

《监察法》出台后,中央纪委国家监察委陆续出台了《公职人员政务处分暂行规定》《国家监察委员会特约监察员工作办法》《监察机关监督执法工作规定》等规范性文件。不过,彼时《立法法》并未及时对监察机关的立法权限作出规定。

2019年10月26日,第十三届全国人大常委会第十四次会议通过了《关于国家监察委员会制定监察法规的决定》,正式授予国家监察委员会以立法权限。据此决定,国家监察委员会为依法履行其最高监察机关职责,可根据监察工作实际需要,根据《宪法》和法律,制定监察法规。其中,监察法规可以就下列事项作出规定:(1)为执行法律的规定需要制定监察法规的事项;(2)为履行领导地方各级监察委员会工作的职责需要制定监察法规的事项。《监察法实施条例》即为国家监察委员会制定的首部以条例命名的监察法规。

2023年3月13日,第十四届全国人民代表大会第一次会议通过了《关于修改〈中华人民共和国立法法〉的决定》。为适应监察体制改革,此次《立法法》修改,新增"国家监察委员会根据宪法和法律、全国人民代表大会常务委员会的有关决定,制定监察法规,报全国人民代表大会常务委员会备案"的规定,作为第118条。自此,国家监察委员会制定监察法规有了《立法法》的明确规定。

六、司法解释

根据1981年6月10日第五届全国人民代表大会常务委员会第十九次会议通过的《关于加强法律解释工作的决议》的规定,凡属于法院审判工作中具体应用法律、法令的问题,由最高人民法院进行解释;凡属于检察院检察工作中具体应用法律、法令的问题,由最高人民检察院进行解释。

在最高人民法院所作的诸多司法解释中,典型的与监察工作有关的司法解释是《关于适用〈中华人民共和国刑事诉讼法〉的解释》。依据《监察法》第33

条第 2 款的规定,监察机关在收集、固定、审查、运用证据时,应当与刑事审判关于证据的要求和标准相一致。因此监察机关在办理职务犯罪案件中,前述司法解释中有关证据审查认定、非法证据排除、证据的综合审查与运用等内容几乎均为监察法的渊源。

最高人民检察院所作与监察工作有关的检察解释主要是《人民检察院刑事诉讼规则》。其中第六章第六节直接规定了"监察机关移送案件的强制措施"。此外,关于案件管辖、证据规则、对移送审查起诉案件的审查、补充调查等诸多内容也同样适用于监察机关职务犯罪案件办理活动中。

此外,最高人民法院、最高人民检察院、公安部等印发《关于办理死刑案件审查判断证据若干问题的规定》和《关于办理刑事案件排除非法证据若干问题的规定》《关于办理刑事案件严格排除非法证据若干问题的规定》等有关监察事项的司法解释,均属于监察法的渊源。

七、其他规范性文件

其他可成为监察法法律渊源的规范性文件包括:(1)人大常委会的法律解释,如 2002 年 12 月 28 日第九届全国人大会常务委员会第三十一次会议通过的《关于〈中华人民共和国刑法〉第九章渎职罪主体适用问题的解释》;(2)国际条约,如我国已加入的《联合国反腐败公约》,以及其他我国与其他国家、地区或国际组织签订的关于引渡、司法协助、执法合作等的双边或多边条约,也是监察机关开展反腐败国际合作依据。

第二章　监察法的基本原则

对于监察法的基本原则,目前学术并未达成共识。有观点认为,监察法的原则包括党的领导原则、集中统一与权威高效原则、监察全覆盖原则、依法独立行使监察权原则、人权保障原则、监察法治原则、配合制约原则。[1] 也有观点认为,监察法的原则有坚持党的领导原则、全面覆盖原则、监察权独立行使原则、互相配合互相制约原则、依法监察原则、当事人权利保障原则、监督优先原则。[2] 还有观点则认为,监察法的原则为依法独立行使监察权原则,与审判机关、检察机关、执法部门互相配合、互相制约原则,有关机关和单位依法协助原则,依宪依法监察原则,以事实为根据、以法律为准绳原则,在适用法律上一律平等原则,保障当事人的合法权益原则,权责对等原则,从严监督原则,惩戒与教育相结合原则,宽严相济原则,标本兼治、综合治理原则。[3]

"法律原则是指可以作为法的基础或本源的综合性、

---

[1] 秦前红主编:《监察法学教程》,法律出版社2019年版,第71—90页。

[2] 马怀德主编:《监察法学》,人民出版社2018年版,第101—123页。

[3] 姜明安:《论监察法的立法目的与基本原则》,载《行政法学研究》2018年第4期。

稳定性原理和准则。"[1] 法的原则可分为全部法律部门的一般或共同原则以及某一部门法的原则。[2] 本书认为监察法的基本原则应是监察法这一法律部门所独有的、贯穿于整个监察法具有本源性和综合性的、用以指导监察工作的基本准则。

第一节 党的全面领导原则

"党政军民学，东西南北中，党是领导一切的。"[3] 党的全面领导是监察法的首要原则，是中国特色社会主义本质的具体体现。我国《宪法》总纲中规定，"中国共产党领导是中国特色社会主义最本质的特征"。在《监察法》第2条中规定"坚持中国共产党对国家监察工作的领导"，在《监察法实施条例》中还进一步规定，要"把党的领导贯彻到监察工作各方面和全过程"。而在《监察官法》中则规定，"监察官的管理和监督坚持中国共产党领导"。这些都是党的全面领导原则在监察法中的直接体现。

一、党的全面领导体现为思想上的领导

《监察法》第2条规定，构建集中统一、权威高效的中国特色国家监察体制，要以马克思列宁主义、毛泽东思想、邓小平理论、"三个代表"重要思想、科学发展观、习近平新时代中国特色社会主义思想为指导。马克思主义的基本原理是科学的世界观和方法论，是我们认识和改造世界的有力武器。毛泽东思想以及包括习近平新时代中国特色社会主义思想在内的中国特色社会主义理论体系是马克思主义中国化的科学理论体系，对于我们认识反腐败治理的客观规律，并且构建中国特色国家监察体系，推进国家治理体系和治理能力现代化具有重大的理论和实践意义。尤其是十八大以来，在习近平新时

---

[1] 张文显主编：《法学概论》，高等教育出版社2004年版，第29页。
[2] 孙国华、朱景文主编：《法理学》，中国人民大学出版社2010年版，第98页。
[3] 习近平总书记在2016年1月7日中共中央政治局常务委员会上的讲话。

代中国特色社会主义思想的指导下,科学地认识到新时代条件下反腐败斗争的新形势、新规律,逐步构建起不敢腐、不能腐、不想腐的体制机制,反腐败斗争取得重大成效。推进国家监察体制改革,制定《监察法》,也正是在党的指导思想下正在进行的最新实践。因此,监察法坚持党的全面领导原则,是监察法的本质要求。

二、党的全面领导体现为组织上的领导

对于国家监察体制改革,党的十九大报告明确指出,"深化国家监察体制改革,将试点工作在全国推开,组建国家、省、市、县监察委员会,同党的纪律检查机关合署办公,实现对所有行使公权力的公职人员监察全覆盖"。合署组建的监察委员会不设党组,实行一套工作机构、两个机关名称,同时履行纪检、监察两项职能。这是在监察委员会的组织层面对纪委和监委进行融合,将党的领导意志更直接的贯穿于其中,有利于党对反腐败工作的直接统一领导,有利于把纪委执纪与国家执法相互贯通,形成合力,发挥一加一大于二的效果。

三、党的全面领导体现为各方面和全过程的领导

《监察法实施条例》第2条规定,要"把党的领导贯彻到监察工作各方面和全过程"。这体现了党对监察工作各方面和全过程的领导。党的十八届四中全会正式提出"构建不敢腐、不能腐、不想腐的有效机制"。这一表述是党领导反腐在各方面与全过程的体现。其中,构筑不想腐的堤坝是从公职人员的思想与理想信念入手,通过思想教育和党性教育,使其从理想信念上拧紧"总开关";扎牢不能腐的笼子是从制度体系建设入手,对公职人员形成有效制度约束;实现不敢腐的目标是从高压严惩腐败入手,对惩处腐败公职人员坚持无禁区、全覆盖、零容忍,释放出了强大的震慑力和"伸手必被捉"的强烈警示。此外,《监察官法》第2条规定,监察官的管理和监督坚持中国共产党领导,同样体现了党对监察工作领导的全面性。

实践表明,在党的领导下,反腐大业实现了伟大变迁,书写出了人民满意的

反腐败"赶考"答卷。[1] 与此同时，鉴于"反腐败永远在路上"，客观上也要求监察法坚持党的全面领导。

第二节 监察独立原则

监察独立原则是我国《宪法》所确立的基本原则。《宪法》第 127 条第 1 款和《监察法》第 4 条第 1 款均规定，"监察委员会依照法律规定独立行使监察权，不受行政机关、社会团体和个人的干涉"。

监察权是对所有行使公权力的公职人员进行监督的权力，只有保持独立的地位，才能不受影响地独立行使职权；如若无法保持独立的地位，极有可能受到被监察对象的影响而不能秉公执法，最终无法实现监察的目的。因而监察独立原则是由监察权的内在属性所决定的。

一、监察机关具有独立的法律地位

此前，依据《行政监察法》设立的监察机关是人民政府行使监察职能的机关，是政府机关的组成部分。但在国家监察体制改革之后，按照集中统一，权威高效的改革目标，2018 年《宪法修正案》在《宪法》第三章国家机构中新增了第七节监察委员会，将其与国务院、人民法院和人民检察院等平行。自此，监察机关具有了独立的法律地位。

二、监察职能具有专属性

为构建集中统一、权威高效中国特色国家监察体制，监察委员会整合了原监察部、国家预防腐败局的职责，最高人民检察院查处贪污贿赂、失职渎职以及预防职务犯罪等反腐败相关职责。由此，前述相应职责统摄于监察权，并由监察委员会作为专门机关独立行使。《监察法》第 3 条即规定，"各级监察委员会

---

[1] 吴建雄：《新中国反腐的历史轨迹和实践经验》，载《国家检察官学院学报》2020 年第 2 期。

是行使国家监察职能的专责机关"。因此,在职能定位上,监察职能具有专属性,不受其他行政机关、社会团体和个人的干涉。

三、监察官任免和履职具有独立性

在组织人事方面,《监察官法》第 19 条规定,国家监察委员会主任由全国人民代表大会选举和罢免,副主任、委员由国家监察委员会主任提请全国人民代表大会常务委员会任免。地方各级监察委员会主任由本级人民代表大会选举和罢免,副主任、委员由监察委员会主任提请本级人民代表大会常务委员会任免。同时,为保障监察权的独立行使,《监察官法》第 8 条规定,"监察官依法履行职责受法律保护,不受行政机关、社会团体和个人的干涉"。具体体现则如该法第 22 条第 1 款规定,监察官不得兼任人民代表大会常务委员会的组成人员,不得兼任行政机关、审判机关、检察机关的职务,不得兼任企业或者其他营利性组织、事业单位的职务,不得兼任人民陪审员、人民监督员、执业律师、仲裁员和公证员,以免影响独立性。同时,无论是《监察法》还是《监察官法》都对监察人员的回避作出了相应规定,也都体现了监察权独立行使不受干涉的精神。

四、监察机关独立行使监察权

监察委员会独立行使监察权不受行政机关、社会团体和个人的干涉并不意味着监察机关不受任何监督或约束。监察独立应是在法律规定范围内的独立。依据《宪法》第 126 条和《监察法》的相应规定,国家监察委员会需对全国人民代表大会和全国人民代表大会常务委员会负责,并接受其监督。地方各级监察委员会则需对产生它的国家权力机关和上一级监察委员会负责,并接受其监督。与此同时,《监察法》第七章还专门规定了对监察机关和监察人员的监督。监察机关和监察人员在依法独立履行职责需接受人大监督、民主监督、社会监督、舆论监督。各级人大常委会可采用听取和审议本级监察委员会专项工作报告或组织执法检查的方式对其进行监督。县级以上各级人大及其常务委员会在举行会议时,人大代表或者常委会组成人员还可以依照法律规定的程序,就监察工作中的有关问题提出询问或者质询。

第三节 惩戒与教育相结合原则

惩戒与教育相结合原则是《监察法》第5条所规定的监察工作基本原则。早在《监察法》出台之前，原《行政监察法》中即有"教育与惩处相结合"的规定，是这一原则的直接体现。而在《检察人员纪律处分条例》(2016修订)、《关于建立法官、检察官惩戒制度的意见(试行)》也有"坚持惩戒与教育相结合"的直接规定。

实际上，这一原则是"惩前毖后、治病救人"这一方针在监察工作中的具体体现。1942年，毛泽东同志在延安作题为《整顿党的作风》的报告中首次提出"惩前毖后、治病救人"。这一方针在1945年写入党章，并先后规定于《中国共产党纪律处分条例》《中国共产党党内监督条例》《中国共产党纪律检查机关监督执纪工作规则》等党内法规，是管党治党、加强党风廉政建设和反腐败工作的重要遵循。"惩前毖后"，是指"对以前的错误一定要揭发，不讲情面，要以科学的态度来分析批判，要以科学的态度来分析批判过去的坏东西，以便使后来的工作慎重些，做得好些"[1]。"治病救人"则是要像医生治病一样，揭发错误、批判缺点是为了救人，挽救同志。

在监察工作中坚持惩戒与教育相结合原则，首先是要依法严厉惩处职务违法和职务犯罪行为。现实中不少公职人员都曾以为自己职级低、职位小、贪得少，或是认为自己位高权重，或者认为自己已经离任退休，所以不会被查，存在一丝侥幸心理。然而党的十八大以来，始终坚持"打虎拍蝇"，未曾有"松口气、歇歇脚"的想法，终于取得反腐败斗争的压倒性胜利。只有"老虎""苍蝇"一起打，大贪小贪都要查，始终坚持反腐无禁区、全覆盖、零容忍，对任何职务违法和职务犯罪都绝不姑息，破除任何可能的侥幸心理，才能实现不敢腐的目标。其

---

[1] 毛泽东：《毛泽东选集》(第3卷)，人民出版社1991年版，第827—828页。

次是要注重教育的功能。发生职务违法和职务犯罪的公职人员,先是因为思想上出现了问题,以致丧失理想信念,而只存个人私欲。因而要杜绝腐败苗头的萌芽,关键在于从思想上构筑不想腐的堤坝,这就需要加强理想信念教育和党性教育。并且,教育工作要贯穿监察工作的全过程,将理想信念教育、党性教育、法治教育和道德教育落实在日常教育中,以一点一滴的坚持构筑防腐拒腐的堤坝,进而从思想上抵御腐化堕落的侵蚀。

惩戒和教育是相互统一的,两者不可偏废。惩戒本身即是对每一位公职人员的警示教育,而教育本身就是为了最终消灭腐败,只有相互结合,将教育融于监察工作全过程,将惩戒案例用于教育警示,才能更好地发挥监察机关的监察职能,达到标本兼治、综合治理的效果。

第四节 保障人权原则

《监察法(草案)》第4条曾规定:"国家监察工作应当坚持依宪依法,以事实为根据,以法律为准绳;权责对等,从严监督;惩戒与教育相结合,宽严相济。坚持标本兼治,保持高压态势,形成持续震慑,强化不敢腐;深化改革、健全法治,有效制约和监督权力,强化不能腐;加强思想道德和法治教育,弘扬优秀传统文化,强化不想腐。"对此,有学者提出应增加"尊重和保障人权"的规定。[1]而最终出台的《监察法》第5条便规定,监察工作"在适用法律上一律平等,保障当事人的合法权益",由此在监察法中确立了保障人权原则。

一、监察法确立保障人权原则是现代法治的必然要求

尊重和保障人权是现代民主政治最基本的价值观念、文本表达和制度要求,是社会主义政治文明的重要标志。[2]《世界人权宣言》第1条宣示,"人人

---

[1] 陈光中、姜丹:《关于〈监察法(草案)〉的八点修改意见》,载《比较法研究》2017年第6期。
[2] 秦前红、石泽华:《新时代监察法学理论体系的科学建构》,载《武汉大学学报(哲学社会科学版)》2019年第5期。

生而自由,在尊严和权利上一律平等"。第 3 条宣示,"人人有权享有生命、自由和人身安全"。第 5 条宣示,"任何人不得加以酷刑,或施以残忍的、不人道的或侮辱性的待遇或刑罚"。第 9 条宣示,"任何人不得加以任意逮捕、拘禁或放逐"。对人所天然享有的这些权利的承认,乃是世界自由、正义与和平的基础。我国 2004 年《宪法修正案》将"国家尊重和保障人权"写入《宪法》第 33 条,使人权成为我国《宪法》确认的基本权利,开启了国家尊重和保障人权的新篇章,体现了现代法治的必然要求。而此后的 2012 年《刑事诉讼法》修改,也明确将"尊重和保障人权"纳入到刑事诉讼法中。

习近平总书记 2022 年 2 月 25 日在十九届中央政治局第三十七次集体学习时的讲话指出,坚持依法保障人权,是中国人权发展道路的主要特征之一。加强人权法治保障,要深化法治领域改革,健全人权法治保障机制,实现尊重和保障人权在立法、执法、司法、守法全链条、全过程、全方位覆盖。监察委员会作为新的国家机关,其所享有的监察权同为公权力,因而开展监察工作也要将尊重和保障人权作为基本原则。具体而言,监察机关享有监督、调查、处置的职能,为履行相应的职责可采用诸多监察措施。这些监察措施如查封扣押、冻结、搜查等,均不同程度地对公民的人身和财产权利造成一定的影响,尤其是在严重职务违法和职务犯罪的调查中,监察机关可采取留置措施,较长时间的限制被调查人的人身自由。此时,只有遵循保障人权原则,严格遵守法律规定的条件及程序要求开展监察工作,才不至于侵害公民的生命、自由、财产等基本权利,方才符合现代法治国的要求,才是以法治化的方式实施监察。

二、保障人权原则的具体体现

(一)保障当事人的人身财产权利

人身财产权利均为人权的重要内容。在人身自由的保障方面,《监察法》对限制人身自由的监察措施规定了严格的条件和程序。例如,留置措施,依《监察法》第 22 条的规定,只有被调查人涉嫌严重职务违法或者职务犯罪,监察机关已经掌握其部分违法犯罪事实及证据,仍有重要问题需要进一步调查,并有特定情形之一时,才可以将其留置在特定场所。而且,设区的市级以下监察机关采取留置措施,应当报上一级监察机关批准后方可实施,省级监察机关采取留置措施,也需报国家监察委员会备案。又如,对于采取技术调查和限制出境措施,《监察法》同样规定了严格的条件和程序。

在人身安全与人格尊严的保障方面,《监察法》第40条第2款明确规定,"严禁以威胁、引诱、欺骗及其他非法方式收集证据,严禁侮辱、打骂、虐待、体罚或者变相体罚被调查人和涉案人员"。因为侮辱、打骂的方式是对人的尊严的侵犯,而虐待、体罚或者变相体罚等方式使人的身体遭受难以忍受的痛苦,严重侵害了被调查人和涉案人员及证人等的人身安全。同时,《监察法》第44条第2款还规定,留置期间应当保障被留置人员的饮食、休息和安全,提供医疗服务,并且合理安排讯问的时间和时长。此外,对于搜查、检查女性的身体,《监察法实施条例》规定,应当由女性工作人员或者医师进行,是为对女性人格尊严的保护。

在财产权利的保障方面,《监察法》第23条、第25条、第41条等相关条文规定,只有案涉的财物和文件等才可进行查封、扣押、冻结,而经查明与案件无关的财物,均应当及时解除查封、扣押、冻结,予以退还。

(二)保障当事人的程序权利

现代法治将正当法律程序视为制约公权力主体行使权力,防止其任性、滥权、腐败,保障相对人合法权益的基本屏障。[1] 监察法同样为监察机关行使监察权划定了相应的程序以保障当事人的合法权益。如当监察人员存在有可能影响监察事项公正处理的情形时,依据《监察法》第58条的规定,监察人员应当自行回避,监察对象、检举人及其他有关人员也有权要求其回避。监察机关调查人员采取谈话、讯问、询问、留置等措施时,应当出示相应的权利告知书,使被谈话人、被讯问人、证人、被留置人知晓自身所享有的权利。此外,《监察法实施条例》第195条还规定,案件审理部门在审理阶段可以根据情况经审批后与被调查人谈话,听取其辩解意见,了解有关情况。这确保了被调查人进行陈述申辩的权利。

---

[1] 姜明安:《国家监察法立法的若干问题探讨》,载《法学杂志》2017年第3期。

(三)保障当事人救济的权利

十八届四中全会发布的《中共中央关于全面推进依法治国若干重大问题的决定》指出,要"增强全社会尊重和保障人权的意识,健全公民权利救济渠道和方式"。可见,保障公民权利救济渠道和方式亦是保障人权的重要方面。在《监察法》中,第60条明确赋予了被调查人及其近亲属等向该机关申诉以获得救济的权利。此外,根据《监察法实施条例》第66条的规定可知,针对监察人员在办理案件中,可能存在以非法方法收集证据情形的,被调查人可以向监察机关进行控告、举报。鉴于此部分内容将在后文有关监察救济的章节中阐述,故此处不赘。

第五节 互相配合、互相制约原则

《宪法》第127条与《监察法》第4条均规定,"监察机关办理职务违法和职务犯罪案件,应当与审判机关、检察机关、执法部门互相配合,互相制约"。这与《宪法》第140条的规定类似但并不相同。《宪法》第140条规定,"人民法院、人民检察院和公安机关办理刑事案件,应当分工负责,互相配合,互相制约,以保证准确有效地执行法律"。有论者指出,从形式上看,前者规定的是监察机关主导下的"线性"双向关系,主要规范监察机关的权力运行机制,涉及人民代表大会以外的各国家机关之间的平行关系,后者规定的则是公检法三机关共同参与的"三角形"循环结构。[1] 而从涉及的主体看,《宪法》第127条的规定涉及监察机关、司法机关、执法部门,而《宪法》第140条之规定涉及的仅是司法机关,故而前者没有"分工负责"的规定而后者有此规定。

这种不同反映了《宪法》第127条所规定的互相配合、互相制约原则是有所侧重的,即监察机关与执法部门之间主要是配合关系,而监察机关与审判机

---

[1] 周佑勇、周维栋:《宪法文本中的"执法部门"及其与监察机关之配合制约关系》,载《华东政法大学学报》2019年第6期。

关、检察机关则既有配合关系又有互相制约关系。[1] 由于监察机关办理的案件包括职务违法与职务犯罪两类，但《宪法》第 127 条并未对此予以区分。在职务违法案件中，主要是监察机关与执法部门的配合制约关系；在职务犯罪案件中，则要发挥司法的主导地位，将"以审判为中心"作为各机关关系的本质要求。[2]

一、监察机关与审判机关、检察机关、执法部门的互相配合

（一）监察机关与审判机关、检察机关的互相配合

监察机关与审判机关、检察机关的互相配合主要是指办理职务犯罪案件方面的配合。三个国家机关基于各自的职权分工，各司其职、各尽其责。这种配合的出发点只在于三者均有依法惩治腐败犯罪的目标，互相配合以形成法治化的廉政建设和反腐败治理机制。有论者谓之为腐败治理的同向性。[3] 因此监察机关与审判机关、检察机关的互相配合并非意味着三者联合起来共同对付职务犯罪的嫌疑人和被告人。具体情形，例如，审判机关和检察机关在工作中发现公职人员涉嫌职务违法或者职务犯罪的问题线索，应当移送监察机关，由监察机关依法调查处置；而对于监察机关移送审查起诉的职务犯罪案件，人民检察院、人民法院需要调取同步录音录像的，监察机关应当予以配合，经审批依法予以提供。又如，人民法院在审判过程中就证据收集合法性问题要求有关调查人员出庭说明情况时，监察机关应当依法予以配合。

（二）监察机关与执法部门的互相配合

《宪法》并未将执法部门称为执法机关，而执法部门这一指称事实上包含了众多部门。《监察法实施条例》第 9 条第 1 款即规定，"监察机关开展监察工作，可以依法提请组织人事、公安、国家安全、审计、统计、市场监管、金融监管、财政、税务、自然资源、银行、证券、保险等有关部门、单位予以协助配合"。这

---

[1] 秦前红主编：《监察法教程》，法律出版社 2019 年版，第 88 页。
[2] 周佑勇、周维栋：《宪法文本中的"执法部门"及其与监察机关之配合制约关系》，载《华东政法大学学报》2019 年第 6 期。
[3] 马怀德主编：《监察法学》，人民出版社 2018 年版，第 112 页。

些部门在与监察机关的互相配合关系中更多的体现为协助关系。如监察机关采取留置或搜查措施,可以提请公安机关依法予以协助;查询、冻结财产时,银行或者其他金融机构、邮政部门等单位和个人应当予以配合;对违法取得的财物及孳息决定追缴或者责令退赔的,可以依法要求公安、自然资源、住房城乡建设、市场监管、金融监管等部门以及银行等机构、单位予以协助;等等。

二、监察机关与审判机关、检察机关的互相制约

监察机关拥有监督、调查、处置职能,对所有行使公权力的公职人员进行监督,权力集中且巨大,因此,监察机关行使监察权需要受到制约。其中,主要是监察机关与审判机关、检察机关在办理犯罪案件方面的互相制约。

(一)监察机关与检察机关的互相制约

依据《监察法》第45条的规定,监察机关根据监督、调查结果,可以依法对公职人员作出相应处置。但是,对涉嫌职务犯罪的被调查人,监察机关经调查认为犯罪事实清楚,证据确实、充分的,只能将相关材料移送人民检察院依法审查、提起公诉。检察机关则依照《刑事诉讼法》和《监察法》的规定对监察机关移送的案件进行审查;对符合起诉条件的,作出起诉决定;对需要补充核实的,退回监察机关补充调查或自行补充侦查;具有不起诉的情形的,依法作出不起诉的决定。

对于检察机关审查后作出的退回补充调查决定,监察机关认为移送起诉的犯罪事实清楚,证据确实、充分的,可以说明理由,并移送人民检察院依法审查。对于检察机关作出的不起诉决定,监察机关认为不起诉的决定有错误的,可以依法向其上一级人民检察院提请复议。同时监察机关应当将上述情况及时向上一级监察机关书面报告。

(二)监察机关与审判机关的互相制约

在"以审判为中心"的制度要求下,监察机关移送检察机关审查起诉的职务犯罪案件,只有经过人民法院的裁判才能认定是否存在相应的犯罪事实并追究相应的刑事责任。人民法院对于案件的审理,将依据《刑事诉讼法》的相关规定,对案件证据的证据能力、证明力大小,以及监察机关的调查取证行为是否合法,适用监察措施是否符合程序等进行审查判断。如若审判机关认为监察机关存在以非法方式或违反程序取证的行为,将会对相应证据依法予以排除。而审判机关经审查,认为现有证据无法认定被告人职务犯罪事实成立,将依法宣告无罪。这些都会对监察机关的职务犯罪调查行为产生有力的制约。

第六节 依靠群众原则

"人民群众是反腐败的主体和主力军,依靠人民群众反腐败,是我党加强反腐倡廉建设的基本经验。"[1]在监察工作中坚持依靠群众的原则,对监察工作的有效开展具有十分重要的意义。

一、依靠群众是党的群众路线的本质要求

群众路线是党的生命线和根本工作路线。从党的百年征程来看,依靠群众,从群众中来,到群众中去,是我们党攻坚克难,做好工作,取得胜利的最重要的历史经验之一。《宪法》第27条第2款即明确规定,"一切国家机关和国家工作人员必须依靠人民的支持,经常保持同人民的密切联系,倾听人民的意见和建议,接受人民的监督,努力为人民服务"。在新时代,新征程,只有坚定地走群众路线,紧紧依靠群众,才能打好反腐败这场攻坚战、持久战。因此,将依靠群众原则确立为监察法的基本原则,并在监察工作中予以贯彻和坚持,是党的群众路线的本质要求。

二、依靠群众是人民群众维护自身根本利益的内在诉求

腐败问题严重侵害人民利益,严重伤害群众感情,人民群众对此深恶痛绝。党代表中国最广大人民的根本利益,只有坚决反对腐败,才能维护人民群众的

---

[1] 唐晓清、李波:《完善依靠群众支持和参与的反腐败领导体制》,载《理论探索》2009年第3期。

合法利益。从根本上讲,进行国家监察体制改革,深入开展反腐败工作,"是保持党同人民群众血肉联系的必然要求,也是巩固党的执政基础和执政地位的必然要求"。[1] 换言之,监察机关在党的全面领导下开展监察工作大力反腐以维护人民群众的合法利益,在目标上是与人民群众维护自身根本利益诉求相一致的。因而,借由依靠群众这一原则,联接起广大人民群众与监察机关,不仅是监察机关开展反腐败工作得到了广大人民群众的拥护与支持,而且使得人民群众能够以助力国家机关制度化反腐力量的方式,更好地参与反腐败斗争,维护其根本利益。

三、依靠群众能充分调动人民群众这一反腐败的基础力量

国家监察体制改革后,监察机关将依法对所有行使公权力的公职人员的监督,实现国家监察全面覆盖。显然,只靠纪检监察部门的有限力量去实现国家监察全面覆盖,难度是极高的。与此相比,人民群众的力量却是无穷的,群众的眼睛也是雪亮的。公职人员日常工作中的一言一行,都在人民群众的监督之下。因此《监察法实施条例》第 17 条规定,监察机关要通过收集群众反映、座谈走访等方式加强对公职人员的日常监督。同时,充分认识和发挥人民群众在反腐倡廉建设中的重要作用,也是监察机关的监察监督与群众监督贯通协调形成监督合力的要求。

---

[1]《习近平关于党风廉政建设和反腐败斗争论述摘编》,中央文献出版社、中国方正出版社 2015 年版,第 7 页。

第三章 监察机关

第一节 监察机关的地位

一、监察委员会是国家的监察机关

2018年《宪法修正案》,在《宪法》第三章国家机构中新增了监察委员会一节。其中第123条规定,"中华人民共和国各级监察委员会是国家的监察机关"。由此确立了监察机关的宪法地位。

在国家监察体制改革之前,按原《行政监察法》的规定,监察机关是人民政府行使监察职能的机关,在性质上属于行政机关,而在地位上则仅是一级政府的内设机构。经过国家监察体制改革,2018年《宪法修正案》规定,在中央设立国家监察委员会为最高监察机关,在地方则设立地方各级监察委员会。新增的监察委员会与政府机关、人民法院和人民检察院等国家机构平行并相互独立,极大的提高了监察机关的法律地位。由此也形成了人民代表大会之下的"一府一委两院"新格局。

与政府机关、人民法院和人民检察院一样,在此体制格局下,依据《宪法》第126条之规定,国家监察委员会对全国人民代表大会和全国人民代表大会常务委员会负责;地方各级监察委员会对产生它的国家权力机关和上一级监察委员会负责。相应地,依《监察法》之规定,国家监察委员会由全国人民代表大会产生,对全国人民代表大会及其常务委员会负责,并接受其监督;地方各级监察委员会则由本级人民代表大会产生,对本级人民代表大会及其常务委员会和上一级监察委员会负责,并接受其监督。

二、监察委员会是行使国家监察职能的专责机关

为构建集中统一、权威高效的中国特色国家监察体制,国家监察体制改革将人民政府的监察厅(局)、预防腐败局和人民检察院查处贪污贿赂、失职渎职以及预防职务犯罪等部门的相关职能均整合至监察委员会,由其按照管理权限,对本地区所有行使公权力的公职人员依法实施监察,履行监督、调查、处置职责,由此形成了监察委员会专司监察职责的体制。在此种体制设置下,监察委员会专门负责对所有公职人员进行监察监督并调查其职务违法和职务犯罪,同时依据法律规定作出相应的监察处置,实现了监督资源的集中和监督效率的提高。

《宪法》第127条规定,监察委员会依法独立行使监察权而不受行政机关、社会团体和个人的干涉。《监察法》出台后,于第3条规定,各级监察委员会是行使国家监察职能的专责机关,确立了监察委员会的专责监察机关地位。"专责机关不仅强调监察委的专业化特征、专门性职责,更加突出强调了监察委的责任,行使监察权不仅仅是监察委的职权,更重要的是职责和使命担当。"[1]专责意味着独享职能,但这并不意味着监察委员会不受制约。依据《宪法》第127条第2款和《监察法》第4条第2款的规定,监察机关办理职务违法和职务犯罪案件,应当与审判机关、检察机关、执法部门互相配合、互相制约。

监察机关的专门职责即监督、调查、处置职责,三者环环相扣,共同组成了一个完备而内涵丰富的中国特色国家监察体系的重要内容,后续章节将对此进一步阐述。

---

〔1〕 参见中共中央纪律检查委员会、中华人民共和国国家监察委法规室:《〈中华人民共和国监察法〉释义》,中国方正出版社2018年版,第63页。

第二节　监察机关的组织

关于国家机构的组织,我国有相应的《国务院组织法》《人民检察院组织法》《人民法院组织法》等。但与"一府两院"不同,目前暂未有相应的"监察委员会组织法",因此在国家监察体制改革进程中还需完善相应立法。不过,我国《宪法》及《监察法》中已有关于监察委员会组织的基本规定。

作为国家的根本大法,《宪法》是我国监察机关产生的根本依据。依据我国《宪法》第124条的规定,我国设立的监察机关分为国家监察委员会和地方各级监察委员会。《监察法》第7条则规定,国家监察委员会是最高监察机关,省、自治区、直辖市、自治州、县、自治县、市、市辖区设立监察委员会。可见监察机关是按照行政区划进行设置,并分为中央、省、市、县四级。此外,依据《宪法》第124条第4款的规定,监察委员会的组织和职权由法律规定,即《宪法》将关于监察委员会的组织和职权的具体事项授予法律进行规定。

一、国家监察委员会

《监察法》第8条规定,国家监察委员会由全国人民代表大会产生,负责全国监察工作。

其中,国家监察委员会由主任、副主任若干人、委员若干人组成,主任由全国人民代表大会选举,副主任、委员由国家监察委员会主任提请全国人民代表大会常务委员会任免。这与《宪法》第124条第2款关于监察委员会人员组成的规定一致。国家监察委员会主任每届任期同本级人民代表大会每届任期相同。国家监察委员会主任连续任职不得超过两届。对于国家监察委员会的副主任、委员的任期,法律则没有限制。可以看到,国家监察委员会的产生、人员的任免及任期与最高人民检察院及最高人民法院是一致的。

此外,《监察法》第8条第4款还规定,国家监察委员会对全国人民代表大会及其常务委员会负责,并接受其监督。

二、地方各级监察委员会

依据《监察法》第9条的规定,地方各级监察委员会由本级人民代表大会产生,负责本行政区域内的监察工作。与国家监察委员会的人员组成一致,地方各级监察委员会同样由主任、副主任若干人、委员若干人组成,主任由本级人民代表大会选举,副主任、委员由监察委员会主任提请本级人民代表大会常务委员会任免。地方各级监察委员会主任每届任期同本级人民代表大会每届任期相同。与国家监察委员会组成人员的任期有所不同的是,《监察法》并没有限制地方各级监察委员会组成人员的任期。

此外,地方各级监察委员会对本级人民代表大会及其常务委员会和上一级监察委员会负责,并接受其监督。

三、监察委员会的内部机构设置

(一)关于监察委员会的内设机构

关于监察委员会的内设机构,《监察法》没有专门规定,但部分条文有所涉及。如其中的第36条规定,监察机关应当严格按照程序开展工作,建立问题线索处置、调查、审理各部门相互协调、相互制约的工作机制。监察机关应当加强对调查、处置工作全过程的监督管理,设立相应的工作部门履行线索管理、监督检查、督促办理、统计分析等管理协调职能。此外,为加强对监察人员执行职务和遵守法律情况的监督,第55条规定了监察机关应设立内部专门的监督机构。

此外,《监察法实施条例》第172条规定了信访举报部门、案件监督管理部门、监督检查部门和调查部门在线索处置程序中分别对口处置不同渠道和来源的问题线索;第192条则涉及对案件进行审理的案件审理部门;根据第236条的规定,由国际合作局在反腐败国际合作中归口管理监察机关反腐败国际追逃追赃等涉外案件办理工作。

(二) 国家监察委员会的内设机构设置[1]

依据《监察法》和《监察法实施条例》的上述规定,并根据实际工作需要,国家监察委员会相应地设置了内设职能部门、直属单位和派驻纪检监察组三类组织机构。其中内设职能部门承担了大部分的监察职能。具体包括:办公厅、组织部、宣传部、研究室、法规室、党风政风监督室、信访室、中央巡视工作领导小组办公室、案件监督管理室、第一至十一监督检查室、第十二至十六审查调查室、案件审理室、纪检监察干部监督室、国际合作局、机关事务管理局、机关党委、离退休干部局。其部门设置体现了《监察法实施条例》第258条的具体规定,即监察机关应当建立监督检查、调查、案件监督管理、案件审理等部门相互协调制约的工作机制。现择要简述如下。

1. 宣传部

宣传部是具体承担宣传教育职能,并体现惩戒与教育原则的职能部门。其主要负责组织协调全面从严治党、党风廉政建设和反腐败宣传教育以及廉洁文化建设工作;归口管理机关承担宣传教育职责的单位;负责机关的新闻事务和有关网络信息工作等。

2. 信访室

信访室的具体职能主要有三个方面。一是线索受理,如负责受理对党的组织、党员违反党纪行为和对行使公权力的公职人员职务违法、职务犯罪行为等的检举、控告。此外还有接待群众来访,处理群众来信和电话网络举报事项。二是申诉受理,如受理党员对中央纪委作出的党纪处分或者其他处理不服的申诉、监察对象对国家监委作出的涉及本人的处理决定不服的复审申请,但对申诉的具体审理则由案件审理室承办。三是其他职能,如综合分析信访举报情况等。

3. 第一至十一监督检查室

监督检查部门主要履行依纪依法监督的职责,即主要负责联系地区、部门、

---

[1] 本部分内容整理自中央纪委国家监委网站,详见 https://www.ccdi.gov.cn/xxgkn/zzjg/202104/t20210412_40535.html,2022年3月1日访问。

单位的日常监督检查和对涉嫌一般违法问题线索处置。具体而言,主要负责监督检查联系单位(地区)领导班子及中管干部遵守和执行党的章程和其他党内法规,遵守和执行党的路线方针政策和决议、国家法律法规,推进全面从严治党,依法履职、秉公用权、廉洁从政从业以及道德操守等方面的情况;监督检查联系单位(地区)党委(党组)落实管党治党主体责任的情况,指导、检查、督促纪委监委(派驻、派出机构)落实纪检、监察责任,实施问责;向监察对象所在单位提出监察建议;综合分析研判问题线索,按程序提出处置意见或移交审查调查室;综合、协调、指导联系单位(地区)及其系统的纪检监察工作等。

4. 第十二至十六审查调查室

主要履行执纪审查和依法调查处置的职责。与第一至十一监督检查室的职能相比,第十二至十六审查调查室所承担的具体职能主要是负责对涉嫌严重职务违法和职务犯罪问题线索进行初步核实和立案调查。如承办涉嫌严重违纪或者职务违法、职务犯罪问题线索的初步核实和立案审查调查,以及其他比较重要或者复杂案件的初步核实、审查调查,并提出处理建议。此外,第十二至十六审查调查室也可向监察对象所在单位提出监察建议;可以办理下一级监察机关管辖范围内的监察事项,必要时也可以办理所辖各级监察机关管辖范围内的监察事项等。

5. 案件审理室

负责审理中央纪委国家监委直接审查调查和省(部)级党的组织、纪检监察机关报批或者备案的违反党纪和职务违法、职务犯罪案件;承办党员对中央纪委作出的党纪处分或者其他处理不服的申诉案件、监察对象对国家监委作出的涉及本人的处理决定不服的申请复审案件等。

6. 案件监督管理室

依据《监察法实施条例》第258条的具体规定,案件监督管理室主要负责对监督检查、审查调查工作全过程进行监督管理,履行线索管理、组织协调、监督检查、督促办理、统计分析等职责;案件监督管理部门发现监察人员在监督检查、调查中有违规办案行为的,及时督促整改;涉嫌违纪违法的,根据管理权限移交相关部门处理。此外,案件监督管理部门还统一受理有关单位移交的相关问题线索以及下级纪检监察机关线索处置和案件查办报告;归口管理审查调查有关协调事项;对调查措施使用进行监督管理,监督检查纪检监察机关依纪依法安全办案情况等。

7.国际合作局

负责纪检监察国际交流与合作事宜;组织反腐败国际条约实施工作和履约审议事务;承担反腐败国际追逃追赃和防逃工作的组织协调,协调反腐败执法、引渡等领域国际合作;归口管理机关外事工作和涉港澳台事务等。

8.纪检监察干部监督室

负责监督检查纪检监察系统干部遵守和执行党的章程和其他党内法规,遵守和执行党的路线方针政策和决议、国家法律法规等方面的情况;受理对有关纪检监察领导干部涉嫌违反党纪、职务违法和职务犯罪等问题的举报,提出处置意见并负责问题线索初步核实及立案审查调查工作等。与案件监督管理室的监督职能相比,两者的侧重点并不相同。案件监督管理室是对办案过程的监督,而纪检监察干部监督室是对监察人员的监督,是一种内部监督。具言之,对纪检监察干部监督室而言,作为监察人员的纪检监察干部,本身也是被监察的对象,也需对其是否依法履职、秉公用权、廉洁从政从业以及是否违反党纪、职务违法和职务犯罪等进行监察。

(三)地方各级监察委员会的内设机构设置

地方各级监察委员会的内设机构设置与国家监察委员会的内设机构设置基本一致。例如,山东省监察委员会设立了内设机构、直属事业单位和派驻机构,其中内设机构有办公厅、组织部、宣传部、研究室、党风政风监督室、信访室(省国家公职人员违法违纪举报中心)、案件监督管理室、第一至八监督检查室、第九至十三审查调查室、案件审理室(政策法规室)、纪检监察干部监督室、机关党委、离退休干部处。重庆市监察委员会下设内设职能部门、市委巡视办、直属单位、派驻(派出)纪检监察机构,其中内设职能部门包括办公厅、组织部、宣传部、研究室、法规室、党风政风监督室、信访室、案件监督管理室、案件指导室、信息技术保障室、第一至八监督检查室、第九至十五审查调查室、案件审理室、纪检监察干部监督室、机关党委、离退休人员工作室。

四、派驻或者派出监察机构、监察专员

《监察法实施条例》第 282 条规定,其所称的监察机关包括各级监察委员会及其派驻或者派出监察机构、监察专员,因而派出监察机构、监察专员亦属监察机关的组织。

派驻监督制度由来已久,是具有中国特色的一项监督制度,最早可追溯至新中国成立初期的"派驻监察",此后派驻监督制度在实践中不断发展完善。十八大以来,派驻监督成为"四个全覆盖"的重要内容,[1]是党和国家监督体系的重要组成部分,充分发挥了"派"的权威和"驻"的优势。《监察法》第 12 条第 1 款规定,各级监察委员会可以向本级中国共产党机关、国家机关、法律法规授权或者委托管理公共事务的组织和单位以及所管辖的行政区域、国有企业等派驻或者派出监察机构、监察专员。

(一)派驻或者派出的对象

从《监察法》第 12 条的规定可知,派驻或者派出的对象可分为单位和区域。《监察法实施条例》第 12 条对此作了进一步的细化和区分。

1. 派驻或者派出的单位

各级监察委员会派驻或者派出的单位包括本级中国共产党机关、国家机关、法律法规授权或者委托管理公共事务的组织和单位,以及所管辖的国有企业事业单位等。(1)国家机关,主要是指行使国家权力、管理国家事务的机关,包括国家权力机关、国家行政机关、审判机关、检察机关等。[2] (2)法律法规授权或者委托管理公共事务的组织和单位,主要是指"参公管理"的事业单位。[3] 因为此类组织和单位在法律法规授权或者委托范围内行使管理公共事务的权力,本源上也是一种公权力,自然也属于派驻的对象。此外,法律法规授权或者受国家机关依法委托管理公共事务的组织中从事公务的人员是监察对象,因而

---

[1] 颜杰峰、唐锡康:《党的纪检监察派驻制度的历史脉络及其经验启示》,载《毛泽东邓小平理论研究》2020 年第 7 期。

[2] 中共中央纪律检查委员会、中华人民共和国国家监察委员会法规室编写:《〈中国人民共和国监察法〉释义》,中国方正出版社 2018 年版,第 97 页。

[3] 秦前红、石泽华:《〈监察法〉派驻条款之合理解释》,载《法学》2018 年第 12 期。

若需通过派驻监督的方式对其进行监察,则其所在组织或者单位必然是派驻对象。同时,需指出的是,此处的"委托"是指"受国家机关依法委托"。(3)对于国有企业的范围,有观点认为应严格限缩至"全民所有制企业",如此可避免因概念不明确导致的不必要争议。[1] 本书认为这不免过于狭窄。一则派驻监督的本意即在于实现监察的全面覆盖,如此限缩解释与此目的不符。二则当前语境中的国有企业,其所指应是国有资本占控股地位或者主导地位的企业。如2021年新修订的《审计法》第22条第1款规定,"审计机关对国有企业、国有金融机构和国有资本占控股地位或者主导地位的企业、金融机构的资产、负债、损益以及其他财务收支情况,进行审计监督"。派驻监督与审计监督同为监督方式的一种,因此认为派驻监督的国有企业与审计监督中的国有企业范围一致较为妥当。因此作为派驻对象的国有企业是指国有资本占控股地位或者主导地位的企业。

2. 派出的区域

权威解释认为,派驻或者派出的区域主要是指街道、乡镇以及不设置人民代表大会的地区、盟等区域。[2]《监察法实施条例》第12条第2款也规定,省级和设区的市级监察委员会依法向地区、盟、开发区等不设置人民代表大会的区域派出监察机构或者监察专员。县级监察委员会和直辖市所辖区(县)监察委员会可以向街道、乡镇等区域派出监察机构或者监察专员。

依据《监察法》的规定,地方各级监察委员会只在省、自治区、直辖市、自治州、县、自治县、市、市辖区设立。据此,乡、民族乡、镇虽然有相应的人民代表大会,但并不设立对应的监察委员会。本书认为,向街道、乡镇等区域派出监察机构或者监察专员而不设立对应的监察委员会,其原因在于只在县级以上设立监察委员会较有利于保证监察机关的权威性与独立性。对于不设置人民代表大会的地区、盟等区域,因为地方各级监察委员会依法应由本级人民代表大会产生,而无相应的人民代表大会的地区、盟等区域自然无法产生其监察委员会。

---

[1] 秦前红、石泽华:《〈监察法〉派驻条款之合理解释》,载《法学》2018年第12期。
[2] 中共中央纪律检查委员会、中华人民共和国国家监察委员会法规室编写:《〈中国人民共和国监察法〉释义》,中国方正出版社2018年版,第97页。

鉴于上述两类区域无对应监察机关,因而为了实现监察的全面覆盖,根据需要可向其派驻或者派出监察机构或监察专员。一般而言,地区、盟等地方的监察机构,可以采取派出监察机构的形式;对于街道、乡镇,可以采取派出监察专员的形式。[1]

从上述规定还可得知,虽然行政区域一般等同于行政区划,且乡、民族乡、镇也确是行政区划,但这里所指的"行政区域"显然不能作行政区划理解。如重庆市纪委监委分别向两江新区、重庆高新区、万盛经开区派出监察室,但这几个区并不属于行政区划而是属于经济区划。

(二)派驻和派出监察机构、监察专员的区别

从《监察法实施条例》第 12 条第 1、2 款的规定来看,派驻和派出监察机构、监察专员之间存在区别。首先,派驻和派出都可用于单位对象,即既可以向单位派驻监察机构、监察专员,也可向单位派驻监察机构、监察专员。其次,可向区域派出监察机构、监察专员,但并不能向区域派驻监察机构、监察专员。例如,从中央纪委国家监委及地方纪委监委网站的公开信息来看,对单位派驻的监察组绝大多数均使用"驻××(单位)纪检监察组"的表述,重庆市纪委监委仅一例使用"市纪委监委派出市直机关纪检监察工委"的表述;而对于区域,如重庆市纪委监委,均使用的是"市纪委派出××区纪工委、市监委派出××区监察室"的表述。

此外需注意的是,各级监察委员会均可依法向本级的相关单位进行派驻或者派出监察机构、监察专员,但依《监察法实施条例》第 12 条的规定,仅地方监察委员会可依法向区域派出监察机构或者监察专员,国家监察委员会则并无此权限,而从现实来看也并无此必要。

(三)派驻或者派出监察机构、监察专员的权、名、责

在行政系统,存在派出机关和派出机构两类行使一定行政管理职能的行政机关或机构。其中,所谓派出机关,是指地方各级政府根据《宪法》和法律的规

---

〔1〕 中共中央纪律检查委员会、中华人民共和国国家监察委员会法规室编写:《〈中国人民共和国监察法〉释义》,中国方正出版社 2018 年版,第 98 页。

定,为满足行政管理的需要而派出的行政公署、区公所或街道办事处。派出机关在其管辖范围内享有对行政事务的决定权和管理权,对所辖职能部门和下级政府进行领导和监督,具有行政主体资格。派出机构,是指地方政府根据行政管理的需要,针对某项特定行政事务而设置的工作机构。派出机构原则上不具备行政主体资格,然而经法律授权,其可以成为行政主体也可成为行政主体。[1] 我国《地方各级人民代表大会和地方各级人民政府组织法》第85条即有关于派出机关的相应规定。对于派出机构的行政主体地位,《治安管理处罚法》第91条授予了公安派出所作出警告、500元以下罚款的决定权。

在行政法律关系中,只有成为行政主体方可以自己的名义实施国家行政管理职能并承担相应的法律后果。与行政系统中关于派出机关和派出机构的规定相比,《监察法》对派驻或者派出监察机构、监察专员的主体地位规定得较为模糊,而且《监察法实施条例》第12条和第13条所称的"派出机关"事实上指的是有权作出派出决定的监察委员会。这与行政系统中的派出机关意义完全不同。

依据职权法定原则,派驻或者派出监察机构、监察专员如需以自己的名义履行监察职责,应以法律法规的明确授权为据。根据《监察法》第13条的规定,派驻或者派出的监察机构、监察专员根据授权可行使相关监察职责。此处的"根据授权"似乎既可作根据法律法规授权解,亦可作根据监察委员会授权解。对此,权威解释认为,派出监察机构原则上既可以对公职人员涉嫌职务违法进行调查、处置,又可以对涉嫌职务犯罪进行调查、处置;而派驻监察机构的具体职责权限,则需要根据派出它的监察机关的授权来确定。[2] 亦即采后一种解释。

有论者指出,若将"根据授权"作法律法规授权解释,实际是创设新的职权,超越了"宪制职权"的边界,因而"根据授权"只能是监察系统内部授权。这使得派驻或者派出监察机构、监察专员的性质必然是资格取得,而非名义代表。

---

[1] 王丽娜主编:《法学概论》,武汉大学出版社2017年版,第71页。
[2] 中共中央纪律检查委员会、中华人民共和国国家监察委员会法规室编写:《〈中华人民共和国监察法〉释义》,中国方正出版社2018年版,第102页。

进而,这是一种"产生于内、独立于外、接受监管"的特殊存在,即其产生于派出主体,但又对外相对独立地行使职权,同时又受到派出主体的监管。因而派驻机构与其派出主体之间在权、名、责要素上既形式分离又实质牵连,并且派驻机构可在授权范围内以自己的名义行使职权并承担责任。[1]《监察法实施条例》第 13 条则规定,派驻或者派出的监察机构、监察专员根据派出机关授权,按照管理权限依法履行职责。从体系上看,这实际是将"根据授权"明确为"根据派出机关授权"了。

管见以为,从派驻或者派出监察机构、监察专员与派出机关之间的关系进行考察,得出"产生于内、独立于外、接受监管"这一结论是恰当的。不过,从派驻或者派出监察机构、监察专员与派驻或者派出对象之间的关系来考量,则应以作出派出决定的有权机关的名义行使职权并承担责任为宜。首先,《关于深化中央纪委国家监委派驻机构改革的意见》强调,中央纪委国家监委派驻机构是中央纪委国家监委的重要组成部分,由其直接领导、统一管理,并且由中央纪委副书记(常委)、国家监委副主任(委员)分管。《监察法》与《监察法实施条例》也规定,监察机构、监察专员对派驻或者派出它的监察委员会负责,开展监察工作,受派出机关领导,因此其没有在名义上独立的必要。其次,前述意见意在加强"派"的权威性,那么对驻在区域和单位而言,只有同级或上级监督才更具有权威性,因而派驻或者派出监察机构、监察专员应以派出机关的名义行使职权才能发挥"派"的权威性。再次,依据《监察法》第 12 条的规定,派驻或者派出监察机构、监察专员的方向是"本级",若监察机构、监察专员的级别低于"本级"则显然级别不对等。另外,有观点指出,派驻监督的定位是"上对下",[2]本质上是上级纪委对下级纪委党组织监督的一种机制。[3] 在合署办公的要求下,派驻或者派出监察机构、监察专员以派出机关名义行使职权,更符合此种"上对下"的定位。最后,在责任的承担上,依据《监察法》和《监察法实

---

[1] 秦前红、石泽华:《〈监察法〉派驻条款之合理解释》,载《法学》2018 年第 12 期。
[2] 姚强:《派驻监督要准确把握"两个定位"要求》,载《中国纪检监察报》2021 年 10 月 9 日,第 2 版。
[3] 详见《既有"派"的权威,又有"驻"的优势》,http://www.gov.cn/zhengce/2018-11/09/content_5338596.htm,2022 年 3 月 9 日访问。

施条例》的规定,监察机关及其工作人员行使职权,侵犯公民、法人和其他组织的合法权益造成损害的,依法给予国家赔偿,而造成损害的机关为赔偿义务机关。显然派驻或者派出监察机构、监察专员无法自己承担国家赔偿的责任。

(四)派驻或者派出监察机构、监察专员的形式

此前,依据《关于全面落实中央纪委向中央一级党和国家机关派驻纪检机构的方案》,中央纪委已设置47家派驻机构,实现对139家中央一级党和国家机关派驻纪检机构全覆盖。在派驻形式上,分为单独派驻和综合派驻,前者为"点对点",即一个纪检组进驻一家单位;后者则根据工作需要和业务关联性,实行一个纪检组同时派驻多家单位。

第三节 监察机关的领导体制

所谓监察机关的领导体制,其核心是监察机关与同级党委,以及监察机关上下级之间的关系问题。[1] 领导体制总体可分为属地领导、垂直领导与双重领导三种类型,其中双重领导又可以进一步分为以属地为主的双重领导和以垂直为主的双重领导。[2] 属地领导是监察机关受同级党委领导的一种领导体制。此时监察机关很可能只是党委的一个部门,在党委的指导下工作。垂直领导是监察机关只受上级监察机关领导的一种领导体制,在人事任免、职责权限、财政保障等方面均由上级监察机关负责。双重领导则是介于前两者之间的一种领导体制。顾名思义,双重领导体制下的监察机关既接受同级党委的领导又接受上级监察机关的领导。而双重领导,则又会产生以哪一方为主的不同情形。

显然,不同的领导体制会对监察职能的履行及其效果产生不同的影响,而十八大以来,纪检监察的领导体制逐步形成了以上级监察机关领导为主的双重

---

〔1〕 唐皇凤、杨洁:《中国共产党百年纪检监察领导体制的历史演变与基本经验》,载《治理研究》2021年第4期;陈光中、邵俊:《我国监察体制改革若干问题思考》,载《中国法学》2017年第4期。

〔2〕 许天翔:《百年党史视域中的纪检监察机关领导体制改革》,载《观察与思考》2022年第2期。

领导体制。

一、党对监察委员会的领导关系

监察机关坚持党的领导是党的全面领导的内在要求。党的全面领导是监察法的基本原则,《监察法》第 2 条即规定了"坚持中国共产党对国家监察工作的领导"。《监察法实施条例》第 2 条还规定,要"把党的领导贯彻到监察工作各方面和全过程"。因此监察机关坚持党的领导,是党的全面领导原则所决定的,是这一原则在监察机关领导体制上的具体体现。

监察机关坚持党的领导是历史必然。回顾百年大党的历史征程,中国共产党无论是在纪检监察工作的萌芽、探索阶段还是在奠基、发展阶段,也无论是采用属地领导还是中央领导或是双重领导,始终不变的是坚持党对监察工作的领导。[1] 正是因为始终坚持党对监察工作的领导,才使党能够以自我革命的巨大勇气不断根据形势的变化推进监察体制的改革,以保证党的纯洁性和先进性。

为贯彻党对监察工作的全面领导,《监察法实施条例》在"领导体制"一节第 10 条明确规定:一是"国家监察委员会在党中央领导下开展工作";二是"地方各级监察委员会在同级党委和上级监察委员会双重领导下工作"。党的章程第 45 条规定,党的中央纪律检查委员会在党的中央委员会领导下进行工作。国家监察委员会作为最高监察机关与党的中央纪委合署办公,实现"一套人马两块牌子",因而国家监察委员会在党中央领导下开展工作是顺理成章的。同理,地方各级监察委员会在同级党委的领导下工作也是顺理成章的。

二、各级监察委员会之间的领导关系

《宪法》第 125 条和《监察法》第 10 条规定,国家监察委员会领导地方各级监察委员会的工作,上级监察委员会领导下级监察委员会的工作。由此明确了

---

[1] 唐皇凤、杨洁:《中国共产党百年纪检监察领导体制的历史演变与基本经验》,载《治理研究》2021 年第 4 期;陈光中、邵俊:《我国监察体制改革若干问题思考》,载《中国法学》2017 年第 4 期。

监察机关上下级之间是领导与被领导的关系。《监察法实施条例》第 10 条还进一步规定,国家监察委员会在党中央领导下开展工作,地方各级监察委员会在同级党委和上级监察委员会双重领导下工作,因此地方各级监察委员会实行的是双重领导体制。其中,同级党委对本级监察委员会的领导即是党对各级监察委员会的领导,已如前所述,不再赘述。

(一)国家监察委员会领导地方各级监察委员会工作

《宪法》第 125 条与《监察法》第 10 条均规定,国家监察委员会领导地方各级监察委员会的工作。虽然这种领导关系也是上级监察委员会对下级监察委员会的领导,但依《宪法》第 125 条的规定,国家监察委员会是最高监察机关,因此国家监察委员会的领导在监察系统中具有最高性。这种最高性意味着监察系统中的每一级监察机关都要接受国家监察委员会领导,意味着国家监察委员会能够管辖全国范围内所有监察对象及其所涉监察事项。国家监察委员会作为最高监察机关领导地方各级监察委员会的工作,使得监察工作形成全国"一盘棋"的格局,这既是构建集中统一、权威高效的监察体制的必然要求,也是这一监察体制的保障。

(二)上级监察委员会领导下级监察委员会工作

《宪法》第 125 条第 2 款和《监察法》第 10 条均规定,上级监察委员会领导下级监察委员会的工作。同时,《监察法》第 10 条还规定在双重领导体制下,应以上级监察委员会的领导为主。

1. 上级监察委员会领导下级监察委员会工作的体现

上级监察委员会对下级监察委员会的领导尤其体现在管辖上。依据《监察法》的规定,各级监察机关按照各自管理权限管辖本辖区内监察对象所涉监察事项,但上级监察机关可以办理下一级监察机关管辖范围内的监察事项,在必要时也可以办理所辖各级监察机关管辖范围内的监察事项,监察机关之间对监察事项的管辖有争议的,也需由双方共同的上级监察机关确定。并且,上级监察机关可以将其所管辖的监察事项指定下级监察机关管辖,也可以将下级监察机关有管辖权的监察事项指定给其他监察机关管辖。在下级监察机关认为所管辖的监察事项重大、复杂需要由上级监察机关管辖的,报请上级监察机关后可以由上级监察机关管辖。

在人员调用上也体现着上级监察委员会对下级监察委员会的领导。《监察法实施条例》第 11 条第 1 款规定,上级监察委员会可以依法统一调用所辖各级监察机关的监察人员办理监察事项。

此外,为加强上级监察委员会加强对下级监察委员会的领导,《监察法实施条例》第 10 条第 2 款明确规定,下级监察委员会对上级监察委员会的决定必须执行,下级监察委员会认为决定不当而需向上级监察委员会反映的,也应当在执行的同时向反映。与此同时,对于下级监察委员会作出的错误决定,上级监察委员会既有权力按程序予以纠正,也可以要求下级监察委员会予以纠正。

2. 以上级监察机关领导为主的双重领导

如前文所述,双重领导体制下的监察机关既接受同级党委的领导又接受上级监察机关的领导。在实际工作中,双重领导会有所侧重,形成以某一方为主的双重领导体制情形,而不同的侧重也会有不同的影响并产生不同的效果。监察机关的双重领导体制能够发挥中央和地方两个积极性,但若是侧重同级党委对监察机关的领导也有可能对监察工作产生掣肘,使其不能发挥应有的作用,严重影响监察监督的效果。

对于纪委的双重领导体制,习近平总书记就曾于 2014 年 1 月召开的第十八届中央纪律检查委员会第三次会议指出:"这种双重领导体制自党的十二大确立以来发挥了积极作用,是基本符合党情国情的。同时,实践中也出现了一些不适应、不协调问题,特别是查办腐败案件时受到的牵制比较多……对地方纪委来说,同级监督忌讳也不少,这些年发生的一把手腐败问题,很少有同级纪委主动报告的。"[1] 可见双重领导体制下的同级监督会有所顾忌,且容易受到牵制。

为此,加强上级纪检监察机关的领导是确保监督独立性和权威性的关键。[2]

---

〔1〕《习近平关于党风廉政建设和反腐败斗争论述摘编》,中央文献出版社、中国方正出版社 2015 年版,第 59 页。

〔2〕 唐皇凤、杨洁:《中国共产党百年纪检监察领导体制的历史演变与基本经验》,载《治理研究》2021 年第 4 期。

《监察法实施条例》第 10 条第 2 款中规定"上级监察委员会应当加强对下级监察委员会的领导"。并且第 1 款明确规定"监督执法调查工作以上级监察委员会领导为主,线索处置和案件查办在向同级党委报告的同时应当一并向上一级监察委员会报告"。这一规定确立了监察机关以上级监察机关领导为主的双重领导体制。

三、派出机关对派驻或者派出监察机构、监察专员的领导关系

派驻监督是实现监察全面覆盖的有效方式,《关于深化中央纪委国家监委派驻机构改革的意见》就指出,"派驻监督是在党中央集中统一领导下,强化自上而下组织监督的重要形式,在党和国家监督体系中具有十分重要的作用"。对于派驻监督的领导体制,有论者指出,以往的派驻监督实行的是双重领导体制,后逐步转变为以上级领导为主的双重领导。[1] 但也有观点认为,监察机构、监察专员是派驻或者派出它的监察委员会的重要组成部分,受其直接领导、统一管理并对其负责,不受驻在部门的领导和管理。[2]

早前的双重领导体制,容易产生混淆派驻单位与驻在部门及派出机关的关系,甚至于派驻机构错认驻在单位为"娘家",沦为驻在部门内设机构的弊端。[3] 这影响了监察工作的独立性的同时也侵蚀了监察机关的权威性。为此,中共中央办公厅 2018 年印发《关于深化中央纪委国家监委派驻机构改革的意见》,指出"改革派驻机构领导体制,完善派驻监督工作机制""全面加强对派驻机构的领导",并提出建立由中央纪委国家监委直接领导、统一管理中央一级派驻机构的领导体制。为此,根据 2018 年出台的《监察法》第 12 条的规定,(派驻或者派出)监察机构、监察专员开展监察工作,受派出机关领导。

---

〔1〕 颜杰峰、唐锡康:《党的纪检监察派驻制度的历史脉络及其经验启示》,载《毛泽东邓小平理论研究》2020 年第 7 期;唐皇凤、杨洁:《中国共产党百年纪检监察领导体制的历史演变与基本经验》,载《治理研究》2021 年第 4 期。

〔2〕 马怀德主编:《监察法学》,人民出版社 2018 年版,第 134 页。

〔3〕 白广磊:《派驻监督的本质是派出纪委的监督——派驻纪检组可不是内设机构》,载《中国纪检监察》2015 年第 21 期。

由《监察法》的该条规定可知,派驻或者派出监察机构、监察专员的领导体制是受相应的派出机关直接领导。而且,从前文关于派驻或者派出监察机构、监察专员权名责的分析中可知,所谓的"根据授权"是内部授权,故而有"内部"属性的派驻或者派出监察机构、监察专员不可能还接受接受驻在单位或区域的领导。因而,规定派驻或者派出监察机构、监察专员受相应的派出机关直接领导,大大加强了派出机关对派驻或者派出监察机构、监察专员的领导,有利于保持其独立性和权威性。

四、监察委员会的内部领导体制

民主集中制是党的根本组织原则,但同时也是一种领导制度。我国《宪法》第3条即规定,我国的国家机构实行民主集中制的原则。这种制度是民主基础上的集中和集中指导下的民主相结合,既使个人意愿和主张得以充分表达及发挥,又能集中意志、凝聚共识、统一行动,是党始终坚持的根本原则,也是党不断取得胜利的保证。《监察法》并未明确规定监察机关的内部领导体制,但从相关的法律法规规定与实际情况来看,监察机关的内部实行的应是民主集中制的领导体制。

《中国共产党纪律检查机关监督执纪工作规则》第10条第3款规定:"纪检监察机关应当坚持民主集中制,对于线索处置、谈话函询、初步核实、立案审查调查、案件审理、处置执行中的重要问题,经集体研究后,报纪检监察机关相关负责人、主要负责人审批。"《监察法实施条例》第6条则规定,"监察机关坚持民主集中制,对于线索处置、立案调查、案件审理、处置执行、复审复核中的重要事项应当集体研究,严格按照权限履行请示报告程序"。此与前述规则的规定基本一致。

这种集体研究决定的做法在《监察法》的若干条文中也有所体现。如《监察法》第31条规定,对于认罪认罚的从宽处罚的建议,监察机关经领导人员集体研究,可在报上一级监察机关批准后向人民检察院提出。此外,第42条、第43条分别规定,对调查过程中的重要事项应当集体研究后按程序请示报告;采取留置措施的,应当集体研究后决定。因此有观点也将此种领导体制称为"集体领导制"。[1]

在实际工作中,按中央纪委研究室的答复,监察委员会议事决策实行民主集中制,坚持集体领导、民主集中、个别酝酿、会议决定和少数服从多数原则。凡属应当由监察委员会讨论和决定的事项,必须由集体讨论研究决定,任何个人无权擅自决定和改变。在集体讨论和决定问题时,个人应当充分发表意见。个人对集体作出的决定必须坚决执行,如有不同意见,可以在内部或向上一级组织提出,但在决定改变之前,不得有任何与决定相违背的言论和行为。[2] 这即是民主基础上的集中和集中指导下的民主结合。

现就监察工作中监察委员会的民主集中领导体制主要内容由分述如下。

1. 在立案调查中的民主集中制

监察机关应当组成调查组依法开展问责调查,在调查工作结束后应当经集体讨论形成调查报告。调查报告除应当列明被调查人基本情况、问题线索来源及调查依据、调查过程,涉嫌的主要职务违法或者职务犯罪事实,被调查人的态度和认识,处置建议及法律依据外,还应当由调查组组长以及有关人员签名。

2. 在案件审理中的民主集中制

《监察法实施条例》规定了审理工作应当坚持民主集中制原则,经集体审议形成审理意见,并且审理工作结束后形成的审理报告也是提请监察机关集体审议。被指定管辖的监察机关在调查结束后应当将案件移送审理,提请监察机关集体审议。此外,对于重大、复杂案件,被指定管辖的监察机关经集体审议后将处理意见报有权决定的上级监察机关审核同意的,有管理权限的监察机关可以经集体审议后依法处置。

3. 在处置执行中的民主集中制

在处置程序中,若需对公职人员作出政务处分,依据《公职人员政务处分法》的规定,应当集体讨论决定;若需在移送人民检察院时依法提出从轻、减轻或者免除处罚等从宽处罚建议,监察机关结合被调查人和涉案人员案发前的一

---

[1] 张云霄:《监察法学新论》,中国政法大学出版社2020年版,第117页。
[2] 《监察委员会如何进行议事决策?》,https://www.ccdi.gov.cn/special/sdjjs/pinglun_sdjxs/201712/t20171226_158161.html,2022年4月17日访问。

贯表现、违法犯罪行为的情节、后果和影响等因素，经综合研判和集体审议，报上一级监察机关批准后提出。此外，对于依法应当追缴被调查人违法所得及其他涉案财产或者应依法移送审查起诉的，应当分别经集体审议后出具《没收违法所得意见书》或《起诉意见书》。

4. 在复审复核中的民主集中制

《监察法实施条例》第211条第1款规定，对案件进行复审、复核的，承办部门应当成立工作组，调阅原案卷宗，必要时可以进行调查取证，在集体研究后提出办理意见，经审批作出复审、复核决定。

第四节 监察官

集中统一、权威高效的监察体制要顺利运转离不开相应的监察组织，而监察人员则是这一组织中的最小单元。其中，建设高素质、专业化的监察官队伍，是推进监察工作规范化、法治化，构建集中统一、权威高效的监察体制的人才保障和支撑。《监察法》第14条明确规定，"国家实行监察官制度，依法确定监察官的等级设置、任免、考评和晋升等制度"。2021年8月20日，第十三届全国人大常委会第三十次会议通过了我国第一部《监察官法》，对监察官的职责、义务、权利、任职条件、任免、管理、考核监督、奖惩、职业保障等作出了具体规定。现择要简介如下。

一、监察官的条件、选用和任免

（一）监察官的条件

根据《监察法实施条例》第257条的规定，监察机关实行严格的人员准入制度，严把政治关、品行关、能力关、作风关、廉洁关。监察人员必须忠诚坚定、担当尽责、遵纪守法、清正廉洁。据此，《监察官法》从积极和消极两个方面对监察官的条件作出规定。

对于积极条件，《监察官法》第12条列举了七项，具体可分为资格条件、质素条件、专业条件三类。首先,担任监察官应当是具有中华人民共和国国籍的公民,这是最基本的资格条件。其次,在质素条件方面,监察官应当忠于宪法,坚持中国共产党领导和社会主义制度,并且具有良好的政治素质、道德品行和廉洁作风,这是质素条件的思想质素层面;具有正常履行职责的身体条件和心理素质则是健康质素。最后,担任监察官应当具备高等学校本科及以上学历,并且熟悉法律、法规、政策,具有履行监督、调查、处置等职责的专业知识和能力,这是专业条件。

此外值得注意的是,鉴于国家监察体制改革仍在进行中,监察官制度刚刚建立,因此《监察官法》同时规定,在本法施行前的监察人员不具备规定的学历条件的,应当接受培训和考核,具体办法则由国家监察委员会制定。

对于消极条件,《监察官法》第13条规定具有相应情形之一的,不得担任监察官。具体包括:(1)因犯罪受过刑事处罚,以及因犯罪情节轻微被人民检察院依法作出不起诉决定或者被人民法院依法免予刑事处罚的;(2)被撤销中国共产党党内职务、留党察看、开除党籍的;(3)被撤职或者开除公职的;(4)被依法列为失信联合惩戒对象的;(5)配偶已移居国(境)外,或者没有配偶但是子女均已移居国(境)外的;(6)法律规定的其他情形。

(二)监察官的选用

监察官的选用,坚持德才兼备、以德为先,坚持五湖四海、任人唯贤,坚持事业为上、公道正派,突出政治标准,注重工作实绩。在方式上采用考试或考核的办法从符合监察官条件的人员中择优选用。

根据监察工作需要,监察委员会可以依照法律和国家有关规定从中国共产党机关、国家机关、事业单位、国有企业等机关单位从事公务的人员中选择符合任职条件的人员担任监察官,或者在从事与监察机关职能职责相关的职业或者教学、研究的人员中选拔或者聘任符合任职条件的人员担任监察官。

(三)监察官的任免

依据《宪法》《监察法》《监察官法》的相关规定,各级监察委员会的主任由同级人民代表大会选举和罢免,副主任、委员则由由监察委员会主任提请本级人民代表大会常务委员会任免。另外,新疆生产建设兵团的各级监察委员会主任、副主任、委员,由新疆维吾尔自治区监察委员会主任提请自治区人民代表大会常务委员会任免。其他监察官的任免,按照管理权限和规定的程序办理。

二、监察官的兼任禁止与回避

为保证监察权的独立性和权威性,《监察官法》对监察官的兼任禁止与回避进行了具体规定。首先,监察官不得兼任其他国家机构组成人员或职务,不得兼任企业或者其他营利性组织、事业单位的职务,不得兼任人民陪审员、人民监督员、执业律师、仲裁员和公证员。确因工作需要兼职的,应当按照管理权限批准,但是不得领取兼职报酬。其次,监察官担任县级、设区的市级监察委员会主任的,应当按照有关规定实行地域回避。监察官之间有夫妻关系、直系血亲关系、三代以内旁系血亲以及近姻亲关系的,不得同时担任规定的相关职务。

三、监察官的监督和惩戒

监察官的监督和惩戒同时也属于对监察机关和监察人员的监督及其法律责任中的内容,故而详见后续相应章节的内容。

四、监察官的职业保障

《监察官法》第11条规定了监察官所享有的权利。而从某种意义来看,对监察官的职业保障事实上也是对监察官权利的保障。因此《监察官法》对监察官的职业保障体现在以下方面。

(一)保障监察官的职权行使和工作条件

为了保障监察官正常履职,除规定的正常的任职交流、工作调整、回避以及因违纪违法不适合继续从事监察工作等情形外,不得将监察官调离。此外,任何单位或者个人不得要求监察官从事超出法定职责范围的事务。对任何干涉监察官依法履职的行为,监察官有权拒绝并予以全面如实记录和报告;有违纪违法情形的,由有关机关根据情节轻重追究有关人员的责任。

(二)保障监察官的福利待遇

监察官实行国家规定的工资制度,享受监察官等级津贴和其他津贴、补贴、奖金、保险、福利待遇。监察官的工资及等级津贴制度，由国家另行规定。监察官因公致残的，享受国家规定的伤残待遇。监察官因公牺牲或者病故的，其亲属享受国家规定的抚恤和优待。监察官退休后，享受国家规定的养老金和其他待遇。

(三)保障监察官及其近亲属的人身、财产权利和安全

监察官的职业尊严和人身安全受法律保护。监察官因依法履行职责遭受不实举报、诬告陷害、侮辱诽谤，致使名誉受到损害的，监察机关应当会同有关部门及时澄清事实，消除不良影响，并依法追究相关单位或者个人的责任。

任何单位和个人不得对监察官及其近亲属进行打击报复。监察官因依法履行职责，本人及其近亲属人身安全面临危险的，监察机关、公安机关应当对监察官及其近亲属采取人身保护、禁止特定人员接触等必要保护措施。对监察官及其近亲属实施报复陷害、侮辱诽谤、暴力侵害、威胁恐吓、滋事骚扰等违法犯罪行为的，应当依法从严惩治。

(四)保障监察官提出申诉或者控告的权利

对于国家机关及其工作人员侵犯监察官权利的行为，监察官有权提出控告。受理控告的机关应当依法调查处理，并将调查处理结果及时告知本人。对涉及本人的政务处分、处分和人事处理不服的，监察官可以依照规定的程序申请复审、复核，提出申诉。对监察官的政务处分或者人事处理错误的，应当及时予以纠正；造成名誉损害的，应当恢复名誉、消除影响、赔礼道歉；造成经济损失的，应当赔偿。对打击报复的直接责任人员，应当依法追究其责任。

此外，《监察法实施条例》第276条第2款还规定，监察人员因依法履行职责遭受不实举报、诬告陷害、侮辱诽谤，致使名誉受到损害的，监察机关应当会同有关部门及时澄清事实，消除不良影响，并依法追究相关单位或者个人的责任。

第四章 监察职权

2016年国家监察体制改革试点时,第十二届全国人民代表大会常务委员会即赋予监察委员会监督、调查、处置职责,监督检查公职人员依法履职、秉公用权、廉洁从政以及道德操守情况,调查涉嫌贪污贿赂、滥用职权、玩忽职守、权力寻租、利益输送、徇私舞弊以及浪费国家资财等职务违法和职务犯罪行为并作出处置决定,对涉嫌职务犯罪的,移送检察机关依法提起公诉。与原《行政监察法》所规定的检查、调查、建议和行政处分权力相比,《监察法》将监察委员会的职责凝练为监督、调查、处置三项,并配以相应的措施和手段,因而具有更全面和丰富的内涵。

第一节 监察监督

此处的监察监督指的是监察机关的一项监察职责,但有的学者会将对监察机关和监察人员的监督称为"监察监督",[1]这与本书所指的监察监督差异甚大。管见以为,将对监察机关和监察人员的监督称为"监察监督"的观点存在谬误。一方面,此类学者将监察机关的调查、处置职责分别称为监察调查、监察处置,却不将监督职责称为监察监督,用语上并不统一,着实令人费解。另一方面,也是最主要的原因,便是《监察法实施条例》出台后,立法已将监察机关的监督、调查、处置职责分别称为监察监督、监察调查、监察处置,特指并突出了这三项职责是监察机关的专门职责。因而不可再将对监察机关和监察人员的监督称为"监察监督"。

一、监察监督的内涵

《监察法》第 11 条规定监察委员会依法履行监督、调查、处置职责,其中第 1 项为关于监察监督的规定,即"对公职人员开展廉政教育,对其依法履职、秉公用权、廉洁从政从业以及道德操守情况进行监督检查"。

监察监督是狭义上的监督,仅指作为监察职责中的一项职责而存在的监督。监察权本质上是监督权。习近平总书记 2018 年 12 月 13 日在中共中央政治局第十一次集体学习时指出,"深化国家监察体制改革的初心,就是要把增强对公权力和公职人员的监督全覆盖、有效性作为着力点,推进公权力运行法治化,消除权力监督的真空地带,压缩权力行使的任性空间,建立完善的监督管理机制、有效的权力制约机制、严肃的责任追究机制"。因国家监察体制改革而建立起来的监察体系总体上讲也是一个监督的体系,《监察法》总则中多处提及的"监督"便是监察权监督本质的体现。故而,监察监督作为监察职责中的一项,与监察调查和监察处置并列,显然是狭义的监督。

监察监督是具有基础性作用的监察职责。鉴于监察权是监督权的本质,监督、调查、处置均为其权能,故有学者将三者对应为"预防性监督""发现性监督"和"惩治性监督",其中"预防性监督"作用于事前,对于腐败越轨行为具有

---

[1] 如秦前红教授在《监察法学教程》一书中名为"监察监督"的一章即专论对监察机关和监察人员的监督。详见秦前红主编:《监察法学教程》,法律出版社 2019 年版,第 379 页以下;张云霄在《监察法新论》一书中名为"监察监督论"的一章中亦专论对监察机关和监察人员的监督。详见张云霄:《监察法学新论》,中国政法大学出版社 2020 年版,第 251 页以下。

预防功能。[1] 这不仅表明监察监督是狭义的监督,还表明监督是监察委员会的首要职责,[2] 是纪检监察机关的基本职责、第一职责。[3] 所谓"上医治未病",国家监察工作要坚持标本兼治、综合治理,就不能等腐败的病灶爆发了再事后严厉惩治,而是应该注重事前预防,因此将监察监督作为监察机关的首要职责、基本职责、第一职责,是落实"抓早抓小"要求的必然,更是构建不敢腐、不能腐、不想腐的长效机制的必然。而从实际而言,监察监督也是引领其他监察职能的走向,是调查、处置的前提和基础。[4] 从国家监察委员会的内设机构设置可见,主要履行依纪依法监督职责的第一至十一监督检查室,在机构数量上远远较主要履行执纪审查和依法调查处置职责的第十二至十六审查调查室为多,这充分表明了监察监督职责的基础性。

依据《监察法》第 18 条的规定,监察机关为行使监督职权,有权依法向有关单位和个人了解情况,收集、调取证据,而有关单位和个人则有义务如实提供相应的情况和证据,并且任何单位和个人都不得伪造、隐匿或者毁灭证据。监察机关及其工作人员对监督、调查过程中知悉的国家秘密、商业秘密、个人隐私,应当保密。

二、监察监督的内容

依据《监察法》第 11 条第 1 项的规定,监察委员会依法可对公职人员开展廉政教育,对其依法履职、秉公用权、廉洁从政从业以及道德操守情况进行监督检查;《监察法实施条例》第 14 条则进一步规定,监察机关依法履行监察监督职责,对公职人员政治品行、行使公权力和道德操守情况进行监督检查,督促有关机关、单位加强对所属公职人员的教育、管理、监督。据此,监察监督的内容为政治品行、依法履职、秉公用权、廉洁从政从业和道德操守。

---

[1] 钱小平:《监察委员会监督职能激活及其制度构建》,载《华东政法大学学报》2018 年第 3 期。

[2] 中共中央纪律检查委员会、中华人民共和国国家监察委员会法规室编写:《〈中华人民共和国监察法〉释义》,中国方正出版社 2018 年版,第 88 页。

[3] 详见赵乐际同志在十九届中纪委第三次全会上所作的题为《忠实履行党章和宪法赋予的职责努力实现新时代纪检监察工作高质量发展》的报告。

[4] 毛昭晖:《国家监察制度演进:重要变量与策略选择》,载《理论与改革》2019 年第 1 期。

(一)监督公职人员的政治品行

《监察法》并未明确规定监察委员会的监察监督内容包括政治品行,然而我国的国体性质决定了,具有纯正优良的政治品行是对公职人员的一项具有根本性的品质要求,故而《监察法实施条例》第 14 条将公职人员的政治品行列为监察监督的第一项内容。所谓政治品行,简而言之就是在政治上的素养和品德修为。具体而言则如《监察法实施条例》第 15 条所规定的内容,在思想和行动上坚决维护《宪法》确立的国家指导思想,坚持党的领导、坚持中国特色社会主义制度,贯彻落实党和国家路线方针政策、重大决策部署,履行从严管理监督职责,依法行使公权力。

我国《公务员法》《检察官法》《法官法》《监察官法》《人民警察法》等诸多法律均规定了相应公职人员任职条件之一便是拥护我国《宪法》、拥护中国共产党领导和社会主义制度。并且,对于公务员散布有损宪法权威、中国共产党领导和国家声誉言论的,或者参加旨在反对《宪法》、中国共产党领导和国家的集会、游行、示威等活动的,均为《公务员法》和《公职人员政务处分法》规定的应予惩戒的情形。

作为行使公权力的公职人员,其在政治上的品行,必然应当是在思想和行动上均坚决维护宪法确立的中国特色社会主义制度,维护《宪法》确立的国家指导思想的。同时,也应当是为了实现国家的根本任务,为把我国建设成为富强民主文明和谐美丽的社会主义现代化强国,自觉坚持党的领导,在党的领导下贯彻落实党和国家路线方针政策、重大决策部署,将手中的权力用于实现中华民族伟大复兴当中的。因此,对于公职人员政治品行的要求,必然也是监察监督的重要内容。

比如全国政协社会和法制委员会原副主任傅政华,经中央纪委国家监委查实存在诸多违纪违规违法犯罪行为,但首先提到的,是傅政华完全背弃理想信念,从未真正忠诚于党和人民,彻底丧失党性原则,毫无"四个意识",背离"两个维护",政治野心极度膨胀,政治品行极为卑劣,投机钻营,利令智昏,为达到个人政治目的不择手段。[1] 与此前"落马"的一众官员相比,"政治品行极为

---

〔1〕《全国政协社会和法制委员会原副主任傅政华严重违纪违法被开除党籍、开除公职》,载最高人民检察院网,2022 年 12 月 3 日访问。

卑劣"的措辞极为严厉,可见对于公职人员而言,具有纯正优良政治品行的要求是根本性。

(二)监督公职人员依法履职

依法履职,是指公职人员依据法律法规的规定履行相应职责的行为。我国《宪法》规定中华人民共和国的一切权力属于人民,但是人民并不直接行使权力以管理国家事务,而是通过选举人大代表组成人民代表大会作为权力机关。在我国,人民行使国家权力的机关是全国人民代表大会和地方各级人民代表大会。进一步地,为管理国家事务,管理经济、文化、社会事务,权力机关按照《宪法》及《宪法》相关法的规定设置相应的国家机构并赋予其职权。因此包括权力机关在内的国家机关的权力均来自人民,其职权只能由法律作出相应规定,这便是职权法定原则。

依据职权法定原则,任何机关所行使的职权均须有法律的规定,不得超越法律的授权。具体而言,职权法定包括机关的创设须有法律依据、机关的权力来源须有法律依据、机关行使权力的范围和程序符合法律规定。公职人员是公权力机关履行职责的具体载体,自然也需遵循职权法定原则,因而监督公职人员依法履职是为了保证来源于人民的权力真正用于为人民服务。

就监察监督的内容而言,公职人员依法履职包括消极和积极两个方面,即"法无授权不可为""法定职责必须为"。前者要求公职人员行使权力须有法律的授权,并不得超越法律规定的范围、程序、方式行使权力;后者则要求公职人员应积极履职,充分用好手中的权力,勤勉尽责为民谋利,不得消极避事不作为。

(三)监督公职人员秉公用权、廉洁从政从业

秉,执掌之意,秉公用权即按照公道或公平的准则使用权力。公职人员所行使的权力根源来自人民,理应为了最广大人民群众的利益而行使,也即"权为民所赋",故亦当"权为民所用,利为民所谋"。监督公职人员秉公用权,就是监督其是否将权力用于维护公众利益,为人民群众谋福利。与秉公用权相对的则是以权谋私,将公权力用于谋取个人私利而非公共利益。其中又以贪腐最为典型。廉洁即清廉洁白,不受不应得之物,保持自身的清白不受污染。《辞源》

将廉洁解释为"公正,不贪污"。廉洁从政从业即是要求公职人员在从政从业中严以自律,不贪腐,不受污。因而监督公职人员秉公用权、廉洁从政从业其实是正反两个方面。

与 2016 年《监察体制改革试点决定》第 2 条的规定相比,《监察法》第 11 条第 1 项规定将该决定中的"廉洁从政"修改为"廉洁从政从业"。由于监察法的监察范围不仅包括了党政机关中的公职人员,还包括国有企业管理人员,以及公办的教育、科研、文化、医疗卫生、体育等单位中从事管理的人员,涉及了不同的行业与职业,因此前述修改显得更为完整与严谨,体现了监察全覆盖的要求。

(四)监督公职人员的道德操守

道德是一个社会中调节人们社会关系的准则和行为规范,是一种社会价值形态。道德操守即是个人平素所秉持的道德信念与规范。"法律是成文的道德,道德是内心的法律。"与法律相比,道德规范虽然没有强制力,但却能通过社会舆论、习俗和内心的信念影响人的行为。显然不同的道德操守能对一个人的行为举止产生不同的影响。对公职人员而言,若内心有着高尚而坚定的道德信念,将会产生强大的内在驱动力和约束力,促使其将个人的价值与国家、社会、他人的发展结合,进而为国家和人民作出更大的贡献,而不会只为一已私利;相反,若公职人员丧失理想信念,道德操守低劣,将会贪图享乐、损公肥私,将手中的权力用于个人私欲,贪污腐败也就不可避免。因此,对公职人员的道德操守进行监督,既是一种外在约束也是一种补强,能够不断增强公职人员内心的自我约束,进而构筑起"不想腐"的堤坝。

三、监察监督的方式

根据《监察法》第 11 条规定,监察委员会履行监督职责的方式主要分为开展廉政教育和监督检查。

(一)开展廉政教育

教育具有基础作用,因而开展廉政教育是履行监察监督职责的前提和基础环节,也是提高公职人员抵御腐败诱惑的武器,更是监察委员会行使监督职责中发现问题的重要渠道。[1] 有观点还认为,对公职人员开展廉洁教育也是监察委员会监察监督职责的重要内容,是广义的监督、积极的监督,是事前监督和预防。[2]

监察委员会开展廉政教育是惩戒与教育相结合原则的集中体现,不过《监察法》对监察委员会开展廉政教育仅作了原则性的规定,故《监察法实施条例》对此作了细化规定。按照该条例第 16 条的规定,监察机关应当加强对公职人员理想教育、为人民服务教育、宪法法律法规教育、优秀传统文化教育,弘扬社会主义核心价值观,深入开展警示教育,教育引导公职人员树立正确的权力观、责任观、利益观,保持为民务实清廉本色。不仅如此,《监察法实施条例》第 14 条还规定,监察机关可督促有关机关、单位加强对所属公职人员的教育、管理、监督。

总体而言,廉政教育既有正面引导熏陶也有反面警示,既有理想道德教育也有法律法规的法治教育。对公职人员进行综合全面的廉政教育,旨在使公职人员形成"不想腐"的内心自觉,从根本上减少腐败的发生。

此外,监察委员会开展廉政教育的对象不应该只是公职人员,还应当包括全体社会公众。监察委员会是行使国家监察职能的专责机关,依法开展廉政建设和反腐败工作,但反腐败斗争并不是监察机关一家的事,而是应当广泛发动群众共同努力。通过对全体公众进行廉政教育,能够使公众了解贪污腐败的危害,树立纪检监察机关的权威性,在全社会营造出廉洁奉公、反对贪腐的风气,进而充分激发人民群众与贪污腐败作斗争的积极性,最终形成全民反腐。而这也正是毛泽东同志在"窑洞对"中所指的新路的生动实践。

(二)监督检查

监察机关为履行监察监督职责,有权依法向有关单位和个人了解情况,收集、调取证据。这种在监察监督环节了解情况,收集、调取证据的行为不同于监

---

[1] 魏昌东:《监督职能是国家监察委员会的第一职能:理论逻辑与实现路径——兼论中国特色监察监督系统的规范性创建》,载《法学论坛》2019 年第 1 期。

[2] 姜明安:《监察工作理论与实务》,中国法制出版社 2018 年版,第 28 页;中国特色社会主义国家监察制度研究课题组:《国家监察制度学》,中国方正出版社 2021 年版,第 196 页。

察调查环节的调查,可称为监督检查。监督检查可分为日常监督和专项检查。

1. 日常监督检查

《监察法实施条例》规定,监察机关应当结合公职人员的职责加强日常监督。具体方式包括收集群众反映、座谈走访、查阅资料、召集或者列席会议、听取工作汇报和述责述廉、开展监督检查等方式,以此促进公职人员依法用权、秉公用权、廉洁用权。此外,还可以与公职人员进行谈心谈话,发现政治品行、行使公权力和道德操守方面有苗头性、倾向性问题的,及时进行教育提醒。

实践中,国家监察委员会第一至十一监督检查室主要履行依纪依法监督的职责,其中就包括负责联系地区、部门、单位的日常监督检查。具体而言,主要负责监督检查联系单位(地区)领导班子及中管干部遵守和执行党的章程和其他党内法规,遵守和执行党的路线方针政策和决议、国家法律法规,推进全面从严治党,依法履职、秉公用权、廉洁从政从业以及道德操守等方面的情况;监督检查联系单位(地区)党委(党组)落实管党治党主体责任的情况,指导、检查、督促纪委监委(派驻、派出机构)落实纪检、监察责任。地方各级监察委员会亦同样如此。

2. 专项检查

在日常监督检查之外,《监察法实施条例》第19条规定,对于发现的系统性、行业性的突出问题,以及群众反映强烈的问题,监察机关可以通过专项检查进行深入了解,督促有关机关、单位强化治理,促进公职人员履职尽责。当然在进行专项检查时,同样可以采用日常监督检查中所采用的具体检查方式。

实践中,监察机关通过专项检查取得了较为良好的效果。例如,桂林市纪委监委对党员干部和公职人员涉酒违纪违法问题开展专项检查整治,共起底问题线索两百余件,立案查处百件,主动交代问题、给予党纪政务处分、组织处理多人,有效遏制了工作期间饮酒问题。[1] 又如,武汉市江夏区纪委监委针对群

---

[1] 详见《桂林:开展党员干部和公职人员涉酒违纪违法问题专项整治》,http://www.qlgl.gov.cn/show-3-45589-1.html,2022年4月10日访问。

众反映强烈的物业管理领域的腐败和作风问题,开展了专项检查,着力查处并解决了物业服务行业监管中存在的不作为、慢作为、乱作为问题,受到群众好评。[1]

四、监督联动

监察监督作为纪检监察机关的基本职责和第一职责,发挥着抓早抓小、防微杜渐的基础作用。不过,为进一步发挥监察监督的作用,还需要加强与监察监督的联动作用。

(一)提出监察建议

监察监督能够发现苗头性、系统性的问题,因此《监察法》规定,监察机关可以根据监督、调查结果,依法作出对监察对象所在单位廉政建设和履行职责存在的问题等提出监察建议的处置。《监察法实施条例》第20条更进一步规定,监察机关应当以办案促进整改、以监督促进治理,在查清问题、依法处置的同时,剖析问题发生的原因,发现制度建设、权力配置、监督机制等方面存在的问题,向有关机关、单位提出改进工作的意见或者监察建议,促进完善制度,提高治理效能。

对于无正当理由拒不采纳监察建议的,依据《监察法》第62条的规定,将由其主管部门、上级机关责令改正,对单位给予通报批评;对负有责任的领导人员和直接责任人员依法给予处理。

(二)加强与其他监督的衔接

监察监督作为监察机关的专门职责,本质上也是监督的一种。对于公权力的监督,除监察监督之外还存在其他的监督形式,加强各类监督之间的衔接协同将因乘数效应而充分发挥各类监督的独特作用,取得更好的效果。因而《监察法实施条例》第21条规定,监察机关开展监察监督,应当与纪律监督、派驻监督、巡视监督统筹衔接,与人大监督、民主监督、行政监督、司法监督、审计监督、

---

[1] 详见《武汉聚焦群众急难愁盼跟进监督物业管理领域专项治理》,http://www.whdi.gov.cn/yaowenguanzhu/wuhan/20220214/16424.html,2022年3月14日访问。

财会监督、统计监督、群众监督和舆论监督等贯通协调,健全信息、资源、成果共享等机制,形成监督合力。

纪律监督、监察监督、派驻监督、巡视监督是党和国家监督体系重要内容。加强各类监督的贯通融合、协调联动,能够增强监督治理的效能。十九届中央纪委五次全会提出,纪检监察机关要着力推动纪律监督、监察监督、派驻监督、巡视巡察监督的统筹衔接、贯通融合,并进一步在十九届中央纪委六次全会提出制定《中央纪委国家监委关于进一步加强纪律监督、监察监督、派驻监督、巡视监督统筹衔接的意见》。

目前《监察法》有关监察监督的规定,仍过于简化且多为基础性规范,数量少且暂无其他法律法规相配套,该职责实际上转由党纪规范协助实现。[1] 与监察监督相比,党内监督机制更为完善。早在2003年,中共中央即颁布并实施了《中国共产党党内监督条例(试行)》,此后于2016年修订。该条例规定了党内监督的主要内容和重点对象,形成了党中央统一领导下的,由党委(党组)全面监督、纪律检查机关专责监督、党的工作部门职能监督、党的基层组织日常监督、党员民主监督组成的体系化的党内监督体系。其中,该条例所规定的巡视监督、组织生活监督、内谈话监督、述责述廉监督、个人有关事项报告监督等均为实践中行之有效的监督措施,取得了良好的监督效果。因而就此而言,加强各类监督的衔接也具有现实意义。

第二节 监察调查

一、监察调查的内涵

作为监察职责的一项,《监察法》并未明确定义调查的含义,依据第11条第2项的规定,监察委员会的调查职责是对涉嫌贪污贿赂、滥用职权、玩忽职

---

[1] 蒋凌申:《论监察体制改革中的纪法协同》,载《南京大学学报(哲学·人文科学·社会科学)》2020年第3期。

守、权力寻租、利益输送、徇私舞弊以及浪费国家资财等职务违法和职务犯罪进行调查。此后出台的《监察法实施条例》第二章监察机关及其职责中则采用了监察调查的表述，专指监察机关的调查职责。依据该条例第22条，监察机关依法履行监察调查职责，依法对职务违法和职务犯罪进行调查。

就其程序而言，监察调查是对立案后的职务违法和职务犯罪行为进行的调查。依据《监察法》第39条与《监察法实施条例》第180条之规定，经过初步核实，已经掌握监察对象涉嫌职务违法或者职务犯罪的部分事实和证据，认为需要追究其法律责任的，监察机关应当依法进行报批立案手续。在立案之后，由监察机关主要负责人主持召开专题会议，研究确定调查方案并决定需要采取的调查措施，依法立案调查，即只有在立案之后才启动监察调查程序。因而有论者认为，监察调查也可以指处于监察监督和监察处置之间的一个工作环节。[1]

事实上，从《监察法》的相关规定来看，监察机关所进行的类似于监察调查的行为还存在于其他环节。具体如《监察法》第18条第1款之规定，监察机关为行使监督、调查职权，有权依法向有关单位和个人了解情况，收集、调取证据。就此而言，监察机关履行监督职责中为了解相关情况，也会发生类似调查的行为。更具体的则如《监察法实施条例》第17条与第19条之规定，监察机关可通过收集群众反映、座谈走访、查阅资料、召集或者列席会议、听取工作汇报和述责述廉等方式进行日常监督，也可通过专项检查的方式对系统性、行业性的突出问题以及群众反映强烈的问题进行深入了解。但此类了解情况的行为不能认为是监察调查。鉴于这种类似调查的行为发生于监察监督职责中，集中体现为监督检查，管见以为应以监督检查称之。

就其工作内容而言，《监察法》第18条第1款规定，监察机关行使监督、调查职权，有权依法向有关单位和个人了解情况，收集、调取证据。第40条第1款还规定，监察机关对职务违法和职务犯罪案件，应当进行调查，收集被调查人有无违法犯罪以及情节轻重的证据，查明违法犯罪事实，形成相互印证、完整稳定的证据链。就此，监察调查是为查明违法犯罪事实而了解情况，收集、调取被

---

[1] 马怀德主编：《监察法学》，人民出版社2018年版，第166页。

调查人有无违法犯罪以及情节轻重的证据的活动。

因而监察调查是一个具有特定内涵的专有概念,是指监察机关通过对采用法定的方式、手段、措施针对已立案的涉嫌贪污腐败等职务违法、职务犯罪行为的案件进行搜集证据、查明事实、分清责任、提出处理意见的专门活动或过程。[1] 以监察调查称之亦是妥当的。

二、监察调查权的性质

关于监察机关的职责,在国家监察体制改革试点之初,《监察体制改革试点决定》就将试点地区人民政府的监察厅(局)、预防腐败局及人民检察院查处贪污贿赂、失职渎职以及预防职务犯罪等部门的相关职能整合至监察委员会,形成了监督、调查、处置职责。而在其中,原来属于检察机关的对职务犯罪的侦查权,也随着反贪反渎部门的转隶而被整合到监察机关的监察调查权中。这引起了有关监察调查权性质的巨大争论。对于侦查,《刑事诉讼法》有着全面和详尽的规定。如若认为监察机关的调查权仍是侦查权,则该权力的行使应受到《刑事诉讼法》的调整,否则便可能不适用于《刑事诉讼法》的调整。

(一)监察调查权不含侦查属性存在的问题

主张监察调查权与侦查权性质不同的观点所提出的主要理由如下。(1)两者的法律依据不同,监察调查权依据的是《监察法》,而侦查权的适用主要依据《刑事诉讼法》。(2)两者的行使主体不同,调查权的行使主体是监察委员会,而监察委员会是政治机关而非司法机关。侦查权的行使主体是具有特定主体资格的机构和人员,这种特定的主体资格由法律来规定和认可。(3)两者的适用对象不同,监察机关调查权的适用对象是涉嫌职务违法和职务犯罪的公职人员,监察对象是行使公权力的公职人员。侦查权的适用对象则是涉嫌刑事犯罪或经济犯罪的人员。[2] (4)从权力的本源归属角度看,监察机关所行使的监察权是不同于行政权、检察权和审判权的权力类型,因而调查权作为归属于

---

[1] 马怀德主编:《监察法学》,人民出版社2018年版,第166页。

[2] 马誉宁:《如何理解监察机关的调查权区别于公安机关、检察机关等的侦查权——12种措施与监察职责相匹配》,载《中国纪检监察》2018年第10期、《中国纪检监察报》2017年11月16日。

监察权的"子权力"自然不同于侦查权。[1]

在立法层面,随着《监察法》于2018年出台,同年修正的《刑事诉讼法》则将自1979年起即已开始使用的"侦查"定义修改为"公安机关、人民检察院对于刑事案件,依照法律进行的收集证据、查明案情的工作和有关的强制性措施"。改动之处在于以"对于刑事案件"替代"在办理案件过程中",以"收集证据、查明案情的工作"替代"专门调查工作"。虽然如此改动似乎并无实质不同,但此举表明立法者也有意将监察调查权区别于侦查权。

然而问题在于,《监察法》第45条第4项规定,对涉嫌职务犯罪的,监察机关经调查认为犯罪事实清楚,证据确实、充分的,制作起诉意见书,连同案卷材料、证据一并移送人民检察院依法审查、提起公诉。第33条第2款规定,监察机关在收集、固定、审查、运用证据时,应当与刑事审判关于证据的要求和标准相一致。据此,检察机关将依据刑事诉讼法的有关规定对监察机关移送的职务犯罪案件证据进行审查。此时如若认为监察调查权有别于侦查权,将使《监察法》与《刑事诉讼法》之间的衔接出现龃龉。有观点即指出,此时监察机关依据询问、讯问等监察措施所取得的调查笔录在刑事诉讼中也就无法作为证据使用。[2]

更为重要的是,基于监察调查权不同于侦查权的观点,监察机关调查职务违法和职务犯罪适用《监察法》,仅在案件移送检察机关后适用《刑事诉讼法》。[3]这将有损于人权保障。具言之,监察机关在职务犯罪中的调查权实质就是刑事诉讼中的"侦查权",尤其"留置"措施与逮捕有着相同的实质,且时间最长可达6个月,如不适用《刑事诉讼法》之规定,显然于被调查人的权益不利。再有,按《刑事诉讼法》的规定,犯罪嫌疑人在侦查期间即可委托律师作为辩护人,而在监察机关办理职务犯罪案件中,律师却只能在审查起诉阶段才可以辩护人身份介入案件。[4]与一般的刑事犯罪案件相比,这明显迟于《刑事诉

---

[1] 张云霄:《监察法学新论》,中国政法大学出版社2020年版,第136—138页。
[2] 秦前红、石泽华:《监察委员会调查活动性质研究——以山西省第一案为研究对象》,载《学术界》2017年第6期。
[3] 详见《中国纪检监察报》2017年7月17日,第1版。
[4] 张建伟:《法律正当程序视野下的新监察制度》,载《环球法律评论》2017年第2期。

讼法》第 34 条中,犯罪嫌疑人在侦查期间即可委托律师作为辩护人的规定。

(二)具有复合属性的监察调查权

应当看到,监察调查的内容包括职务违法和职务犯罪。职务犯罪本质上仍是刑事犯罪,刑事犯罪案件的侦查适用《刑事诉讼法》,而监察机关对职务犯罪案件的监察调查,其实质与刑事犯罪案件的侦查并无二致,因而对职务犯罪的监察调查,当然也应适用《刑事诉讼法》。而从理论上来看,监察机关对职务犯罪的调查权本就由检察机关的侦查权转移而来,在调查过程中的监察措施同样会限制和约束被调查人的人身自由或财产,这对被调查人基本权利的限制和约束并不亚于侦查中的强制措施,因此对职务犯罪的监察调查和侦查仅是单纯的表述不同。[1]

肯定职务犯罪案件中的监察调查和侦查本质相同,并不意味着否认监察调查权就等同于侦查权。事实上,即便有学者认为监察调查权与侦查并无明显区别,其本质就是收集证据、查明事实,但仍然承认监察调查权具有不同于侦查权的特殊之处。[2] 诸多认为监察调查权就是侦查权的观点,其论证前提或者讨论的范围也均仅限于职务犯罪案件。[3]

至此可以明确的是,监察调查权包含对职务违法和职务犯罪的调查,且其中对职务犯罪案件的调查具有侦查权属性。不过监察机关的监察调查还包括对职务违法的调查,这并不属于侦查,因而主流的观点认为监察调查权具有复合属性。基于此则又有二分法和三分法之区分。二分法是针对职务违法和职务犯罪两类案件的不同性质将监察调查分为一般调查和刑事调查或职务违法调查和职务犯罪调查。[4] 三分法则主张监察调查权整合了纪检调查、行政调

---

[1] 易延友:《刑事诉讼法规则原理应用》(第 5 版),法律出版社 2019 年版,第 297 页。

[2] 程雷:《"侦查"定义的修改与监察调查权》,载《国家检察官学院学报》2018 年第 5 期。

[3] 参见熊秋红:《监察体制改革中职务犯罪侦查权比较研究》,载《环球法律评论》2017 年第 2 期;汪海燕:《监察制度与〈刑事诉讼法〉的衔接》,载《政法论坛》2017 年第 6 期;陈卫东:《职务犯罪监察调查程序若干问题研究》,载《政治与法律》2018 年第 1 期;李奋飞:《职务犯罪调查中的检察引导问题研究》,载《比较法研究》2019 年第 1 期;刘计划:《监察委员会职务犯罪调查的性质及其法治化》,载《比较法研究》2020 年第 3 期;井晓龙:《监察调查权与检察侦查权衔接研究》,载《法学杂志》2020 年第 12 期。

[4] 马怀德主编:《监察法学》,人民出版社 2018 年版,第 167 页;汪海燕:《监察制度与〈刑事诉讼法〉的衔接》,载《政法论坛》2017 年第 6 期。

查和职务犯罪侦查,因而同时具有党纪调查、违法政纪调查和刑事调查的性质。[1]

不过,不论二分法抑或三分法,复合属性论的主张都可能会走向调查程序与措施的分化,也即针对职务违法和职务犯罪的调查分别适用不同的监察程序和监察措施。而事实上职务违法和职务犯罪的行为界限并不容易区分,在职务违法调查过程中发现需要转为职务犯罪调查的情形亦非不可能。再者,国家监察体制改革意在构建集中统一、权威高效的监察体系,若将监察调查权进行二分或三分恐与此相悖。而现实是,《监察法》和《监察法实施条例》的监察措施和程序也并不区分职务违法调查和职务犯罪调查。

管见以为,调查是调取查看,有为了解情况而进行考察询问之意,[2]任何调查行为在客观上均为收集材料、询问了解以查明事实的活动,所不同者只在于主体、范围和手段。侦查是针对刑事案件,但本质仍是调查,其可被包含于含义更广的调查亦无不妥,因而监察调查权势必具有侦查属性。通过权力行使主体、适用范围、权源差异而证成两者的不同,实则是在证成集合与子集的差异。就此而言,监察调查权有其自身的性质而不等同于侦查权,同时亦不否认其中含有的侦查属性。

而对于复合属性论所可能具有的程序和措施分化问题,管见以为程序从来不是效率的阻碍,而效率的提升也并不仅在于权力属性的统一。正视职务违法调查和职务犯罪调查的差异,合理设置相应的程序和措施,并不有损于监察调查职能的高效履行,反而能顺畅"法法衔接",减少甚至消弭案件办理过程中的龃龉。

三、监察调查的内容和范围

监察调查的内容就是对职务违法和职务犯罪进行调查,具体表现为调查贪污贿赂、滥用职权、玩忽职守、权力寻租、利益输送、徇私舞弊以及浪费国家资财

---

[1] 陈瑞华:《论监察委员会的调查权》,载《中国人民大学学报》2018年第4期;井晓龙:《监察调查权与检察侦查权衔接研究》,载《法学杂志》2020年第12期。

[2] 夏征农、陈至立主编:《辞海彩图本 A-G》(第6版),上海辞书出版社2009年版,第469页。

等行为。不过这七类行为并非皆为法律术语,仅是对于现实中最为常见的职务违法犯罪行为的概括表述。其中,贪污贿赂、滥用职权、玩忽职守、徇私舞弊在我国《刑法》中有相应的罪名,权力寻租、利益输送、浪费国家资财则无相应罪名,并且,这七类行为所指的既可能是职务犯罪行为,也可能指的是职务违法行为。

此外,公职人员在行使公权力过程中涉及的重大责任事故犯罪和其他犯罪,虽不属于职务犯罪,但依法仍由监察机关进行监察调查。再者,按照受贿行贿一起查的精神,公职人员和非公职人员涉及的行贿罪也纳入了职务犯罪一类中,以及共同职务犯罪的涉案人员中的非公职人员,也可由监察机关进行监察调查。

尤需指出的是,虽然监察委员会是行使国家监察职能的专责机关,专司公职人员职务违法犯罪调查,但法律并没有完全排除检察机关对司法机关工作人员部分职务犯罪案件的侦查。依据《刑事诉讼法》第19条第2款的规定,原则上人民检察院在对诉讼活动实行法律监督中发现的司法工作人员利用职权实施的非法拘禁、刑讯逼供、非法搜查等侵犯公民权利、损害司法公正的犯罪,可以立案侦查。具体即为《关于人民检察院立案侦查司法工作人员相关职务犯罪案件若干问题的规定》中列明的侵犯公民权利和损害司法公正两类共14个罪名。

鉴于监察调查的职务违法和职务犯罪同时也是监察范围的主要部分,因此此部分内容将在后续章节中具体阐述。

四、监察调查的措施、程序和保障

(一)监察调查的措施、程序

《监察法》及《监察法实施条例》在监察权限的章节中具体规定了谈话、询问、查询、调取、勘验检查、鉴定、讯问、留置、冻结、搜查、查封、扣押、通缉、技术调查、限制出境共15项监察措施。《监察法实施条例》则在《监察法》规定的监察程序基础上详细规定了线索处置、初步核实、立案、调查、审理、处置、移送审查起诉程序。监察调查的措施和程序集中体现于上述规定中,因此此部分内容将在后续章节中分别予以阐述。

(二) 监察调查的保障

对职务违法和职务犯罪进行调查是《监察法》赋予监察委员会的重要职责,而《监察法》所规定的监察措施和监察程序也几乎是围绕监察调查来展开,可见其在监察委员会的各项职责中的核心地位。

《监察法》第 18 条第 1 款因而规定,监察机关行使监督、调查职权,有权依法向有关单位和个人了解情况,收集、调取证据。有关单位和个人应当如实提供。进一步地,第 63 条规定,有关人员违反《监察法》规定,有下列行为之一的,由其所在单位、主管部门、上级机关或者监察机关责令改正,依法给予处理:(1) 不按要求提供有关材料,拒绝、阻碍调查措施实施等拒不配合监察机关调查的;(2) 提供虚假情况,掩盖事实真相的;(3) 串供或者伪造、隐匿、毁灭证据的;(4) 阻止他人揭发检举、提供证据的;(5) 其他违反本法规定的行为,情节严重的。

此外,《监察法实施条例》第 9 条第 2 款还规定,有关部门、单位应当根据监察机关的要求,依法协助采取有关措施、共享相关信息、提供相关资料和专业技术支持,配合开展监察工作。

第三节 监察处置

一、监察处置的内涵

监察处置是监察委员会的一项专门职责,但是仅就"处置"二字而言并未能体现这种专门性。"处置"一词在《监察法》的法条文本中多次出现,但其含义却并不完全相同。《监察法》关于处置职责的规定位于第 11 条第 3 项,即监察委员会依法对违法的公职人员依法作出政务处分决定;对履行职责不力、失职失责的领导人员进行问责;对涉嫌职务犯罪的,将调查结果移送人民检察院依法审查、提起公诉;向监察对象所在单位提出监察建议。与之相比,第 36 条、第 37 条、第 38 条、第 61 条、第 65 条中的处置涉及对线索的处置或其处置意见,又或者对是查封、扣押、冻结财物的处置程序,是对如何进行下一步工作作出的决定,行为性质具有内部性,是一般意义上的处理。同样,《监察法实施条例》第五章监察程序第一节线索处置程序亦非监察处置的含义。因而《监察法实施条例》第二章第四节特地以监察处置指称监察机关的处置职责。

除了上述关于监察处置职责的规定,《监察法》第45条还进一步规定,监察机关根据监督、调查结果,可依法作出不同处置,除包括上述政务处分、问责、移送审查起诉、监察建议四种措施之外,还增加了对有职务违法行为但情节较轻的公职人员,按照管理权限,直接或者委托有关机关、人员,进行谈话提醒、批评教育、责令检查,或者予以诫勉,以及对经过调查发现没有证据证明被调查人存在违法犯罪行为的案件予以撤销两种。(本书将进行谈话提醒、批评教育、责令检查,或者予以诫勉统称为劝诫措施,下同)

尚需注意的问题是,监察处置是否包括对案涉财物的处置这一类型。就《监察法》第11条、第45条,以及《监察法实施条例》监察处置一节的规定而言,答案应是否定的。但《监察法》第46条紧随第45条之后,虽未出现"处置"的字眼,但对案涉财物的处理作了规定,即监察机关经调查,对违法取得的财物,依法予以没收、追缴或者责令退赔;对涉嫌犯罪取得的财物,应当随案移送人民检察院。此外,《监察法实施条例》第8条和第197条均有涉及案涉财物处置,并且对案涉财物的处置同样是在审理工作结束后。

对此,将对案涉财物的处置作为监察处置的措施之一者有之,[1] 未将其作为监察处置的措施之一者亦有之。[2] 管见以为,前一种做法更为妥当。首先,对案涉财物依法予以没收、追缴或者责令退赔是对所有者的权益具有实质性重大影响的行为,将其纳入监察处置中有利于法治化和规范化;其次,案涉财物与职务违法和职务犯罪关系紧密,现有的法律规定,对案涉财物的处置也是基于调查结果而作出,将其作为监察处置的类型之一有其合理性;最后,《监察法实

---

〔1〕 江国华:《中国监察法学》,中国政法大学出版社2018年版,第225页;陈辉:《监察委员会处置权研究》,东南大学博士学位论文,第31页。

〔2〕 马怀德主编:《监察法学》,人民出版社2018年版,第177—186页;张云霄:《监察法学新论》,中国政法大学出版社2020年版,第141—142页;中国特色社会主义国家监察制度研究课题组:《国家监察制度学》,中国方正出版社2021年版,第204页。

施条例》不仅使用了"涉案财物处置"的表述,而且在第五章的处置程序一节中规定了案涉财物的没收、追缴或者责令退赔程序,表明了立法倾向。

此外,由前文可知,对于非公职人员涉及的行贿罪,以及共同职务犯罪的案涉人员中的非公职人员,也可由监察机关进行监察调查,所以虽然《监察法》第11条和第45条并未涉及此类非公职人员的处置问题,但这一问题却是事实上存在的。《监察法实施条例》第207条对涉嫌行贿等犯罪的非监察对象的处置作了相应规定。

由监察处置方式的综合多样可见,监察处置具有复合性特点。从对象来看,监察处置与一般意义上的处理相比具有外部性,即监察处置是向外发出而非对内作出。另外,监察处置发出的对象既可能是监察对象,也可能组织单位。从对监察对象的权利权益是否产生直接影响来看,政务处分是对公职人员的一种处分,具有直接的惩戒性,而谈话提醒、批评教育、监察建议则不然。从程序的角度看,移送审查起诉实际上是"监察调查—审查起诉—司法裁判"中的一环,具有程序性,而谈话教育、政务处分、问责、监察建议和撤销案件均是最终的处理。

从监察处置的依据来看,不同处置方式的依据并不相同。谈话教育、撤销案件可以依据《监察法》的规定作出;政务处分需依据《监察法》和《政务处分法》的规定作出;移送审查起诉则需依据《监察法》和《刑事诉讼法》的规定作出;对于问责,则可能依据《中国共产党问责条例》或《关于实行党政领导干部问责的暂行规定》进行问责。

依《监察法》第45条的规定,监察处置需要根据监督、调查的结果作出。就此而言,可以认为监察处置既可能发生在监察监督后也可能发生在监察调查后。如依据《监察法实施条例》第20条的规定,监察机关为发挥监察监督职责的基础作用,应当在发现体制机制问题和剖析其原因的基础上,向有关机关、单位提出改进工作的意见或者监察建议,促进完善制度,提高治理效能。此时的监察建议则可能发生在履行监察监督职责过程中。再者,依据前引条例第179条的规定,在立案前的初步核实程序中,在核查组对问题线索进行初步核实提交报告后,承办部门应当综合分析提出处置建议,其中就有谈话提醒这一处置建议选项。这表明在立案调查之前也可作出谈话提醒这一监察处置的具体措施。

二、监察处置的措施

如前文所述,监察处置的措施包括劝诫措施(即谈话提醒、批评教育、责令检查,或者予以诫勉)、政务处分、问责、移送审查起诉、监察建议、案涉财物处置、撤销案件七种。此外,对于涉嫌行贿等犯罪的非监察对象的处置,此处亦介绍如下。

(一)劝诫措施

依据《监察法》第45条第1项的规定,监察机关根据监督、调查的结果,可以按照管理权限,直接或者委托有关机关、人员,对有职务违法行为但情节较轻的公职人员进行谈话提醒、批评教育、责令检查,或者予以诫勉。据此,劝诫措施的适用条件是公职人员有职务违法行为但情节较轻。不过,与《监察法》相配套的《公职人员政务处分法》第12条则规定,对违法行为情节轻微且具有特定情形的公职人员,公职人员任免机关、单位可以对其进行谈话提醒、批评教育、责令检查或者予以诫勉,免予或者不予政务处分。从前引两条规定看,"情节较轻"与"情节轻微"的表述在程度上并不一致,其中后者的程度显然更轻。与此同时,《公职人员政务处分法》第12条对劝诫措施规定了违法行为情节轻微且具有特定情形的要件,这比"情节较轻"的适用条件更为严格。由此,对劝诫措施的适用,《公职人员政务处分法》似乎与《监察法》的规定有所龃龉。

管见以为,首先,《监察法》是监察领域的基本法,《公职人员政务处分法》是配套性的法律,因此《监察法》的规定在效力上较为优先;其次,在《公职人员政务处分法》中,此类劝诫措施是在免予或者不予政务处分时的替补惩戒措施,其严厉程度明显低于政务处分,因此在职务违法行为的程度低于应当受到政务处分的程度时即存在适用劝诫措施的条件;最后,《公职人员政务处分法》第12条中引用的特定情形位于该法第11条,是可以从轻或者减轻给予政务处分的情形,本就是对政务处分的从轻或减轻,因此在情节较轻并具有从轻或减轻情形时即应适用劝诫措施而无需情节轻微。如此,对违法行为情节轻微的公职人员可适用劝诫措施,而对于情节较轻且具有特定情形而免予或者不予政务处分的公职人员亦可给予劝诫措施，这样能够使劝诫措施与政务处分两相衔接，与违法情节相适应，既不过分严惩但也不骄纵，体现了严管与厚爱的原则。

(二) 政务处分

在《监察法》施行前，存在政纪处分与党纪处分的概念，前者主要指行政处分，适用于行政机关公务员；后者则是根据党章的相关规定，党员因违反党的纪律，危害党、国家和人民利益而受到的纪律处分，只能适用于党员。[1] 然而部分行使公权力的公职人员并不具备上述两种身份中的一种，因而这两种处分都无法实现对公职人员的全覆盖。政务处分是《监察法》施行后方才使用的新的法律概念，专指监察机关为加强对公职人员的监督，按照管理权限依法对违法的公职人员给予处分的活动。政务处分适用于所有公职人员，其范围远大于政纪处分与党纪处分。《公职人员政务处分法》的出台便是与此相配套，因此关于政务处分的适用主要依据该法。

《公职人员政务处分法》出台后，我国形成了政务处分与处分双轨并行的二元处分体制。其中，处分是指公职人员任免机关、单位依据法律法规的规定，按照管理权限对违法的公职人员给予的处分，具体依据则是《公务员法》《行政机关公务员处分条例》《法官法》《检察官法》《事业单位人事管理条例》《事业单位工作人员处分暂行规定》《国有资产法》等法律法规。按照《监察法》和《公职人员政务处分法》的规定，监察机关是作出政务处分的专门机关，而当监察机关发现公职人员任免机关、单位应当给予公职人员处分而未给予，或者给予的处分违法、不当的，应当及时提出监察建议。同时，对公职人员的同一违法行为，监察机关和公职人员任免机关、单位不得重复给予政务处分和处分，因此政务处分与处分之间是相互协调，相互衔接的。

《公职人员政务处分法》对政务处分种类的规定与《监察法》的规定一致，均为警告、记过、记大过、降级、撤职、开除。除此之外，《公职人员政务处分法》对政务处分的适用范围、原则、与处分的衔接、种类和适用、不同类型公职人员

---

[1] 曹静静：《政务处分与政纪处分、党纪处分有什么不同？》，载中央纪委国家监委网，https://www.ccdi.gov.cn/hdjl/nwwd/202007/t20200707_221513.html，2022年4月15日访问。

和不同违法行为适用何种政务处分、政务处分的程序和法律责任等作出了全面和细致的规定，鉴于此，本书对此不予赘述。需要指出的是，《公职人员政务处分法》对政务处分作出了全面规定，而政务处分同时也是一种监察处置措施，从这一角度看，其内容同时也成为监察法中的重要内容甚至是组成部分。

在此需要指出的是，《公职人员政务处分法》出台之后，《公职人员政务处分暂行规定》并未相应废止。管见以为，该规定的位阶低于《公职人员政务处分法》，因而在适用上应以后者为优先，在后者无相应规定时方可得以适用。

(三) 问责

"问"有追究之意，问责顾名思义即为追究责任，但作为监察处置措施的一种，此种含义显然过于宽泛。有论者认为，我国的问责制度肇始于 2003 年"非典"期间众多官员因疫情管控不力而被罢免追责事件。[1] 不过，除了《关于实行党政领导干部问责的暂行规定》《行政监察法》《中国共产党问责条例》，在《监察法》出台之前，中央层面并无对问责作出系统化规定的专门性立法，问责的内容只是散见于部分立法的个别条款，且仅对问责的个别要素作出了规定。[2] 原《行政监察法》也仅是规定，对于需要给予责令公开道歉、停职检查、引咎辞职、责令辞职、免职等问责处理的，监察机关可以提出监察建议。问责的内涵为何仍不明晰。

依据《监察法》第 11 条第 3 项的规定，监察委员会依法对履行职责不力、失职失责的领导人员进行问责。第 45 条第 3 项则进一步规定，监察机关根据监督、调查结果，依法对不履行或者不正确履行职责负有责任的领导人员，按照管理权限对其直接作出问责决定，或者向有权作出问责决定的机关提出问责建议。

鉴于党规与法律法规的区别，本书将作为监察处置措施的问责称为监察问责而将基于《中国共产党问责条例》作出的问责称为党内问责。对于监察问责，具体阐述如下。

---

[1] 曹鎏：《论监察问责的基本法律问题概念澄清与构成要件解析》，载《中外法学》2020 年第 4 期。

[2] 马怀德主编：《监察法学》，人民出版社 2018 年版，第 181 页。

第一,作出监察问责的主体。基于《监察法》的前述规定可知,监察委员会与有权作出问责决定的机关均为可作出问责决定的国家机关。

第二,被监察问责的对象。监察问责的对象具有特定性,只限于公职人员中负有责任的领导人员。具体包括中国共产党机关、人大机关、行政机关、监察机关、审判机关、检察机关、政协机关、民主党派和工商联机关中担任各级领导职务和副调研员以上非领导职务的人员;参照《公务员法》管理的单位中担任各级领导职务和副调研员以上非领导职务的人员;大型、特大型国有和国有控股企业中层以上领导人员,中型以下国有和国有控股企业领导班子成员,以及上述企业中其他相当于县处级以上层次的人员;事业单位领导班子成员及其他六级以上管理岗位人员。[1]

与此相比,《中国共产党问责条例》所规定的党内问责对象则既包括党组织,也包括党的领导干部,重点是党委(党组)、党的工作机关及其领导成员,纪委、纪委派驻(派出)机构及其领导成员。

第三,监察问责的主要方式。《监察法》未对监察问责的方式作出规定,依据《监察法实施条例》第204条的规定,监察机关可以按照管理权限采取通报、诫勉、政务处分等方式进行问责,此外还可提出组织处理的建议。而依据现行有效的《关于实行党政领导干部问责的暂行规定》第7条的规定,对党政领导干部实行问责的方式则分为:责令公开道歉、停职检查、引咎辞职、责令辞职、免职。修订后的《中国共产党问责条例》中规定的对于党的领导干部的问责方式则包括:通报、诫勉、组织调整或者组织处理、纪律处分。

第四,监察问责的情形。依据《监察法》《监察法实施条例》的规定,关于应当对领导人员进行监察问责的情形的表述有:"履行职责不力、失职失责""对不履行或者不正确履行职责负有责任""履行职责不力、失职失责,造成严重后果或者恶劣影响"。不过这些情形的内涵过于抽象。按照《关于实行党政领导干部问责的暂行规定》第5条和第6条的规定,可作出问责的情形还有决策失

---

[1] 中共中央纪律检查委员会、中华人民共和国国家监察委员会法规室编写:《〈中国人民共和国监察法〉释义》,中国方正出版社2018年版,第94页。

误、工作失职、管理监督不力、滥用职权、对重大事件处置失当、违规导致用人失察失误等八项。

此外,按照《监察法实施条例》第34条的规定,监察问责是在追究违法的公职人员直接责任之外,另行对负有责任的领导人员作出的。

综上所述,有论者指出,监察问责所问之"责"并非直接责任,而是间接责任,这种责任的产生并非因其个人的违法行为,而是因其作为组织的领导者在领导上存在失职失责,是一种领导责任,即政治责任和道德责任的统称。因此,所谓监察问责,是指承担领导职务的领导人员因履行职责不力、失职失责而引发监察调查程序,进而承担否定性后果(谴责和制裁)的治吏机制。[1]

(四)移送审查起诉

监察机关依法独立行使的监察权,是与检察院的检察权、法院的审判权并行的权力。虽然监察机关有权依法独立对职务犯罪案件进行调查和处置,但是其处置是最终的定罪量刑权,因而监察机关在调查后若认为被调查人员构成职务犯罪,必须移送检察院审查起诉,由检察院决定是否提起公诉;若提起公诉,由法院依法进行审理,作出裁判。[2]

在刑事诉讼法领域,所谓审查起诉就是人民检察院对公安机关以及人民检察院侦查部门侦查终结移送起诉的案件进行审查以决定是否向人民法院提起公诉的诉讼活动。[3]《刑事诉讼法》第169条即规定,凡需要提起公诉的案件,一律由人民检察院审查决定。国家监察体制改革后,由监察机关专门履行对公职人员职务犯罪的调查职责。为实现监察执法与刑事司法的衔接,《监察法》第11条第3项规定,监察委员会依法行处置职责,对涉嫌职务犯罪的,将调查结果移送人民检察院依法审查、提起公诉,《刑事诉讼法》第170条则相应规定,人民检察院对于监察机关移送起诉的案件,依照《刑事诉讼法》和《监察法》的有关规定进行审查。

---

[1] 曹鎏:《论监察问责的基本法律问题概念澄清与构成要件解析》,载《中外法学》2020年第4期。

[2] 陈光中、邵俊:《我国监察体制改革若干问题思考》,载《中国法学》2017年第4期。

[3] 易延友:《刑事诉讼法规则原理应用》(第5版),法律出版社2019年版,第426页。

首先,移送审查起诉的条件。依据《监察法》第45条及《监察法实施条例》第35条的规定,对涉嫌职务犯罪的人员,监察机关经过调查后认为犯罪事实清楚、证据确实、充分,需要追究刑事责任的,依法移送人民检察院审查起诉。可见,移送审查起诉的条件是存在职务犯罪事实而且需要追究刑事责任。其中,移送审查起诉的职务犯罪案件需达到犯罪事实清楚、证据确实、充分的程度,这与《刑事诉讼法》第55条对证明标准的要求和表述是一致的。据该法条第2款的规定,证据确实、充分,应当符合以下条件:(1)定罪量刑的事实都有证据证明;(2)据以定案的证据均经法定程序查证属实;(3)综合全案证据,对所认定事实已排除合理怀疑。因此,《监察法》第33条第2款规定,监察机关在收集、固定、审查、运用证据时,应当与刑事审判关于证据的要求和标准相一致。

其次,从宽处罚建议。与刑事犯罪案件认罪从宽制度相适应,《监察法》第31条和第32条规定监察机关在移送审查起诉时可以提出从宽处罚建议。具体而言,对于涉嫌职务犯罪的被调查人,能够主动认罪认罚且具有规定情形的,监察机关按程序可以在移送人民检察院时提出从宽处罚的建议。而对于职务违法犯罪的涉案人员,若揭发有关被调查人职务违法犯罪行为查证属实的,或者提供重要线索有助于调查其他案件的,监察机关按程序可以在移送人民检察院时提出从宽处罚的建议。此部分内容详见后文监察程序中的移送审查起诉程序。

(五)监察建议

监察建议沿袭自原《行政监察法》规定的行政监察建议,两者有相似亦有不同。依据《监察法》第45条第1款第5项的规定,监察机关根据监督、调查结果可对监察对象所在单位廉政建设和履行职责存在的问题等提出监察建议。

监察建议的对象。与监察对象是公职人员个人不同,作为监察处置的一项措施,监察建议的对象是单位。

作出监察建议的情形。依据前引法条的规定,监察机关可作出监察建议的情形是对监察对象形成监督、调查结果后,据此发现监察对象所在单位在廉政建设和履行职责两个方面存在问题时。《监察法实施条例》第36条对此进一步规定为所在单位在廉政建设、权力制约、监督管理、制度执行以及履行职责等方面存在问题需要整改纠正等情形。此外,依据《公职人员政务处分法》第3条第3款的规定,当监察机关发现公职人员任免机关、单位应当给予处分而未给予,或者给予的处分违法、不当的,应当及时提出监察建议。

监察建议的法律效力。监察建议虽然具有建议性质,但依法具有一定的强制力。依据《监察法》第62条的规定,有关单位无正当理由拒不采纳监察建议的,由其主管部门、上级机关责令改正,对单位给予通报批评;对负有责任的领导人员和直接责任人员依法给予处理。此外,为确保监察建议得到落实而非流于形式,《监察法实施条例》第36条第2款规定,监察机关应当跟踪了解监察建议的采纳情况,指导、督促有关单位限期整改,推动监察建议落实到位。

监察建议的功能和意义。从法条文本的规定来看,监察建议是针对监察对象所在单位在廉政建设、权力制约、监督管理、制度执行以及履行职责等方面存在的问题而作出,体现了一种发现问题进而提出改进建议的思路。《监察法实施条例》第20条更是明确规定,监察机关应当以办案促进整改、以监督促进治理,在查清问题、依法处置的同时,剖析问题发生的原因,发现制度建设、权力配置、监督机制等方面存在的问题,向有关机关、单位提出改进工作的意见或者监察建议,促进完善制度,提高治理效能。因而监察建议具有改进工作,促进完善制度,提高治理效能的功能和作用。

(六)涉案财物处置

如前所述,《监察法》并未明确将对涉案财物的处置规定于监察处置中,但本书仍将其作为监察处置措施的一种。依据在于,《监察法》第46条紧随第45条之后规定,监察机关经调查,对违法取得的财物,依法予以没收、追缴或者责令退赔;对涉嫌犯罪取得的财物,应当随案移送人民检察院。此类对财物进行处理的规定是明显的对财物所有人的权利有所减损的行为,应归为监察处置。就处置的对象而言,劝诫措施、政务处分、问责等措施均以人为对象,并未包括财物,这是不完整的。此外,《监察法实施条例》中亦有多处关于涉案财物处置的表述。

对于涉案财物的处置,《监察法》第46条规定了两种情形:一是对违法取得的财物,依法予以没收、追缴或者责令退赔;二是对于涉嫌犯罪取得的财物,应当随案移送人民检察院。《监察法实施条例》相关条款还规定,此处的财物还应包括其孳息,并且对不属于犯罪所得但属于违法取得的财物及孳息,也应当依法予以没收、追缴或者责令退赔。

除此之外,《监察法实施条例》的相关条款还对涉案财物的处置作出了规定,表明涉案财物的处置也是也应是监察处置措施中的一种。

(七) 撤销案件

《监察法》第 45 条第 2 款规定,监察机关经调查,对没有证据证明被调查人存在违法犯罪行为的,应当撤销案件,并通知被调查人所在单位。因而依据《监察法实施条例》的规定,案件审理部门经审理认为现有证据不足以证明被调查人存在违法犯罪行为,且通过退回补充调查仍无法达到证明标准的,应当提出撤销案件的建议。监察机关经调查后,对没有证据证明或者现有证据不足以证明被调查人存在违法犯罪行为的,应当依法撤销案件。

需要注意的是,如前文所述,监察调查的内容包括职务违法和职务犯罪,故在无法证明被调查人存在职务犯罪行为时,并不因此否定其存在职务违法的可能,因而不能径直撤销案件,还应继续审查是否存在有职务违法的可能。此外,根据《监察法》第 47 条第 4 款的规定,对监察机关移送的职务犯罪案件,符合不起诉情形的,人民检察院依职权可以依法作出不起诉的决定。此时被调查人虽已不属职务犯罪,但仍可能属于职务违法,亦不能径直撤销案件。

(八) 对涉嫌行贿等犯罪的非监察对象的处置

依据《监察法实施条例》第 207 条的规定,对于涉嫌行贿等犯罪的非监察对象,其处置方式有:(1)案件调查终结后依法移送起诉;(2)综合考虑行为性质、手段、后果、时间节点、认罪悔罪态度等具体情况,对于情节较轻,经审批不予移送起诉的,应当采取批评教育、责令具结悔过等方式处置;(3)应当给予行政处罚的,依法移送有关行政执法部门。

此外,对于有行贿行为的涉案单位和人员,按规定记入相关信息记录,可以作为信用评价的依据。对涉案单位和人员通过行贿等非法手段取得的财物及孳息,应当依法予以没收、追缴或者责令退赔。对于违法取得的其他不正当利益,依照法律法规及有关规定予以纠正处理。

三、对监察处置职责的保障

各项监察处置措施对处置对象有着不同程度的影响,部分措施甚至可直接减损处置对象的私利,因而需要保证其顺利实施。对此,《监察法》第 62 条规定,有关单位拒不执行监察机关作出的处理决定,或者无正当理由拒不采纳监察建议的,由其主管部门、上级机关责令改正,对单位给予通报批评;对负有责任的领导人员和直接责任人员依法给予处理。所谓处理决定,按《监察法实施条例》第 274 条的规定,包括:(1)政务处分决定;(2)问责决定;(3)谈话提醒、批评教育、责令检查,或者予以诫勉的决定;(4)采取调查措施的决定;(5)复审、复核决定;(6)监察机关依法作出的其他处理决定。

第五章　监察范围和管辖

监察范围，简单来说就是监察什么人以及监察什么事，故此监察范围即包括监察对象和监察事项两个维度。《监察法》第1条规定，监察立法的目标之一是加强对所有行使公权力的公职人员的监督，并进一步在第3条中规定监察委员会是行使国家监察职能的专责机关，依法对所有行使公权力的公职人员进行监察。由此可以推知，监察对象是所有公职人员，而监察事项则是公职人员行使公权力的行为。

不过，《监察法》第三章虽然名为监察范围和管辖，但关于监察范围的规定实际上只涉及了监察对象一个维度。但这并不意味着监察范围只包括监察对象，因为从监察委员会的定位来看，其不可能监察公职人员的任何行为。依据《监察法》第16条第1款的规定，各级监察机关按照管理权限管辖本辖区内公职人员所涉监察事项。换言之，公职人员所涉监察事项就是监察范围的另一个维度。而有关的监察事项集中规定于《监察法》第11条，即监察委员会的主要职责从另一个角度看同时就体现为对公职人员行使公权力的行为进行监察。

第一节 监察对象

如前所述,监察委员会依法对所有行使公权力的公职人员进行监察。对此,《监察法》第15条详细列举了六类人员。

一、公务员和参公管理人员

依据《监察法》第15条第1项的规定,监察机关依法对中国共产党机关、人民代表大会及其常务委员会机关、人民政府、监察委员会、人民法院、人民检察院、中国人民政治协商会议各级委员会机关、民主党派机关和工商业联合会机关的公务员,以及参照《公务员法》管理的人员进行监察。其中,公务员的范围依据《公务员法》的规定确定,而参照《公务员法》管理的人员,是指有关单位中经批准参照公务员法进行管理的工作人员。

(一)公务员

依据《公务员法》第2条的规定,所谓公务员即是指依法履行公职、纳入国家行政编制、由国家财政负担工资福利的工作人员。按照《公务员范围规定》第4条的规定,下列8类机关中除工勤人员以外的工作人员列入公务员范围。

1.中国共产党各级机关公务员

包括:(1)中央和地方各级党委、纪律检查委员会的领导人员;(2)中央和地方各级党委工作部门、办事机构和派出机构的工作人员;(3)中央和地方各级纪律检查委员会机关及其向党和国家机关等派驻或者派出机构的工作人员;(4)街道、乡、镇党委机关的工作人员。

2.各级人民代表大会及其常务委员会机关公务员

包括:(1)县级以上各级人民代表大会常务委员会领导人员,乡、镇人民代表大会主席、副主席;(2)县级以上各级人民代表大会常务委员会工作机构和办事机构的工作人员;(3)县级以上各级人民代表大会专门委员会办事机构的工作人员。

3. 各级行政机关公务员

包括：(1)各级人民政府的领导人员；(2)县级以上各级人民政府工作部门和派出机构的工作人员；(3)乡、镇人民政府机关的工作人员。

4. 中国人民政治协商会议各级委员会机关公务员

包括：(1)中国人民政治协商会议各级委员会的领导人员；(2)中国人民政治协商会议各级委员会工作机构的工作人员。

5. 各级监察机关公务员

包括：(1)国家和地方各级监察委员会的领导人员；(2)国家和地方各级监察委员会机关及其向党和国家机关等派驻或者派出机构的工作人员。

6. 各级审判机关公务员

包括：(1)最高人民法院和地方各级人民法院的法官、审判辅助人员；(2)最高人民法院和地方各级人民法院的司法行政人员等。

7. 各级检察机关公务员

包括：(1)最高人民检察院和地方各级人民检察院的检察官、检察辅助人员；(2)最高人民检察院和地方各级人民检察院的司法行政人员等。

8. 各民主党派和工商联的各级机关公务员

包括：(1)中国国民党革命委员会中央和地方各级委员会的领导人员，工作机构的工作人员；(2)中国民主同盟中央和地方各级委员会的领导人员，工作机构的工作人员；(3)中国民主建国会中央和地方各级委员会的领导人员，工作机构的工作人员；(4)中国民主促进会中央和地方各级委员会的领导人员，工作机构的工作人员；(5)中国农工民主党中央和地方各级委员会的领导人员，工作机构的工作人员；(6)中国致公党中央和地方各级委员会的领导人员，工作机构的工作人员；(7)九三学社中央和地方各级委员会的领导人员，工作机构的工作人员；(8)台湾民主自治同盟中央和地方各级委员会的领导人员，工作机构的工作人员。

中华全国工商业联合会和地方各级工商联的领导人员，工作机构的工作人员。

(二)参公管理人员

依据《公务员法》第112条的规定，法律、法规授权的具有公共事务管理职能的事业单位中除工勤人员以外的工作人员,经批准参照本法进行管理。此类参照《公务员法》进行管理的人员即参公管理人员。

按照《参照〈中华人民共和国公务员法〉管理的单位审批办法》第3条的规定,事业单位列入参照管理范围,应当同时具备以下两个条件:(1)具有法律、法规授权的公共事务管理职能;(2)使用事业编制,并由国家财政负担工资福利。第4条规定,作为授权依据的法律、法规包括:(1)法律;(2)行政法规和国务院决定;监察法规;省、自治区、直辖市一级的地方性法规,设区的市、自治州人大及其常委会制定并报省、自治区人大及其常委会批准的地方性法规,经济特区所在地的省、市人大及其常委会制定的经济特区法规;民族自治地方的人大制定的自治条例和单行条例;其他与行政法规有同等效力的政策性法规文件。作为确定公共事务管理职能的依据包括:法律、法规的授权,党委、政府以及机构编制部门规定的主要职责。

关于批准。按前引审批办法第6条的规定,中共中央、国务院直属事业单位,中央纪委国家监委机关所属事业单位,中共中央工作部门、办事机构、派出机构所属事业单位,以及国务院组成部门、直属特设机构、直属机构、办事机构、部委管理的国家局所属事业单位实行参照管理的,由本单位或者所在部门提出意见,报中央公务员主管部门审批。中央垂直管理部门所属事业单位实行参照管理的,由中央垂直管理部门统一提出意见,报中央公务员主管部门审批。省、自治区、直辖市党委、政府直属事业单位,纪委监委机关所属事业单位,党委、政府工作部门所属事业单位实行参照管理的,报省、自治区、直辖市公务员主管部门审核,经审批后报中央公务员主管部门备案;省以下垂直管理部门所属事业单位实行参照管理的,由省垂直管理部门统一向省级公务员主管部门申报。市(地)、县级党委、政府直属事业单位,纪委监委机关所属事业单位,党委、政府工作部门所属事业单位实行参照管理的,由省、自治区、直辖市公务员主管部门审批。人大机关、政协机关、审判机关、检察机关、各民主党派机关和工商联机关所属事业单位实行参照管理的,比照前述规定的程序和审批权限报批、备案。

二、经授权或委托管理公共事务的组织中从事公务的人员

依据《监察法》第15条第2项的规定,法律、法规授权或者受国家机关依

法委托管理公共事务的组织中从事公务的人员属于监察对象。《监察法实施条例》第 39 条规定,此类人员是指在上述组织中,除参照《公务员法》管理的人员外,对公共事务履行组织、领导、管理、监督等职责的人员,包括具有公共事务管理职能的行业协会等组织中从事公务的人员,以及法定检验检测、检疫等机构中从事公务的人员。按照《国家监察委员会管辖规定(试行)》,还包括银行保险、证券等监督管理机构的工作人员,注册会计师协会、医师协会等行业协会中从事公务的工作人员。

需要注意的是,依据从上述规定,将此类人员纳入监察对象应同时具备以下条件:(1)人员所在组织经法律、法规授权或者受国家机关依法委托管理公共事务;(2)相应人员在所在组织中从事公务,即行使管理公共事务的权力;(3)不属于参照《公务员法》管理的人员。

三、国有企业管理人员

对国有企业管理人员的理解,包括两个方面:一是何为国有企业;二是何为管理人员。

关于何为国有企业。我国现有诸多关于国有企业的规定,但并无统一的国有企业的认定规定。综合来看,对国有企业的认定,按范围从小到大至少有四种解释:一是仅指国家全资或独资的企业,不包括国有独资公司;二是指国家全资或独资的企业与公司,与刑法语境中的定义相同;三是指国家全资或独资的企业、国家控股企业和国家实际控制企业;四是指国家出资企业,包括全资、独资、控股和实际控股的企业以及参股企业。[1]

权威解释所持的是第四种解释,[2]而《监察法实施条例》亦采用此观点。依据该条例第 40 条的规定,《监察法》第 15 条第 3 项所称国有企业管理人员,是指国家出资企业中的下列人员:(1)在国有独资、全资公司、企业中履行组织、领导、管理、监督等职责的人员;(2)经党组织或者国家机关,国有独资、全

---

[1] 秦前红主编:《监察法学教程》,法律出版社 2019 年版,第 216 页。
[2] 中共中央纪律检查委员会、中华人民共和国国家监察委员会法规室编:《〈中华人民共和国监察法〉释义》,中国方正出版社 2018 年版,第 111—112 页。

资公司、企业、事业单位提名、推荐、任命、批准等,在国有控股、参股公司及其分支机构中履行组织、领导、管理、监督等职责的人员;(3)经国家出资企业中负有管理、监督国有资产职责的组织批准或者研究决定,代表其在国有控股、参股公司及其分支机构中从事组织、领导、管理、监督等工作的人员。

关于何为管理人员。如前引《监察法实施条例》第40条的规定,国有企业管理人员即是在国有企业中从事组织、领导、管理、监督等工作的人员。具体而言,根据有关规定和实践需要,作为监察对象的国有企业管理人员,主要是国有独资企业、国有控股企业(含国有独资金融企业和国有控股金融企业)及其分支机构的领导班子成员,包括设董事会的企业中由国有股权代表出任的董事长、副董事长、董事,总经理、副总经理,党委书记、副书记,纪委书记,工会主席等;未设董事会的企业的总经理(总裁)、副总经理(副总裁),党委书记、副书记,纪委书记,工会主席等。此外,对国有资产负有经营管理责任的国有企业中层和基层管理人员,包括部门经理、部门副经理、总监、副总监、车间负责人等;在管理、监督国有财产等重要岗位上工作的人员,包括会计、出纳人员等;国有企业所属事业单位领导人员,国有资本参股企业和金融机构中对国有资产负有经营管理责任的人员,也应当理解为国有企业管理人员的范畴,涉嫌职务违法和职务犯罪的,监察机关可以依法调查。[1]

四、公办事业单位中从事管理的人员

依据《监察法》第15条第4项的规定,公办的教育、科研、文化、医疗卫生、体育等单位中从事管理的人员属于监察对象。《监察法实施条例》第41条对此加以明确,即是指国家为了社会公益目的,由国家机关举办或者其他组织利用国有资产举办的教育、科研、文化、医疗卫生、体育等事业单位中,从事组织、领导、管理、监督等工作的人员。具体包括:(1)这些单位及其分支机构中的领导班子成员和国家工作人员,如公办学校的校长、副校长,科研院所的院长、所

---

[1] 中共中央纪律检查委员会、中华人民共和国国家监察委员会法规室编:《〈中华人民共和国监察法〉释义》,中国方正出版社2018年版,第111—112页。

长、公立医院的院长、副院长等;(2)这些单位及其分支机构的中基层人员,包括管理岗六级以上职员,从事与职权相联系的管理事务的其他职员;在管理、监督国有财产等重要岗位上工作的人员,包括会计、出纳人员,采购、基建部门人员。[1]

五、基层群众性自治组织中从事管理的人员

依据《监察法实施条例》第42条规定,《监察法》第15条第5项所称基层群众性自治组织中从事管理的人员,是指该组织中的下列人员:(1)从事集体事务和公益事业管理的人员;(2)从事集体资金、资产、资源管理的人员;(3)协助人民政府从事行政管理工作的人员,包括从事救灾、防疫、抢险、防汛、优抚、帮扶、移民、救济款物的管理,社会捐助公益事业款物的管理,国有土地的经营和管理,土地征收、征用补偿费用的管理,代征、代缴税款,有关计划生育、户籍、征兵工作,协助人民政府等国家机关在基层群众性自治组织中从事的其他管理工作。

六、其他依法履行公职的人员

其他依法履行公职的人员,依据《监察法实施条例》第43条的规定,是指下列人员:(1)履行人民代表大会职责的各级人民代表大会代表,履行公职的中国人民政治协商会议各级委员会委员、人民陪审员、人民监督员;(2)虽未列入党政机关人员编制,但在党政机关中从事公务的人员;(3)在集体经济组织等单位、组织中,由党组织或者国家机关,国有独资、全资公司、企业,国家出资企业中负有管理监督国有和集体资产职责的组织,事业单位提名、推荐、任命、批准等,从事组织、领导、管理、监督等工作的人员;(4)在依法组建的评标、谈判、询价等组织中代表国家机关,国有独资、全资公司、企业,事业单位,人民团体临时履行公共事务组织、领导、管理、监督等职责的人员;(5)其他依法行使

---

[1] 中共中央纪律检查委员会、中华人民共和国国家监察委员会法规室编:《〈中华人民共和国监察法〉释义》,中国方正出版社2018年版,第112—113页。

公权力的人员。

第二节 监察事项

如前所述,依据《监察法》第 16 条第 1 款的规定,各级监察机关按照管理权限管辖本辖区内公职人员所涉监察事项。所谓的监察事项集中规定于《监察法》第 11 条第 1 项和第 2 项,即(1)对公职人员开展廉政教育,对其依法履职、秉公用权、廉洁从政从业以及道德操守情况进行监督检查;(2)对涉嫌贪污贿赂、滥用职权、玩忽职守、权力寻租、利益输送、徇私舞弊以及浪费国家资财等职务违法和职务犯罪进行调查。

一、公职人员政治品行、行使公权力和道德操守情况

《监察法实施条例》第 14 条将《监察法》第 11 条第 1 项的规定进一步细化,监察机关依法履行监察监督职责,对公职人员政治品行、行使公权力和道德操守情况进行监督检查,督促有关机关、单位加强对所属公职人员的教育、管理、监督。

对于本部分内容,已在前文关于监察监督的内容一节中详细阐述,故此处不再赘述。

二、职务违法行为

《监察法》第 11 条第 2 项虽然列举了七种职务违法和职务犯罪的表现形式,但实际上可归为职务违法和职务犯罪两类,因而本书亦分两类进行阐述。

依据《监察法实施条例》第 23 条与《国家监察委员会管辖规定(试行)》的相关规定,职务违法是指公职人员实施的与其职务相关联,虽不构成犯罪但依法应当承担法律责任的违法行为,具体类型包括:(1)利用职权实施的违法行为;(2)利用职务上的影响实施的违法行为;(3)履行职责不力、失职失责的违法行为;(4)其他违反与公职人员职务相关的特定义务的违法行为。主要表现

为涉利用职务便利实施或与职务关联的涉嫌贪污贿赂、滥用职权、玩忽职守、权力寻租、利益输送、徇私舞弊以及浪费国家资财等违法行为。

其中,"权力寻租",主要是指公职人员利用手中的权力,违反或者规避法律法规、谋取或者维护私利的行为;"利益输送",主要是指公职人员利用职权或者职务影响,以违反或者规避法律法规的手段,将公共财产等利益不正当授受给有关组织、个人的行为;"浪费国家资财",主要是指公职人员违反规定,挥霍公款,铺张浪费的行为。

此外,依据《监察法实施条例》第24条第1款的规定,监察机关发现公职人员存在其他违法行为且具有下列情形之一的,可以依法进行调查:(1)超过行政违法追究时效,或者超过犯罪追诉时效、未追究刑事责任,但需要依法给予政务处分的;(2)被追究行政法律责任,需要依法给予政务处分的;(3)监察机关调查职务违法或者职务犯罪时,对被调查人实施的事实简单、清楚,需要依法给予政务处分的其他违法行为一并查核的。

三、职务犯罪行为

按照罪刑法定原则,只有刑法方可规定犯罪和刑罚,故而《监察法》第11条第2项规定七种类型的职务犯罪应作犯罪表现理解。对于具体的职务犯罪罪名,《监察法实施条例》与《国家监察委员会管辖规定(试行)》均有具体规定且基本一致,但以前者规定较为全面。以《监察法实施条例》的规定为例介绍如下。

(一)贪污贿赂犯罪

第26条规定,监察机关依法调查涉嫌贪污贿赂犯罪,包括贪污罪;挪用公款罪;受贿罪;单位受贿罪;利用影响力受贿罪;行贿罪;对有影响力的人行贿罪;对单位行贿罪;介绍贿赂罪;单位行贿罪;巨额财产来源不明罪;隐瞒境外存款罪;私分国有资产罪;私分罚没财物罪;对外国公职人员、国际公共组织官员行贿罪;非国家工作人员受贿罪和相关联的对非国家工作人员行贿罪。相比《国家监察委员会管辖规定(试行)》的规定还增加了公职人员在行使公权力过程中实施的职务侵占罪、挪用资金罪。

(二)滥用职权犯罪

第27条规定,监察机关依法调查公职人员涉嫌滥用职权犯罪,包括滥用职权罪;国有公司、企业、事业单位人员滥用职权罪;滥用管理公司、证券职权罪;食品、药品监管渎职罪;故意泄露国家秘密罪;报复陷害罪;阻碍解救被拐卖、绑架妇女、儿童罪;帮助犯罪分子逃避处罚罪;违法发放林木采伐许可证罪;办理偷越国(边)境人员出入境证件罪;放行偷越国(边)境人员罪;挪用特定款物罪;非法剥夺公民宗教信仰自由罪;侵犯少数民族风俗习惯罪;打击报复会计、统计人员罪。相比《国家监察委员会管辖规定(试行)》的规定则增加了药品监管渎职罪,以及司法工作人员以外的公职人员利用职权实施的非法拘禁罪、虐待被监管人罪、非法搜查罪。

(三)玩忽职守犯罪

第28条规定,监察机关依法调查公职人员涉嫌玩忽职守犯罪,包括玩忽职守罪;国有公司、企业、事业单位人员失职罪;签订、履行合同失职被骗罪;国家机关工作人员签订、履行合同失职被骗罪;环境监管失职罪;传染病防治失职罪;商检失职罪;动植物检疫失职罪;不解救被拐卖、绑架妇女、儿童罪;失职造成珍贵文物损毁、流失罪;过失泄露国家秘密罪。

(四)徇私舞弊犯罪

第29条规定,监察机关依法调查公职人员涉嫌徇私舞弊犯罪,包括徇私舞弊低价折股、出售国有资产罪;非法批准征收、征用、占用土地罪;非法低价出让国有土地使用权罪;非法经营同类营业罪;为亲友非法牟利罪;枉法仲裁罪;徇私舞弊发售发票、抵扣税款、出口退税罪;商检徇私舞弊罪;动植物检疫徇私舞弊罪;放纵走私罪;放纵制售伪劣商品犯罪行为罪;招收公务员、学生徇私舞弊罪;徇私舞弊不移交刑事案件罪;违法提供出口退税凭证罪;徇私舞弊不征、少征税款罪。

(五)其他相关犯罪

第30条规定,监察机关依法调查公职人员在行使公权力过程中涉及的重大责任事故犯罪,包括重大责任事故罪;教育设施重大安全事故罪;消防责任事故罪;重大劳动安全事故罪;强令、组织他人违章冒险作业罪;危险作业罪,不报、谎报安全事故罪;铁路运营安全事故罪;重大飞行事故罪;大型群众性活动重大安全事故罪;危险物品肇事罪;工程重大安全事故罪。

第 31 条规定,监察机关依法调查公职人员在行使公权力过程中涉及的其他犯罪,包括破坏选举罪;背信损害上市公司利益罪;金融工作人员购买假币、以假币换取货币罪;利用未公开信息交易罪;诱骗投资者买卖证券、期货合约罪;背信运用受托财产罪;违法运用资金罪;违法发放贷款罪;吸收客户资金不入账罪;违规出具金融票证罪;对违法票据承兑、付款、保证罪;非法转让、倒卖土地使用权罪;私自开拆、隐匿、毁弃邮件、电报罪;故意延误投递邮件罪;泄露不应公开的案件信息罪;披露、报道不应公开的案件信息罪;接送不合格兵员罪。

此外,公职人员在行使公权力的过程中,违反职务廉洁等规定进行权力寻租,或者为谋取政治、经济等方面的特定利益进行利益输送,构成犯罪的,适用受贿罪、行贿罪、为亲友非法牟利罪等规定。公职人员违反科学决策、民主决策、依法决策程序,违反财经制度,浪费国家资财构成犯罪的,适用贪污罪、徇私舞弊低价折股出售国有资产罪等规定。

第三节　管辖

民事诉讼法中的管辖,是指各级人民法院之间以及同级人民法院之间受理第一审案件民事案件的分工和权限。[1] 而在刑事诉讼法中的管辖,既包括立案管辖也包括审判管辖,前者是指人民法院、人民检察院和公安机关管理第一审刑事案件方面的权限分工,后者则是指人民法院组织系统内部在审判第一审案件方面的范围划分。其中,因为立案解决的是不同机关在直接受理案件方面的权限划分,故在民事诉讼法中又被称为"主管"。[2] 而民事诉讼法中的主管

---

[1] 张卫平:《民事诉讼法》(第 4 版),法律出版社 2016 年版,第 99 页。
[2] 易延友:《刑事诉讼法规则原理应用》(第 5 版),法律出版社 2019 年版,第 188 页。

即是指人民法院与其他国家机关、社会团体之间在解决民事纠纷方面的分工和权限,即确定哪些民事纠纷由人民法院负责处理,哪些民事纠纷由其他国家机关或社会团体负责处理。民事诉讼主管也被称为受案范围或民事裁判权的范围。[1]

虽然监察机关并不是司法机关,不过从"主管"的角度来看,监察法所指的监察范围也可以认为是监察机关与人民法院、人民检察院和公安机关对行使公权力的公职人员进行监督方面的权限分工。因而《监察法》将监察范围和管辖置于同一章进行规定亦有其合理之处。进而,关于监察机关的管辖则是指各级监察机关之间以及各地区监察机关之间在办理监察事项上的职权分工。[2]

一、一般管辖

依据《监察法》第 16 条第 1 款的规定,各级监察机关按照管理权限管辖本辖区内公职人员所涉监察事项。《监察法实施条例》第 45 条进一步明确,监察机关开展监督、调查、处置,按照管理权限与属地管辖相结合的原则,实行分级负责制。这是关于监察管辖的一般规定,即管理权限与属地管辖相结合的管辖原则。

所谓管理权限即干部管理权限。比如,国家监察委员会管辖中管干部所涉监察事项,省级监委管辖本省省管干部所涉监察事项等。[3]由此,按管理权限管辖也即级别管辖。我国幅员辽阔,划分为不同的行政区域可便于管理,因而存在相同级别的不同行政区划。相应地,按照监察机关的组织体系,地方各级监察委员会由本级人大产生,管辖本级行政区划公职人员所涉监察事项。因此仅按级别一般不能最终确定管辖,还需结合地域管辖共同确定公职人员所涉监察事项的管辖。

据此,《监察法实施条例》第 46 条第 1、2 款的规定,设区的市级以上监察委

---

[1] 常廷彬主编:《民事诉讼法学》,厦门大学出版社 2015 年版,第 77 页。
[2] 中国特色社会主义国家监察制度研究课题组:《国家监察制度学》,中国方正出版社 2021 年版,第 209 页。
[3] 中共中央纪律检查委员会、中华人民共和国国家监察委员会法规室编:《〈中华人民共和国监察法〉释义》,中国方正出版社 2018 年版,第 114 页。

员会按照管理权限,依法管辖同级党委管理的公职人员涉嫌职务违法和职务犯罪案件。县级监察委员会和直辖市所辖区(县)监察委员会按照管理权限,依法管辖本辖区内公职人员涉嫌职务违法和职务犯罪案件。

二、提级管辖

按照一般管辖的原则,各级监察机关按照管理权限管辖本辖区内公职人员人员所涉监察事项,但现实中可能存在事项疑难复杂,影响重大,由上级监察机关管辖更为有利等情形,因而有必要提升管辖的级别,即提级管辖。监察管辖权的提级管辖有两种情形:一是上级监察机关主动决定提级管辖;二是下级监察机关报请上级监察机关提级管辖。

(一)上级监察机关主动提级管辖

按照《监察法》第16条第2款的规定,上级监察机关可以办理下一级监察机关管辖范围内的监察事项,必要时也可以办理所辖各级监察机关管辖范围内的监察事项。因此上级监察机关既可以主动管辖下一级监察机关的监察事项,也可以跨级别管辖自身以下各级监察机关所管辖的监察事项。

虽然上级监察机关有权主动提级管辖,但这并非毫无限制。如若上级监察机关可以随意提级管辖,可能不利于下级监察机关发挥其主动性和积极性,同时也无法发挥就近管辖的便利条件,最终影响监察工作的开展。因而,《监察法实施条例》第47条第1款规定,仅在若干情形下可以依法提级管辖,即(1)在本辖区有重大影响的;(2)涉及多个下级监察机关管辖的监察对象,调查难度大的;(3)其他需要提级管辖的重大、复杂案件。

此外,对于所辖各级监察机关管辖范围内有重大影响的案件,上级监察机关必要时可以依法直接调查或者组织、指挥、参与调查。

(二)下级监察机关报请提级管辖

关于下级监察机关报请提级管辖,《监察法》第17条第2款规定,监察机关认为所管辖的监察事项重大、复杂,需要由上级监察机关管辖的,可以报请上级监察机关管辖。理论上看,此处的上级并不限于上一级,还可包括上几级,不过《监察法实施条例》第47条第3款对此进行了限缩,即只可报请上一级监察机关提级管辖。

另外,据前引第 47 条第 3 款之规定,可以报请上一级监察机关提级管辖也应限于第 47 条第 1 款规定的三种情形。

三、指定管辖

据《监察法》第 17 条第 1 款的规定,指定管辖,是指上级监察机关将其所管辖的监察事项指定下级监察机关管辖,或是将下级监察机关有管辖权的监察事项指定给其他监察机关管辖。本书在此处将前者称为监察管辖权的下移指定,而将后者称为监察管辖权的平移指定。

(一)监察管辖权的下移指定管辖

关于监察管辖权的下移指定管辖,虽然上下级监察机关之间有领导与被领导的关系,但按照一般管辖的原则,下级监察机关并无权限管辖上级监察机关所管辖的监察事项,故要突破这一原则规定应有充足理由。而从现实来看,监察管辖权的下移指定管辖,可能存在下级监察机关权威性不足的问题,同时也无法充分发挥上级监察机关在调配监察资源方面的优势。因而应当对监察管辖权的下移指定管辖加以限制。对此,《监察法实施条例》第 48 条第 2 款规定,设区的市级监察委员会将同级党委管理的公职人员涉嫌职务违法或者职务犯罪案件指定下级监察委员会管辖的,应当报省级监察委员会批准;省级监察委员会将同级党委管理的公职人员涉嫌职务违法或者职务犯罪案件指定下级监察委员会管辖的,应当报国家监察委员会相关监督检查部门备案。

此外,为加强对监察管辖权的下移指定管辖的控制,《监察法实施条例》第 48 条第 4 款还规定,被指定的下级监察机关未经指定管辖的监察机关批准,不得将案件再行指定管辖。发现新的职务违法或者职务犯罪线索,以及其他重要情况、重大问题,应当及时向指定管辖的监察机关请示报告。

(二)监察管辖权的平移指定管辖

监察管辖权的平移指定管辖是上级监察机关将下级监察机关有管辖权的监察事项指定给其他监察机关管辖的情形,因而亦须有充分的理由。《监察法实施条例》第 48 条第 3 款规定,具有特定情形而由其他监察机关管辖更为适宜的,上级监察机关可将原监察机关所管辖的监察事项交指定其他下级监察机关管辖。理论上此处的其他监察机关应与原监察机关平级。具体的特定情形为：(1)管辖有争议的;(2)指定管辖有利于案件公正处理的;(3)下级监察机关报请指定管辖的;(4)其他有必要指定管辖的。

对于下级监察机关报请指定管辖的情形,已有的规定是《监察法实施条例》第50条。据该法条,监察机关在办理案件中涉及无隶属关系的其他监察机关的监察对象,认为需要立案调查且由本监察机关一并调查更为适宜的,可以报请有权决定的上级监察机关指定管辖。

对于其他有必要指定管辖的情形,可能包括《监察法实施条例》第53条规定之情形,即对于退休公职人员在退休前或者退休后,或者离职、死亡的公职人员在履职期间实施的涉嫌职务违法或者职务犯罪行为,如监察机关认为由其他监察机关管辖更为适宜的,可以依法指定或者交由其他监察机关管辖。但就该法条之规定,自文义而言并不排除监察管辖权的下移指定管辖的可能。

四、派驻、派出管辖

依据《监察法》第13条的规定,派驻或者派出的监察机构、监察专员根据授权,按照管理权限依法对公职人员进行监督,提出监察建议,依法对公职人员进行调查、处置。《监察法实施条例》第13条第1款还规定,监察机构、监察专员可以按规定与地方监察委员会联合调查严重职务违法、职务犯罪,或者移交地方监察委员会调查。因而派驻或者派出的监察机构、监察专员在授权权限内,存在对监察事项进行管辖的可能。这一类型的监察管辖可称为派驻、派出管辖。

按照《监察法实施条例》第49条的规定：一方面,工作单位在地方、管理权限在主管部门的公职人员涉嫌职务违法和职务犯罪,一般由驻在主管部门、有管辖权的监察机构、监察专员管辖;另一方面,对于该单位的其他公职人员涉嫌职务违法和职务犯罪,则可以由地方监察委员会管辖,但驻在主管部门的监察机构、监察专员自行立案调查的,应当及时通报地方监察委员会。

这一规定实际上是以级别管辖为优先。首先,按照一般管辖中的"干部管理权限",工作单位在地方、管理权限在主管部门的公职人员,其干部级别与所在区域的监察机关的级别并不匹配,只能在级别管辖和地域管辖中择重其一。而《监察法实施条例》第49条的规定选择了以级别管辖为优先。其次,该法条规定驻在主管部门的监察机构、监察专员可以自行立案调查所在单位其他公职人员涉嫌的职务违法和职务犯罪,背后的理由在于驻在主管部门的监察机构、监察专员级别高于地方监察机关。由此,这一规定同时还在一定程度上确立了派驻或者派出的监察机构、监察专员的优先管辖地位。

五、协商管辖

协商管辖,是指监察机关之间通过协商确定各自对监察事项的管辖。

从《监察法实施条例》第49条第1款后半段的规定来看,原则上驻在主管部门、有管辖权的监察机构、监察专员对工作单位在地方、管理权限在主管部门的公职人员涉嫌职务违法和职务犯罪有优先管辖权,但经协商可以按规定移交公职人员工作单位所在地的地方监察委员会调查,或者与地方监察委员会联合调查。

此外,地方监察委员会在工作中发现有关上述公职人员问题的线索,应当向驻在主管部门、有管辖权的监察机构、监察专员通报,并协商确定管辖。此为协商管辖的情形之一。

六、管辖争议

管辖争议,是指两个及以上监察机关均认为自己对某一监察事项有管辖权或没有管辖权而产生的争议。对此,《监察法》第16条第3款规定,监察机关之间对监察事项的管辖有争议的,由其共同的上级监察机关确定。此处的共同上级,是指该上级监察机关和有管辖争议的各个监察机关之间均有上下级关系。比如省、自治区、直辖市一级的监察机关之间产生管辖争议,共同上级为国家监察委员会;同一省、自治区、直辖市内的地级市,其共同上级为省、自治区、直辖市监察委员会;而跨省、自治区、直辖市的县一级监察机关之间产生管辖争议,则其共同上级只有国家监察委员会。

依据《监察法实施条例》第 50 条的规定,监察机关办理案件中涉及无隶属关系的其他监察机关的监察对象,认为需要立案调查的,应当商请有管理权限的监察机关依法立案调查。但若承办案件的监察机关认为由其一并调查更为适宜的,可以报请有权决定的上级监察机关指定管辖。在此种情形下,也可能产生管辖争议,其有权决定的上级监察机关事实上就是共同的上级监察机关。

七、监察管辖优先

所谓监察优先主义,是指为提升腐败治理能力,整合各项反腐败权力及相关制度,确保监察权优先实现、职务违法、犯罪优先得到处理的反腐理念。[1]在深化国家监察体制改革的背景下,监察优先有助于构建集中统一、权威高效的监察体系。监察优先主义体现在管辖方面,即涉及监察机关和公安机关、检察机关等其他机关均有管辖权时,一般应以监察机关的管辖为优先。具体而言有以下方面。

(一)关联案件监察管辖优先

"所谓关联案件,是指一人犯数罪、共同犯罪、共同犯罪嫌疑人、被告人实施了其他犯罪,以及多个犯罪嫌疑人、被告人实施的犯罪存在关联关系,因此两个以上的办案机关都有权管辖的案件。"[2]以犯罪主体的不同,又可分为两种情形。

其一,对于公职人员既涉嫌严重职务违法或者职务犯罪,又涉嫌其他违法犯罪的,按《监察法》第 34 条规定,一般应当以监察机关为主进行调查,其他机关予以协助。对此类案件,依据《监察法实施条例》第 51 条,应当由监察机关和其他机关分别依职权立案,监察机关承担组织协调职责,协调调查和侦查工作进度、重要调查和侦查措施使用等重要事项。

其二,在特定情形下对非公职人员的管辖。具体如《监察法实施条例》第 46 条第 4 款之规定,监察机关调查公职人员涉嫌职务犯罪案件,可以依法对涉

---

〔1〕 钱小平:《监察管辖制度的适用问题及完善对策》,载《南京师大学报(社会科学版)》2020 年第 1 期。

〔2〕 龙宗智:《监察与司法协调衔接的法规范分析》,载《政治与法律》2019 年第 4 期。

嫌行贿犯罪、介绍贿赂犯罪或者共同职务犯罪的涉案人员中的非公职人员一并管辖。另外，非公职人员涉嫌利用影响力受贿罪的，按照其所利用的公职人员的管理权限确定管辖。

(二)管辖交叉案件监察管辖优先

如前文所指出的，对于司法工作人员利用职权实施的非法拘禁、刑讯逼供、非法搜查等侵犯公民权利、损害司法公正的两类犯罪，依据《刑事诉讼法》第19条第2款的规定，原则上由人民检察院管辖。但是，《监察法实施条例》第52条规定，监察机关在必要时可以依法调查司法工作人员利用职权实施的前述两类犯罪，并在立案后及时通报同级人民检察院。此外，监察机关在调查司法工作人员涉嫌贪污贿赂等职务犯罪中，可以对其涉嫌的前款规定的犯罪一并调查，并及时通报同级人民检察院。人民检察院在办理直接受理侦查的案件中，发现犯罪嫌疑人同时涉嫌监察机关管辖的其他职务犯罪，经沟通全案移送监察机关管辖的，监察机关应当依法进行调查。这实际上使得监察机关对此类案件具有了相对于检察机关的管辖优先权。

第六章 证 据

一般认为,证据法是规定在诉讼中运用证据的法律规范总称,包括证据的收集、提出、审查、认定的原则、制度和具体程序、方法等。[1] 我国目前尚未有专门的《证据法》,但我国的《民事诉讼法》《行政诉讼法》《刑事诉讼法》中均设有专章对证据作出相应规定,这些专门规定及其相关的司法解释共同组成了我国的证据法规范。

就其目的而言,证据法的核心目的是保障发现真实。[2] 在诉讼中,任何案件均发生于过去,但任何人都不可能回到过去,因而为了解案件的真实情况只能借助于证据。可以说,人们意欲了解过去所发生之事的真实情况均需依靠证据。就此而言,无论是民事案件、行政案件还是刑事案件,其关于证据的基本原理是相通的。同样地,在监察工作中,为查清公职人员是否存在违纪违规、职务违法或职务犯罪的行为,也需要证据。《监察法》即规定,没有证据证明被调查人存在违法犯罪行为的,依法应当撤销案件。故而《监察法》中有关证据的规

---

〔1〕 信春鹰主编、中国社会科学院法学研究所法律辞典编委会编:《法律辞典》,法律出版社 2003 年版,第 1856 页。

〔2〕 易延友:《证据法学原则规则案例》,法律出版社 2017 年版,第 72 页。

范亦应遵循证据的基本原理。有鉴于此,本书仅对有关证据的主要内容略作阐述。

《监察法》中有关证据的规定较少,《监察法实施条例》虽专设证据一节,并以11个条文对此加以完善,但与《民事诉讼法》及《刑事诉讼法》的规定相比仍显单薄。不过,《监察法》虽未专章对证据作出规定,但其第33条规定,监察机关按照本法收集的证据可在刑事诉讼中作为证据使用,并且要求监察机关在收集、固定、审查、运用证据时,应当与刑事审判关于证据的要求和标准相一致。与此同时,若监察机关以非法方法收集证据,还应当依法予以排除,不得作为案件处置的依据。故此,有论者指出,《监察法》确立了与《刑事诉讼法》相同的证据制度。[1] 2021年最高人民法院《关于适用〈中华人民共和国刑事诉讼法〉的解释》[以下简称《刑事诉讼法司法解释(2021)》]第76条第2款明确规定,对监察机关依法收集,在刑事诉讼中作为证据使用的证据材料进行审查判断,适用刑事审判关于证据的要求和标准。因而就此角度而言,对于《监察法》未规定的有关证据的事宜,可参照《刑事诉讼法》的相关规定。

第一节 证据概述

一、证据的概念

就词义而言,证据即证明的根据。《刑事诉讼法》第50条第1款规定,"可以用于证明案件事实的材料,都是证据"。《监察法实施条例》第59条也规定,"可以用于证明案件事实的材料都是证据"。由此可见证据不等于事实,而是用于证明案件事实的材料。进一步地,作为证明之根据,证据本身不含有真与假的倾向,只要被用于证明案件事实即可称为证据。正因如此,我国《民事诉讼法》《行政诉讼法》《刑事诉讼法》才会同时规定,证据必须经过查证属实,才

---

[1] 朱孝清:《刑事诉讼法与监察法衔接中的若干争议问题》,载《中国刑事法杂志》2021年第1期。

能作为定案的根据。故此,定案根据都是证据,但是证据并不一定都能成为定案根据。[1] 同样,在监察工作中,依据《监察法实施条例》第 61 条的规定,证据也必须经过查证属实,才能作为定案的根据。

综上,对于证据的概念,可以认为证据就是用于证明案件事实的材料。

二、证据能力

如前所述,可以用于证明案件事实的材料都是证据。那么,这一规定所引发的问题是,是否任何材料均可用于证明案件事实。这便是证据的证据能力问题。所谓证据能力,是指一项证据材料所具有的作为认定案件事实根据的资格。[2] 证据能力也被称为证据资格和证据可采性。显然,对案件而言,证据是否具有证据能力对案件事实的认明具有重大的影响,因而如何认定证据的证明能力就显得极为重要。

从"可以用于证明案件事实的材料都是证据"这一表述来看,其中的"可以"有两层意蕴:一是实际上有可能;二是规范上被允许。所谓实际上有可能,是指该证据存在能够证明案件事实的可能性。这也是对证据能力的必然要求,因为如果一项材料不存在证明案件事实的可能,也就不能作为证明的依据,那它也就根本不可能称之为证据。所谓规范上被允许,是指法律法规规定该材料可以用于证明案件事实。例如,《刑事诉讼法》第 62 条第 2 款规定,生理上、精神上有缺陷或者年幼,不能辨别是非、不能正确表达的人,不能作证人。这也就意味着,此类人员不被允许出具证词作为证据用于证明案件事实。这两层意蕴也即所谓的关联性和适格性。[3]

在国家监察体制改革之前,纪委在调查职务犯罪案件中的询问笔录、证人证言等言词证据不能直接作为证据移送人民检察院,需要由人民检察院重新收集以转化为合乎法律规定的证据。如今,纪委和监察机关合署办公,在监察工

---

[1] 何家弘、张卫平主编:《简明证据法学》,中国人民大学出版社 2007 年版,第 28 页。
[2] 张卫平:《民事诉讼法》(第 4 版),法律出版社 2016 年版,第 202 页。
[3] 陈卫东、谢佑平主编:《博学法学系列证据法学》(第 2 版),复旦大学出版社 2016 年版,第 48 页。

作中,依据《监察法》第 33 条第 1 款及《监察法实施条例》的规定,监察机关依照本法规定收集的物证、书证、证人证言、被调查人供述和辩解、视听资料、电子数据等证据材料,经审查符合法定要求的,在刑事诉讼中可以作为证据使用。这意味着在办理职务犯罪案件中,监察机关所收集的证据是具有证据能力的。《监察法实施条例》第 68 条规定,监察机关对行政机关在行政执法和查办案件中收集的证据材料,经审查符合法定要求的,可以作为证据使用;第 69 条第 1款还规定,监察机关对人民法院、人民检察院、公安机关、国家安全机关等在刑事诉讼中收集的证据材料,经审查符合法定要求的,也可以作为证据使用。这意味着此类证据经审查具有证据能力,也可作为证据使用。

由此,所谓"可以用于证明案件事实的材料都是证据"意即具有证据能力或者具有可采性的材料都是证据。

本书认为,如何认定证据的证据能力亦即对证据可采性的判断,也即具体体现为证据的可采性规则,因而本书将在后文中阐述这一问题。

三、关于证据的属性

属性是事物的本性,是事物区别于他事物的特性。证据属性就是证据的本质特征,是证据之所以成为证据的依据所在。通过对证据属性的认识就能更好地认识证据。不过,理论上对证据的属性存在各种争论,即便是传统上的三性说也面临诸多质疑。[1] 甚至有论者直接指出,对证据属性的讨论都是没有意义的。[2]

所谓证据的三性说,即一般认为证据应具有的关联性、客观性、合法性。在纪检监察工作中,纪检监察机关查办案件的证据应具有客观性、联系性、规定性,但从其内容看,联系性也即关联性,规定性亦即合法性。[3] 客观性强调证据的客观真实,即哲学上讲的真实存在性,而不能是诉讼参与人员的主观臆断

---

[1] 张保生主编:《证据法学》(第 2 版),中国政法大学出版社 2014 年版,第 17 页。
[2] 易延友:《刑事诉讼法规则原理应用》(第 5 版),法律出版社 2019 年版,第 223 页。
[3] 中国方正出版社编著:《新编纪检监察业务教材下》,中国方正出版社 2009 年版,第 761—762页。

或想象。合法性强调证据的法律属性,具体又包含两个方面的内容:一是证据形式上的合法性,即证据的表现形式必须符合法定七种证据类型;二是证据实质上的合法性,即证据的收集手段、程序和来源均应严格按照法律的规定进行,否则会被认为是非法证据而被排除。关联性是证据最重要的特性,它是指诉讼中收集的证据必须与案件事实具备一定的客观联系。[1]

管见以为,法律已然规定可以用于证明案件事实的材料都是证据,因而讨论其证据能力即为已足,无须再讨论所谓的证据的属性。与此同时,下文将揭示,证据与定案根据是处于不同诉讼阶段的两个不同的层面,但目前却均涉及证据的关联性、客观性、合法性,也即本应不同的两个事物却具有相同的属性,极易陷入混淆证据与定案根据而将两者等同的泥淖中。因而讨论证据的属性没有意义。

四、定案根据

《刑事诉讼法》第 50 条规定,"可以用于证明案件事实的材料,都是证据"。同时该法条第 3 款又规定,"证据必须经过查证属实,才能作为定案的根据"。《民事诉讼法》《行政诉讼法》《监察法实施条例》也均规定,证据必须经过查证属实,才能作为定案的根据。《刑事诉讼法司法解释(2021)》第 71 条则进一步规定,证据未经当庭出示、辨认、质证等法庭调查程序查证属实,不得作为定案的根据。可见证据并不等于定案根据,证据在成为定案根据之前必须经过出示、辨认、质证等法庭调查程序查证属实。

对证据进行查证即是对证据进行审查判断,结合证据能力的判断亦即对证据可采性的判断,那么可以认为,一项拟用于证明案件事实的材料需要经过可采性的判断和查证属实两个阶段的判断才能成为定案的根据,而在不同的阶段,材料也经历了从材料到证据,再从证据到定案根据的跃变。比如前文所述,按照《监察法实施条例》第 68 条和第 69 条第 1 款的规定,行政机关在行政执法

---

[1] 申君贵、谭曙平、陈艳:《诉讼证据概念与特征传统学说之否定》,载《证据学论坛》2012 年第 17 卷。

和查办案件中收集的证据材料,以及司法机关在刑事诉讼中收集,需要经审查符合法定要求,方可作为证据使用。与之相对,第69条第2款则规定,监察机关办理职务违法案件,对于人民法院生效刑事判决、裁定和人民检察院不起诉决定采信的证据材料,可以直接作为证据使用。此时人民法院生效刑事判决、裁定和人民检察院不起诉决定所采信的证据,事实上已经经过了查证并属实,成为定案根据,当然可以在职务违法案件中直接据此定案。

一般认为,对证据的查证需要查明定案证据的客观性、关联性、合法性。具体来说,亦即作为定案根据的证据必须经得起反驳,必须符合客观的真实;证据与特定案件事实具有关联性,对查明案件事实具有证明作用和价值;定案证据的取证手段应具有合法性,以及证据必须符合法律规定的表现形式,即证据的法定种类。[1] 然而据此观点与逻辑,则定案根据应是具有客观性、关联性、合法性的证据,这与证据的属性重合,也就意味着证据直接等同于定案根据,而法律规定未经查证属实的证据不得作为定案根据,由此容易产生严重的逻辑冲突。

因而,如前文所述,证据就是用于证明案件事实的材料,其作为证据时并不涉及真实与否,只需审查认定其是否具有成为证据的资格也即是否具有证据能力即可。讨论证据的属性尤其是认为作为证明材料的证据具有客观性和合法性,是无意义的。与之相对,将具有证据能力的证据准入法庭中,进而查证其真实性、关联性、合法性才是符合逻辑的。

对于证据的审查判断,《刑事诉讼法司法解释(2021)》对各类证据的审查与认定作了详细规定,下文将对此略作介绍。

第二节 证据类型

我国三大诉讼法均在法条中规定了证据的类型,虽然在表述上略有差异,

---

[1] 樊崇义:《底线刑事错案防范标准》,中国政法大学出版社2015年版,第97—98页。

但究其实质则基本相同。如《刑事诉讼法》第 50 条规定的证据包括:(1)物证;(2)书证;(3)证人证言;(4)被害人陈述;(5)犯罪嫌疑人、被告人供述和辩解;(6)鉴定意见;(7)勘验、检查、辨认、侦查实验等笔录;(8)视听资料、电子数据。《民事诉讼法》第 66 条规定的证据则包括:(1)当事人的陈述;(2)书证;(3)物证;(4)视听资料;(5)电子数据;(6)证人证言;(7)鉴定意见;(8)勘验笔录。《监察法实施条例》亦对证据作出列举。

因三大诉讼法均是以法律的形式对证据的类型作出划分,理论上认为这是从证据的表现形式进行的划分,并将之称为证据的种类,以此与学理上对证据的划分进行区分。[1]

一、监察证据的法定种类

依据《监察法》第 33 条第 1 款的规定,监察机关依法收集的物证、书证、证人证言、被调查人供述和辩解、视听资料、电子数据等证据材料,在刑事诉讼中可以作为证据使用。但自其中的"等"字来看,监察法中的证据不仅限于前述 6 种。《监察法实施条例》第 59 条则明确规定《监察法》中的证据包括:(1)物证;(2)书证;(3)证人证言;(4)被害人陈述;(5)被调查人陈述、供述和辩解;(6)鉴定意见;(7)勘验检查、辨认、调查实验等笔录;(8)视听资料、电子数据。与《刑事诉讼法》相比,前引第 59 条对证据类型的规定仅在部分用词上有所不同。另外,这仅是对证据的列举,而非意味着证据仅有这 8 种。

(一)物证

物证即是以本身的物质属性和状态证明案件事实情况的物品和痕迹等。世界是物质的,也是普遍联系的。无数具体的物组成了世界,而每个物都有其自身的物理的和化学的性质,如形状、大小、重量、色泽、可燃性、酸碱性、毒性、腐蚀性等。同时,物之间又通过相互作用、转化等具体形式产生联系,如力的作用、能量的转化,进而又体现为不同的物理的和化学的性质。因而,物证必定是物质的,也必定因其存在和与物之间的联系而反映出与某事实的情况,并最终

---

[1] 陈卫东、谢佑平主编:《博学法学系列证据法学》(第 2 版),复旦大学出版社 2016 年版,第 83 页。

可用于证明案件的事实情况。正因如此,物证通常具有较强的客观性和较高的真实性。在职务犯罪中,物证一般包括但不限于被调查人的钱款、房产、车辆、电脑、通信工具、银行卡、黄金、古董文物字画等相关财物。

(二) 书证

书证即是以呈现的文字、符号、图案等所表达的思想或内容对案件事实予以证明的书面材料或其他载体。书证虽然体现为局面材料或某种其他的载体,但其真正具有证明作用的是其所表达的思想或内容,而非载体本身。同时,因书证须依附于载体,故书证和物证有时候并不能明显地进行区分,不过这也使得书证在通常情况下具有较强的客观性。另外,因书证是通过其所表达的思想或内容对案件事实予以证明,所以往往能够直接证明案件事实,故而常常与案件事实有直接的相关性。在监察工作中,书证一般包括但不限于文件、资料、单证、票据、书信、笔记、记录、账册、交易明细等。

(三) 证人证言

证人即了解案件情况的人。证言即证人向有关机关所作的用以证明案件事实的陈述。就此而言,当事人如被害人、犯罪嫌疑人、被调查人也是了解案件情况的人,其所作之有关案件情况的陈述亦可作为证言对待。不过,法律一般将被害人的陈述、被调查人供述和辩解单列,故不称其为证人。一般情况下,证人应当出庭陈述证言,但如确有困难不能出庭,经人民法院许可,可以提交书面证言。精神病人、未成年人作证应与其心理健康程度、心智成熟程度相适应。

(四) 被害人陈述

被害人陈述就是指在案件中合法权益受到直接侵害之人对案件事实所作的陈述。首先,被害人应当是遭受违法犯罪行为直接侵害的人;其次,应是被害人的合法权益在案件中受到侵害;最后,被害人不限于自然人,还可包括法人。如前所述,被害人也是了解案件情况的人,因而在英美法系,犯罪嫌疑人、被告人供述和辩解以及被害人陈述均被作为证人对待,对此类人员所作之陈述进行审查判断与对证人证言进行审查判断并无二致。[1]《刑事诉讼法》第 127 条还

---

[1] 易延友:《证据法学原则规则案例》,法律出版社 2017 年版,第 14 页。

规定,询问被害人可适用询问证人一节中的各条规定。

(五)被调查人陈述、供述和辩解

就了解案件的情况层面而言,被调查人的陈述同样是证言。不过被调查人的身份较为特殊,因而其陈述亦有不同的意义。就其内容,在刑事诉讼中,犯罪嫌疑人、被告人的供述是指对具体犯罪事实的承认,而辩解则是犯罪嫌疑人、被告人说明自己无罪或者罪轻的陈述。[1] 因而被调查人的陈述可以包含供述和辩解。此外在实际中,被调查人的陈述可能还涉及同案犯的违法犯罪行为,甚至涉及其他案件中的违法犯罪行为。

(六)鉴定意见

鉴定意见,是指具有专门知识的人接受监察机关的委托对案件中的专门问题进行鉴定后得出的结论性意见。其中,具有专门知识的人被称为鉴定人。在2012年《刑事诉讼法》修正之前,鉴定意见被称作鉴定结论,这容易产生误导。因为在专业领域,具有专门知识的人得出的鉴定结果可以被称为结论,但就法律层面的事实认定,此结论也仅是对案件的事实进行证明的材料,因而对裁判者而言同样是一项证据而需要进行质证与认证。根据鉴定对象的不同,鉴定可分为医学鉴定、文书鉴定、痕迹鉴定、精神病鉴定、会计鉴定、化学鉴定、物理鉴定等。

(七)勘验检查、辨认、调查实验等笔录

勘验、检查笔录,是指调查人员对与违法犯罪有关的场所、物品、人身、尸体等进行现场勘验、检查所作的记录。辨认笔录,是指调查人员让被害人、被调查人或者证人对与犯罪有关的物品、文件、尸体、场所或者违法犯罪嫌疑人进行辨认所作的记录。调查实验笔录,是指调查人员在必要的时候按照某一事件发生时的环境、条件,进行实验性重演的调查活动而形成的笔录。

需注意的是,此处的"等"字意味着勘验检查、辨认、调查实验等笔录并非完全列举,因而监察机关依法进行其他调查活动所形成的笔录,也可能作为

---

[1] 陈卫东、谢佑平主编:《博学法学系列证据法学》(第2版),复旦大学出版社2016年版,第97页。

证据。

(八)视听资料、电子数据

从信息技术的发展史来看,视听资料,是指以录音磁带、录像带、电影胶片等物理介质存储着与案件事实有关的音响、活动影像和图形的材料。电子数据,是指利用计算机应用、通信和信息技术等电子化技术手段形成的与案件事实有关的电子邮件、网上聊天记录、电子签名、访问记录等电子形式的证据。

在技术层面,视听资料实际上是以模拟信号存储于物理介质中,而电子数据则是以数字信号存储于物理介质中。但是在数字化时代,与案件有关的文字、数字、字母、图形符号、音响、活动影像几乎均以电子数据的形式存在,因而此时视听资料和电子数据并在直观上并不容易区分。进一步来说,书证、勘验检查、辨认、调查实验等笔录之类的证据也可以视听资料或电子数据的形式存在,故而这两种证据,在内容上可能与前几项规定的证据有重合之处,如证人作证的录像、电子版的交易凭证等。

二、证据的理论分类

由证据的法定种类可知,其虽是以表现形式为标准对证据进行划分,但各证据种类之间却并非如此清晰。因而理论上对证据在法律上进行的划分,也即对证据的法定种类提出了质疑,认为其并无法律上的意义。而有意义的证据划分应是以证据规则为依据,不同的证据类型适用不同的证据规则,如此方能发挥证据划分的理论研究和应用意义。[1]

依据不同的标准,理论上对证据有不同的划分方式,主要的类型有以下几类。

(一)直接证据与间接证据

按照证据能否直接证明案件的主要事实,可以把证据分为直接证据和间接证据。具言之,凡是能够单独证明案件主要事实的证据,称为直接证据;凡是不

---

[1] 张卫平:《民事诉讼法》(第4版),法律出版社2016年版,第218页;易延友:《证据法学原则规则案例》,法律出版社2017年版,第17—18页。

能单独证明案件主要事实,而需与其他证据结合方能证明案件主要事实的证据,称为间接证据。[1] 其中案件的主要事实就是指案件中的关键性事实,因案件性质而有所不同。对职务违法犯罪案件而言,主要事实包括案件事实的有无、案件中违法犯罪行为的具体实施人、案发时间和地点等。

(二)言词证据与实物证据

言词证据与实物证据是以证据的表现形式为标准进行划分的证据类型。顾名思义,言词证据表现为人的言语陈述,而实物证据则表现为物理实体。言词证据一般包括证人证言、被害人陈述、被调查人陈述、供述和辩解以及鉴定意见。言词证据的核心只在于人的陈述,是通过陈述所表达的内容来对案件事实加以证明,因而不涉及其物理形态,只要某种形态适合于其陈述内容的表达,就可以该形态存在。如人的口头叙述、书面材料、电子数据。实物证据,则一般包括物证、书证、勘验检查、辨认、调查实验等笔录。

(三)原始证据与传来证据

按照证据是否来源于案件事实,证据可分为原始证据和传来证据。原始证据直接来源于案件事实或是直接自原始出处取得。传来证据则是自原始证据中派生,经过复制、转抄、转述等中间环节获得的证据。[2] 如案件当事人和证人关于案件事实的亲身经历和感受、物证的原物、书证和视听资料的原件等,均为原始证据。

第三节 证据规则

证据规则,是指以规范何种证据可以在法庭上出示(证据可采性)以及各种证据证明力大小(证据力)、证明责任的分配以及证明的要求等为主要内容的法律规则的总称。[3] 证据规则包含诸多内容,如关联性规则、意见证据规

---

[1] 卞建林、谭世贵主编:《证据法学》(第3版),中国政法大学出版社2014年版,第349页。
[2] 何家弘、张卫平主编:《简明证据法学》,中国人民大学出版社2007年版,第55页。
[3] 陈卫东、谢佑平主编:《博学法学系列证据法学》(第2版),复旦大学出版社2016年版,第52页。

则、实物证据的鉴真规则、最佳证据规则等,包括证据的可采性规则在内的规则也仅是其中的一个方面。本书仅对监察法涉及的规则进行介绍。

一、全面收集证据规则

按照《监察法》第 40 条第 1 款和《监察法实施条例》第 60 条第 1 款的规定,监察机关办理职务违法和职务犯罪案件应当全面、客观地收集、固定被调查人有无违法犯罪以及情节轻重的各种证据。只有全面收集固定证据,才能形成相互印证、完整稳定的证据链,才能切实的证明案件事实。

依据全面收集证据规则,监察机关既要收集能证明被调查人有职务违法犯罪行为的证据,也要收集能证明被调查人没有职务违法犯罪行为的证据;既要收集能证明被调查人违法犯罪情节严重的证据,也要收集被调查人违法犯罪情节轻微的证据。

二、非法证据排除规则

非法证据排除规则,是指违反法定程序,以非法方法获取的证据,不具有证据能力,不能为法庭所采纳。[1] 我国首次比较详细的对非法证据排除规则作出规定的规范性性文件是最高人民法院、最高人民检察院、公安部、国家安全部、司法部于 2010 年印发的《关于办理刑事案件排除非法证据若干问题的规定》。此后该规定的有关规则被纳入修改后的《刑事诉讼法》。

依据《刑事诉讼法》第 56 条第 1 款的规定,"采用刑讯逼供等非法方法收集的犯罪嫌疑人、被告人供述和采用暴力、威胁等非法方法收集的证人证言、被害人陈述,应当予以排除。收集物证、书证不符合法定程序,可能严重影响司法公正的,应当予以补正或者作出合理解释;不能补正或者作出合理解释的,对该证据应当予以排除"。与之相比,《监察法》第 33 条第 3 款则规定,以非法方法收集的证据应当依法予以排除,不得作为案件处置的依据。更具体的,则是《监察法实施条例》第 65 条第 1 款所规定的,"对于调查人员采用暴力、威胁以

---

[1] 卞建林、谭世贵主编:《证据法学》(第 3 版),中国政法大学出版社 2014 年版,第 99 页。

及非法限制人身自由等非法方法收集的被调查人供述、证人证言、被害人陈述，应当依法予以排除"。以及"收集物证、书证不符合法定程序，可能严重影响案件公正处理的，应当予以补正或者作出合理解释；不能补正或者作出合理解释的，对该证据应当予以排除"。

刑讯逼供仅指司法工作人员对犯罪嫌疑人、被告人使用肉刑或者变相肉刑以逼取供述的行为。监察机关并非司法机关，因而没有刑讯逼供的说法，但肉刑和变相肉刑则显然的包括暴力及与暴力程度相当的行为。此外，2017年发布的《关于办理刑事案件严格排除非法证据若干问题的规定》第4条规定，采用非法拘禁等非法限制人身自由的方法收集的犯罪嫌疑人、被告人供述，应当予以排除。可见监察法中确立了与刑事诉讼法同质的非法证据排除规则。

（一）监察法确立非法证据排除规则的意义

之所以确立非法证据排除规则，最主要的原因在于保障公民的基本权利。我国《宪法》规定，我国公民的人身自由、人格尊严、住宅、合法的私有财产不受侵犯。故《监察法》第40条第2款规定，严禁以威胁、引诱、欺骗及其他非法方式收集证据，严禁侮辱、打骂、虐待、体罚或者变相体罚被调查人和涉案人员。以暴力、威胁以及非法限制人身自由等非法方法收集调查人供述、证人证言、被害人陈述证据，或是以不符合法定程序的方式收集物证、书证，是对公民基本权利的严重侵犯。如若准许此类以非法方法收集到的证据用作证据，无疑是对侵犯公民基本权利行为的纵容和变相鼓励。

在《监察法》中规定非法证据排除规则尤其具有重要意义。相比其他犯罪类型，公职人员的职务违法犯罪行为主体特殊，手段和方法往往具有高度的隐蔽性，这决定了被调查人的言词证据具有决定性作用，同时又难以获取，此时调查人员为使案件取得突破，不免会有以侵犯公民基本权利的方式进行取证的冲动。因而非法证据排除规则将非法证据予以排除，使其不具有证据能力的方式，能倒逼调查人员以合法的方式取证，这既是监察法保障人权原则的具体体现，也是推进监察工作法治化的根本要求。

（二）非法证据的排除范围

据《监察法实施条例》第65条的规定，监察工作中有两类非法获取的证据应当予以排除,分别是以非法方法收集的言词证据以及不符合法定程序收集的实物证据。

1. 以非法方法收集的言词证据应当排除

首先,依据《监察法实施条例》第 65 条第 1 款的明确规定,非法方法包括暴力、威胁以及非法限制人身自由等。其中,该法条第 2 款规定,前款所称暴力的方法,是指采用殴打、违法使用戒具等方法或者变相肉刑的恶劣手段,使人遭受难以忍受的痛苦而违背意愿作出供述、证言、陈述;威胁的方法,是指采用以暴力或者严重损害本人及其近亲属合法权益等进行威胁的方法,使人遭受难以忍受的痛苦而违背意愿作出供述、证言、陈述。这与《刑事诉讼法司法解释(2021)》的规定几乎一致。

需注意的是,按《监察法》第 40 条第 2 款的规定,严禁以威胁、引诱、欺骗及其他非法方式收集证据,严禁侮辱、打骂、虐待、体罚或者变相体罚被调查人和涉案人员。而第 33 条第 3 款则规定,以非法方法收集的证据应当依法予以排除,不得作为案件处置的依据。由此,在法条理解上,以引诱、欺骗方法收集的证据似乎亦应排除。但是,《刑事诉讼法》虽亦规定严禁以引诱、欺骗的方法收集证据,但其与相关的司法解释却均未将以引诱、欺骗的方法收集之证据归为应予排除之列。就此,管见以为,按《监察法》第 40 条第 2 款的规定,引诱和欺骗手段属于非法收集证据的方法,是非常明确的,而按第 33 条第 3 款之规定,以非法方法收集的证据应当依法予以排除,亦是明确的。因此排除以引诱、欺骗的方法收集之证据不存在解释上的障碍,其问题仅在于法律及相关司法解释并未对于有具体的排除规则,故还有赖于实践中的具体判断。

其次,其中的言词证据包括被调查人供述、证人证言、被害人陈述三种。如前所述,言词证据表现为人的言语陈述,是通过陈述所表达的内容来对案件事实加以证明,因此其必须基于人的表达意愿而作出。但是,通过暴力之类使人难以忍受之痛苦的手段,往往使人违背意愿作出供述、证言、陈述以免继续受苦。就此,非法方法既侵犯公民基本权利,且所取得的证据亦非真实,更易造成冤假错案,因而应予排除。

2. 不符合法定程序收集的物证和书证应当排除

与严格排除非法方法收集的言词证据不同，对不符合法定程序收集的物证和书证的排除，是一种可裁量的排除。依据《监察法实施条例》第 65 条第 3 款之规定，收集物证、书证不符合法定程序，可能严重影响案件公正处理的，应当予以补正或者作出合理解释；不能补正或者作出合理解释的，对该证据应当予以排除。这一规则与《刑事诉讼法》的规定基本一致。

据此规定，对非法收集的物证和书证的排除，应当同时符合三个要件：（1）收集物证、书证不符合法定程序；（2）可能严重影响案件公正处理；（3）不能补正或者作出合理解释。因而对于收集物证、书证不符合法定程序，进而可能严重影响案件公正处理的，调查人员应当进行补正或者作出合理解释，否则相应的证据应予以排除。

（三）非法证据排除规则的适用范围

非法证据排除规则同时适用于职务违法和职务犯罪的调查与处置，也即在监察工作的环节上既适用于调查也适用于处置，在范围上则既适用于职务违法也适用于职务犯罪。

依据 2017 年发布的《关于办理刑事案件严格排除非法证据若干问题的规定》，非法证据排除规则适用于侦查、提起公诉、一审、二审、死刑复核程序各程序。因而对于监察机关移送审查起诉的职务犯罪案件，必然会进行证据方面的审查，也就要求非法证据排除规则在监察调查与处置环节的适用。

再者，依据《监察法实施条例》第 66 条的规定，监察机关监督检查、调查、案件审理、案件监督管理等部门发现监察人员在办理案件中，可能存在以非法方法收集证据情形的，应当依据职责进行调查核实。经调查核实，确认或者不能排除以非法方法收集证据的，对有关证据依法予以排除，不得作为案件定性处置、移送审查起诉的依据。可见对于案件的监察调查、监察审理和处置阶段也存在对非法取证行为进行的审查与非法证据排除。

从前文可知，监察调查的内容包括对职务违法和职务犯罪的调查。而从目前《监察法》及《监察法实施条例》的规定来看，监察措施与程序对职务违法和职务犯罪几乎是一体适用的，也即在监察措施和程序方面两者难以完全区分。

因此非法证据排除规则不仅适用于职务犯罪调查,也适用于职务违法调查。而事实上,依据《公职人员政务处分法》第42条第2款的规定,同样严禁以威胁、引诱、欺骗及其他非法方式收集证据。以非法方式收集的证据亦不得作为给予政务处分的依据。

三、最佳证据规则

最佳证据规则是源于普通法的一项重要规则,是指一项事实只能用找到的最佳、最有说服力的证据予以证明,一般仅适用于文书、记录或照片。[1] 不过,按我国《刑事诉讼法司法解释(2021)》的规定,对物证、书证应当着重审查其是否为原物、原件。这意味着我国的最佳证据规则不仅适用于书证,也适用于物证,而且该规则一般是应用于证据审查阶段。

例如,据《监察法》第25条的规定,监察机关在调查取证过程中应当收集原物原件。又如,《监察法实施条例》第123条的规定,收集、提取电子数据,应当优先考虑扣押、封存原始存储介质的。这是最佳证据规则的体现,因为只有在调查取证过程中贯彻这一规则,才能在运用证据时有证据原件可提供。不过,依据《监察法实施条例》的规定,对于不便搬运、保存,或者依法应当返还,或者因保密工作需要不能调取原物的,可以将原物封存并拍照、录像而无须收集原物;对于书证、视听资料,如取得原件确有困难或者因保密工作需要不能调取原件的,可以调取副本或者复制件;对于无法扣押原始存储介质的,可以提取电子数据,或者采取打印、拍照或者录像等方式固定相关证据。

第四节 证明标准

从证据即证明的根据这一表述来看,我们之所以讨论证据的问题,其目的

---

[1] 最高人民法院民事审判第一庭编著:《最高人民法院新民事诉讼证据规定理解与适用》(下),人民法院出版社2020年版,第563页。

在于如何更好地运用某种证据去证明某件事情。为此,证明标准是一个不可绕过的问题。

所谓证明标准,是指对案件事实等待证事项的证明所须达到的要求或程度。[1] 换言之,对待证明事项的证明达到证明标准时,可以认为该事项是确实存在的。但很显然的是,在案件办理中,证明标准的确定和达到都不可能是精确的。因为运用证据去证明案件事实的过程其实是通过向裁判者展示这些根据,以使裁判者相信待证事实的过程。在裁判者不是神明的情况下,其是否相信待证事实,直接取决于其内心的判断,故而证明标准精确尺度是不存在的。

不过,这种内心判断显然也不可能是任由裁判者随心所欲的,因而法律依然需要为这种难以精确度量的程度划出某种标准。可见,证明标准的确定一方面为证明指出了方向,另一方面也对裁判者的内心判断作出了限制。

一、二元的证明标准

从《监察法实施条例》第 62 条与第 63 条的规定来看,监察法现明显为职务违法和职务犯罪案件设立了不同的证明标准,前者为证据确凿标准,后者为证据确实充分标准。

为职务违法和职务犯罪两类案件分别设立不同的证明标准是与其案件性质相适应的。相比职务违法,职务犯罪具有更严重的社会危害性,应当受到刑法的制裁,通常以拘役、有期徒刑、无期徒刑等严厉的方式承担刑事责任。而职务违法的因社会危害性相对较小,通常以处分或政务处分等方式承担责任。显然,对职务犯罪案件设立较高的证明标准,利于限制国家刑罚权,保护公民的合法权益;相对地,若对职务违法案件设立较高的证明标准,则无异于是对职务违法行为的骄纵,反而侵害了社会公众的权益。

根据案件性质不同而分别设立证明标准是立法的通常做法,有其合理性。对民事案件,2022 年最高人民法院《关于适用〈中华人民共和国民事诉讼法〉的解释》[以下简称《民事诉讼法司法解释(2020)》]第 108 条确立的是高度可能

---

[1] 陈卫东、谢佑平主编:《博学法学系列证据法学》(第 2 版),复旦大学出版社 2016 年版,第 213 页。

性标准,即人民法院经审查当事人提供的证据并结合相关事实,确信待证事实的存在具有高度可能性的,应当认定该事实存在。这与刑事案件的标准不同。与此同时,对于民事案件中欺诈、胁迫、恶意串通事实的证明,以及对口头遗嘱或者赠与事实的证明,前引司法解释第 109 条则规定,人民法院确信待证事实存在的可能性能够排除合理怀疑时,应当认定该事实存在。这又与刑事案件中的排除合理怀疑一样。因此,根据案件的不同性质设立不同的证明标准也是立法的通常作法。

二、职务犯罪案件的证明标准

在刑事诉讼法中,认定被告人有罪并处以刑罚,需要案件事实清楚,证据确实、充分。因此按照《监察法》的规定,对涉嫌职务犯罪的案件依法移送人民检察院审查起诉,也需达到犯罪事实清楚,证据确实、充分的程度。

具体而言,《刑事诉讼法》第 55 条第 1 款规定,"对一切案件的判处都要重证据,重调查研究,不轻信口供。只有被告人供述,没有其他证据的,不能认定被告人有罪和处以刑罚;没有被告人供述,证据确实、充分的,可以认定被告人有罪和处以刑罚"。第 200 条第 1 项规定,"案件事实清楚,证据确实、充分,依据法律认定被告人有罪的,应当作出有罪判决"。《监察法实施条例》第 63 条第 1 款规定,监察机关调查终结的职务犯罪案件,应当事实清楚,证据确实、充分。

事实清楚,证据确实、充分,按《刑事诉讼法司法解释(2021)》第 72 条第 2 款的规定,其实就是证据确实、充分的证明标准。因为事实清楚就是证据确实充分的结果,证据确实充分是事实清楚的要求,只有证据达到确实充分的程度才能使事实变得清楚。因而职务犯罪的证明标准就是证据确实充分。

对于证据确实充分的标准,《监察法实施条例》第 63 条与《刑事诉讼法》第 55 条第 2 款的规定一致,均应符合三个条件:(1)定罪量刑的事实都有证据证明;(2)据以定案的证据均经法定程序查证属实;(3)综合全案证据,对所认定事实已排除合理怀疑。

综合来看,定罪量刑的事实都有证据证明在事实上也就意味着用于定案的证据是充分的,而且这些证据经法定程序查证属实,也就使得证据是确实的,进而在全案确实充分的证据的证明下,裁判者对所认定的事实在内心中已排除了合理的怀疑。因而理论上认为,我国刑事诉讼法中的证据确实充分这一证明标准在实质上也就是普通法中的"排除合理怀疑"标准。因为案件若已达到事实清楚,证据确实充分的程度,也就是排除了合理的怀疑;而若未能排除合理怀疑,也就不能认为案件已经达到事实清楚,证据确实充分的程度。因而证据确实充分与排除合理怀疑是一个事物的两个方面,两者分别从正反两个角度描述裁判者内心对案件事实的确信程度。[1]

三、职务违法案件的证明标准

依据《监察法实施条例》第 62 条的规定,监察机关调查终结的职务违法案件,应当事实清楚、证据确凿。所谓的证据确凿,应当符合下列条件:(1)定性处置的事实都有证据证实;(2)定案证据真实、合法;(3)据以定案的证据之间不存在无法排除的矛盾;(4)综合全案证据,所认定事实清晰且令人信服。据此规定,无论是"证据确凿"的表述还是证据确凿应当符合的条件,均与职务犯罪案件的证明标准不同,且低于职务犯罪的证明标准。

从文义来看,所谓确凿,即真实有据。[2] 就此而言,可以认为对职务违法案件的证据确凿证明标准,在证据的充分性方面是较证据确实充分标准为低的。不过这并不意味着对职务违法案件的事实认定不需要证据充分。据前引法条,证据确凿应符合的第一项条件是"定性处置的事实都有证据证实",这实际上也是要求定案证据应达到充分的程度,因为定性处置的事实都有证据证实就意味着该有的证据都应当有就是证据要充分。

对于"定案证据真实、合法"的条件,在实质上与"据以定案的证据均经法定程序查证属实"是相同的,因为证据查证属实在实践中也就是从证据的真实性与合法性进行审查的。而且对于职务违法和职务犯罪案件,其证据能力的认

---

[1] 易延友:《证据法学原则规则案例》,法律出版社 2017 年版,第 616 页。
[2] 夏征农、陈至立主编:《辞海 3》(第 6 版),上海辞书出版社 2009 年版,第 1866 页。

定是一样的,对其审查也是实质相同的。

关于"据以定案的证据之间不存在无法排除的矛盾",2010 年发布的《关于办理死刑案件审查判断证据若干问题的规定》第 5 条规定,对于死刑案件中被告人犯罪事实的认定,其证据确实充分的标准应符合的条件之一就是"证据与证据之间、证据与案件事实之间不存在矛盾或者矛盾得以合理排除"。《刑事诉讼法司法解释(2012)》第 104 条第 3 款也曾规定,"证据之间具有内在联系,共同指向同一待证事实,不存在无法排除的矛盾和无法解释的疑问的,才能作为定案的根据"。但最新的刑事诉讼法司法解释并没有继续沿用这一规定。

从刑事案件的证明标准来看,证据之间存在无法排除的矛盾时显然达不到排除合理怀疑的程度,证据达到排除合理怀疑则意味着证据之间不存在无法排除的矛盾。而对于职务违法案件,虽无须达到排除合理怀疑的程度,但"据以定案的证据之间不存在无法排除的矛盾"却是应当达到的条件之一。因为根据裁判者的理性和经验,证据之间无法排除的矛盾是比合理怀疑更为明显的。

管见以为,证据确凿标准在符合前三个条件之后,其所呈现的结果就是第四个条件,即所认定的事实清晰且令人信服。对裁判者而言,职务违法案件的待证事实如果都有证据予以证明,且相应证据均经过查证真实合法,证据之间又没有无法排除的矛盾,那么就能基于此形成对案件事实的清晰认识,并在内心建立起对此案件事实的确信。

综上来看,对于职务违法案件,其证据确凿证明标准是略低于事务犯罪案件的证据确实充分标准的。

第五节 证据审查

在刑事诉讼中,审查判断证据是指国家专门机关、当事人及其辩护人或诉讼代理人对证据材料进行分析、研究和判断,以鉴别其真伪,确定其有无证据能力和证明力以及证明力大小的一种诉讼活动。[1] 不过,鉴于监察的性质,监察工作中的证据审查不仅限于一项诉讼活动,它还存在于案件办理的不同阶段,也涉及依法进行证据审查的不同主体。

依据《监察法》第 33 条第 2 款的规定,监察机关在收集、固定、审查、运用证据时,应当与刑事审判关于证据的要求和标准相一致。因此,监察工作中的证据审查与刑事诉讼中有关证据审查的规定是一致的。就此规定看来,除前文已述职务违法与职务犯罪案件的证明标准存在不同外,虽然仅有职务犯罪案件会移送审查起诉,但并不排斥职务违法案件的证据审查与刑事诉讼中有关证据审查的要求与标准一致。而就证据审查内容看,对职务犯罪和职务违法案件的证据审查,内容是一致的。

一、证据审查的内容

关于证据审查,《监察法实施条例》第 61 条规定,证据必须经过查证属实,才能作为定案的根据。审查认定证据,应当结合案件的具体情况,从证据与待证事实的关联程度、各证据之间的联系、是否依照法定程序收集等方面进行综合判断。此外,《监察法实施条例》中还有多处涉及证据审查的规定。比如第 60 条第 2 款规定,没有被调查人陈述或者供述,其他证据符合法定标准的,可以认定案件事实;第 66 条第 2 款规定,经调查核实,确认或者不能排除以非法方法收集证据的,对有关证据依法予以排除,不得作为案件定性处置、移送审查起诉的依据;第 68 条和第 69 条分别规定,对行政机关和司法机关履行职责中收集的证据,经审查符合法定要求的,可以作为证据使用;第 124 条规定,经查明与案件无关的证据,应当予以退还;第 144 条第 2 款规定,辨认笔录存在其他瑕疵的,应当结合全案证据审查其真实性和关联性,作出综合判断。

概言之,证据审查内容包括证据的真实性、关联性、合法性。事实上,早在 2010 年《关于办理死刑案件审查判断证据若干问题的规定》中即明确,对证据的综合审查和运用,既要认真审查证据的客观性、关联性,也要认真审查证据的

---

[1] 卞建林、刘玫主编:《证据法学案例教程》,知识产权出版社 2012 年版,第 270 页。

合法性,而在后续的刑事诉讼法司法解释中,客观性则为真实性所替代。《刑事诉讼法司法解释(2021)》第四章证据集中规定了对证据的审查与认定,其内容均体现为对证据真实性、关联性、合法性的审查。

从前文对证据、证据能力及定案根据的分析来看,对证据关联性和合法性的审查,就是对证据可采性也即证据能力的审查,而对证据能否作为定案或案件处置根据的审查则是定案根据的审查。具言之,对证据的审查即是从关联性方面审查相应的证据材料是否与案件事实有所关联及其关联的紧密程度,若无关联则不具证据能力而不作为证据使用;审查证据的合法性也即利用非法证据排除规则审查证据是否存在非法方法取证或者取证程序违法;通过关联性与合法性的审查,即完成了证据能力的审查,裁判者基于经验与理性,综合全案证据对证据的真实性作出判断,由此完成了对定案根据的审查判断。因而我国的证据审查是综合了证据能力审查和定案根据审查的一项活动和过程。

二、具体证据的审查与认定

《监察法》和《监察法实施条例》并未对具体的证据审查作出系统的规定,而后者也是在个别条款中涉及具体证据的审查。如第123条第3款规定,收集、提取的电子数据,足以保证完整性、无删除、修改、增加等情形的,可以作为证据使用。这事实上规定了电子数据的审查至少包括其完整性以及有无删除、修改、增加等。而第144条第1款则规定辨认笔录具有特定情形时不得作为认定案件的依据:(1)辨认开始前使辨认人见到辨认对象的;(2)辨认活动没有个别进行的;(3)辨认对象没有混杂在具有类似特征的其他对象中,或者供辨认的对象数量不符合规定的,但特定辨认对象除外;(4)辨认中给辨认人明显暗示或者明显有指认嫌疑的;(5)辨认不是在调查人员主持下进行的;(6)违反有关规定,不能确定辨认笔录真实性的其他情形。这也是在事实上规定了辨认笔录如何审查。

在上述规定之外,监察法并无更多有关证据审查的具体规定。不过,依据《监察法》第33条第2款的规定,监察机关在收集、固定、审查、运用证据时,应当与刑事审判关于证据的要求和标准相一致。并且,国家监察委员会与最高人民法院、最高人民检察院、公安部联合印发的《关于加强和完善监察执法与刑事司法衔接机制的意见(试行)》，以及中纪委办公厅、国家监委办公厅、最高人民检察院办公厅联合印发的《国家监察委员会移送最高人民检察院职务犯罪案件证据收集审查基本要求和案件材料移送清单》，对于有关证据的问题，两个文件的规定均与《刑事诉讼法》及其司法解释的规定基本相同。因此，监察工作中的证据审查可以参照《刑事诉讼法》及其司法解释中的相关规定，此处不作赘述。

第七章 监察措施

第一节 监察措施概述

一、监察措施的含义

根据第十二届全国人大常委会第二十五次会议通过的《关于在北京市、山西省、浙江省开展国家监察体制改革试点工作的决定》及第十二届全国人大常委会第三十次会议通过的《关于在全国各地推开国家监察体制改革试点工作的决定》，监察委员会依法实施监察，履行监督、调查、处置职责，为了履行上述职权，监察委员会可以采取谈话、讯问、询问、查询、冻结、调取、查封、扣押、搜查、勘验检查、鉴定、留置12项措施。《监察法》出台后则又新增了技术调查措施、通缉和限制出境3项措施。

按照上述两个决定的用意，这些措施均是为了监察委员会得以顺利履行监督、调查、处置职责。言下之意，监察委员会为了履行监督、调查、处置职责，可以采取相应的监察监督、监察调查和监察处置措施。从本书前文有关监察监督和监察处置两项职权的内容来看，也确实存在开展廉政教育与监督检查之类的监察监督，以及劝诫措施、政务处分、问责、移送审查起诉、监察建议、涉案财物处置、撤销案件等监察处置措施。因而有论者指出,监察措施主要是指各级监察机关及其监察人员在依法行使监察权的过程中所采用的各种手段和方法的统称。按监察职能的不同,可分为监察监督措施和监察调查措施。[1]

但显而易见的是,仅从《监察法》和《监察法实施条例》的条文规定来看,上文所列举的谈话、讯问、询问、查询、冻结、调取、查封、扣押、搜查、勘验检查、鉴定、留置、技术调查措施、通缉和限制出境15项措施几乎都是用于监督执法调查工作中的措施,也即监察调查措施。而从《监察法实施条例》第54条、第55条、第58条的规定来看,立法者似乎也正是将监察措施用于指称监察调查措施。

管见以为就体系而言,设置监察机关,赋予监察职权,并配备相应的监察措施以履行监察职责,是自然而然的理论和现实逻辑。而为监督、调查、处置职责配备相应的监督、调查、处置措施,亦是符合认知逻辑的。因而监察措施自然应当包括监察监督、监察调查和监察处置措施。并且在这一基础上,随着国家监察体制改革的不断推进,还能为监察措施留下更大的理论研究空间。因此本书认同前文论者的观点,即监察措施主要是指各级监察机关及其监察人员在依法行使监察权的过程中所采用的各种手段和方法的统称。

基于此,鉴于《监察法》对监察调查措施所规定的内容较多,而对监察监督和监察处置措施的规定内容相对较少,因而本书将监察监督措施与监察处置措施在监察职权一章中一并予以阐述。

二、监察法中的强制措施

刑事诉讼中的强制措施,是指公安机关、人民检察院和人民法院为了保证刑事诉讼的顺利进行,依法对犯罪嫌疑人、被告人的人身自由进行限制或者剥夺的各种强制性的方法。[2] 强制措施的本质特征在于它强行限制犯罪嫌疑人、被告人的人身自由,其根本目的则在于防止犯罪嫌疑人、被告人逃跑、自杀、

---

[1] 张云霄:《监察法学新论》,中国政法大学出版社2020年版,第191—194页。
[2] 周登谅:《刑事诉讼法》(第2版),华东理工大学出版社2021年版,第77页。

毁灭、伪造证据或者威胁证人、继续犯罪,以逃避侦查、起诉与审判。[1]

即便监察调查与刑事侦查存在区别,然而为了保障监察调查工作的顺利进行,保障监察调查职责的有效履行,为此配置相应的强制措施却是必然的要求。《监察法》中虽然并未明文规定相应的强制措施,但留置措施却是实质上的强制措施。

依据《监察法》第41条的规定,留置措施与讯问、询问、搜查、查封扣押等其他措施一道被称为调查措施,但从《监察法》第22条对留置所作的规定来看,其性质并不属于调查措施。首先,留置具有明显的限制人身自由的特征。依据《监察法》第22条及第43条的规定可知,被留置人员将会被留置在家庭和单位之外的特定场所,且时间最长可达6个月之久。同时,《监察法》第44条第3款还规定,被留置人员涉嫌犯罪移送司法机关后,被依法判处管制、拘役和有期徒刑的,留置1日折抵管制2日,折抵拘役、有期徒刑1日。这与《刑法》所规定的羁押措施可折抵刑期是一致的。可见留置实质上就是较长时间剥夺公民人身自由的强制措施。[2] 其次,留置是为了防止被调查人员逃跑、自杀、串供或者伪造、隐匿、毁灭证据等而妨碍调查。依据《监察法》第22条的规定,适用留置措施的条件之一是具有法定情形,而该法条以及《监察法实施条例》第93条、第94条、第95条中所列举的情形,几乎均为有碍调查顺利进行的情形。此外,留置是为了保障调查措施顺利实施的保障措施,并不属于调查措施。调查措施中的讯问、询问、查询、查封扣押、勘验检查以及鉴定等措施均可直接因实施而直接获取相应证据。而留置措施却与刑诉法中的传唤、拘传、拘留、逮捕等强制措施类似,并不直接获取证据,而是为了侦查活动的顺利展开,是为获取证据创造条件。[3] 比如在留置期间,调查人员可以依法采取谈话或者讯问措施获取相应证据,但采取留置措施本身却不会取得任何证据。

因而,留置措施应是一项监察强制措施,《监察法》将其规定为调查措施是

---

[1] 易延友:《刑事诉讼法》,法律出版社2003年版,第186页。
[2] 陈光中、姜丹:《关于〈监察法(草案)〉的八点修改意见》,载《比较法研究》2017年第6期。
[3] 张翔、赖伟能:《基本权利作为国家权力配置的消极规范——以监察制度改革试点中的留置措施为例》,载《法律科学》2017年第6期。

定位失准。[1] 基于此,本书将留置措施单列为一节而未将其置于调查措施的章节中予以阐述。此外,基于上述关于留置措施是否为强制措施的分析,可知通缉和限制出境措施严格来看也不属于调查措施,而同样也是为了保证调查工作进行的措施。有论者就认为,通缉是强制措施的补充,是在强制不能时的一种救济手段。[2] 不过,基于篇章安排,仍将两项措施置于特别调查措施一节中予以阐述。

第二节　留置措施

习近平总书记在十九大报告中指出,制定国家监察法,依法赋予监察委员会职责权限和调查手段,用留置取代"两规"措施。可见留置是因应国家监察体制改革而新设置的用于取代"两规"的一项措施。

在国家监察体制改革之前,依据《中国共产党纪律检查机关案件检查工作条例》第28条的规定,纪检机关在调查违犯党纪的案件时,有权依照规定程序责令有关人员在规定的时间、地点就案件所涉及的问题说明,也可称为"双规"。与之类似还有行政监察中的"两指"措施。依据《行政监察法》第20条的规定,"两指"是行政监察机关在调查违反行政纪律行为时,可以根据实际情况和需要,责令有违反行政纪律嫌疑的人员在指定的时间、指定的地点就调查事项所涉及的问题做出解释和说明的一项监察措施。

用留置取代"两规"措施,将其规定于监察法中,明确了留置的适用条件、程序及相关具体要求,实现了监察的法治化,是法治反腐,依法监察的重要体现。

一、留置措施的适用条件

依据《监察法》第22条第1款的规定,被调查人涉嫌贪污贿赂、失职渎职

---

[1] 魏昌东:《〈监察法〉监察强制措施体系的结构性缺失与重构》,载《南京师大学报(社会科学版)》2020年第1期。

[2] 易延友:《刑事诉讼法规则原理应用》(第5版),法律出版社2019年版,第391页。

等严重职务违法或者职务犯罪,监察机关已经掌握其部分违法犯罪事实及证据,仍有重要问题需要进一步调查,并有法定情形之一的,经监察机关依法审批,可以将其留置在特定场所。

据前引法条及《监察法实施条例》的相关规定,拟采取留置措施的,应当同时满足以下四个条件。

(一)对象条件

首先,留置的对象是被调查人。其次,依据《监察法》第 22 条第 2 款的规定,留置的对象除被调查人之外,还包括涉嫌行贿犯罪或者共同职务犯罪的涉案人员。因此,对其他人员如证人、被害人等,不得使用留置措施。

另外,根据《监察法实施条例》第 96 条的规定,对下列人员不得采取留置措施:(1)患有严重疾病、生活不能自理的;(2)怀孕或者正在哺乳自己婴儿的妇女;(3)系生活不能自理的人的唯一扶养人。因此,前述被调查人和涉案人员是本条规定的人员之一的,也不得采取留置措施。据本条规定,只有上述情形消除后,才可根据调查需要对相关人员采取留置措施。

(二)涉案条件

据前引法条之规定,可采取留置措施的案件应当是涉嫌贪污贿赂、失职渎职等严重职务违法或者职务犯罪案件。对此,权威解释认为,留置适用的违法犯罪行为主要是贪污贿赂、辞职渎职等行为,而且情节严重,其他的职务犯罪行为或者违法犯罪行为、轻微的一般不采取留置措施。[1] 也就是说,涉嫌贪污贿赂、失职渎职和严重两者共同修饰职务违法和职务犯罪,一般仅在涉嫌贪污贿赂、失职渎职等行为的案件,且达到情节严重程度的,方可使用留置措施。这一解释进一步将留置措施的涉案条件进行了限缩。

不过,《监察法实施条例》第 92 条仅在第 2 款中对严重职务违法进行了解释,即严重职务违法,是指根据监察机关已经掌握的事实及证据,被调查人涉嫌的职务违法行为情节严重,可能被给予撤职以上政务处分的违法行为。在此之

---

[1] 中共中央纪律监察委员会、中华人民共和国国家监察委法规室:《〈中华人民共和国监察法〉释义》,中国方正出版社 2018 年版,第 134 页。

外则并未对严重职务犯罪进行解释。

管见以为,《监察法》第22条中的涉案条件,在"贪污贿赂、失职渎职"之后加了一个"等"字,表明可采取留置措施的案件不止贪污贿赂、失职渎职的行为,因此不应从行为类型方面对涉案条件进行限缩解释。此处的"贪污贿赂、失职渎职"应当理解为仅是对案件类型的一种提示而非限制。比如某一职务违法案件非属贪污贿赂、失职渎职行为,但案情重大,且情节严重,被调查人可能逃跑、自杀,可能串供或者伪造、隐匿、毁灭证据,还有其他极有可能妨碍调查行为的话,此时显然应当对其采取留置措施。而在刑事诉讼法中,与留置相类似的逮捕在适用条件上,最根本考虑因素的就是社会危险性。

因此,涉案条件的关键要点是涉案行为的严重性。而违法行为和犯罪行为之间本身已经在社会危害程度上具有一定的梯度,即后者比前者性质更为严重。那么《监察法》第22条在涉案条件中的"严重"二字只能是用于修饰职务违法。如果同时修饰职务违法和职务犯罪,则实际上在严重职务违法到严重职务犯罪之间出现了非严重职务犯罪这一空档不可以适用留置措施,这显然是不周延的。故而《监察法实施条例》第92条才会只对"严重职务违法"进行解释,而未解释严重职务犯罪,因为从严重职务违法到职务犯罪,在严重性上是举轻以明重无须再解释了的。

故而管见以为,只要是职务犯罪案件和严重的职务违法案件,在满足其他规定条件时,均可以采取留置措施。

(三)证据条件

依据《监察法》第22条的规定,适用留置措施的第二个条件是证据条件,即监察机关已经掌握案件的部分违法犯罪事实及证据,仍有重要问题需要进一步调查。

所谓已经掌握其部分违法犯罪事实及证据,根据《监察法实施条例》第93条第3款的规定,是指同时具备下列情形:(1)有证据证明发生了违法犯罪事实;(2)有证据证明该违法犯罪事实是被调查人实施;(3)证明被调查人实施违法犯罪行为的证据已经查证属实。此处的部分违法犯罪事实,既可以是单一违法犯罪行为的事实,也可以是数个违法犯罪行为中任何一个违法犯罪行为的事实。而所谓的重要问题,根据前引条例第 92 条第 2 款的规定,则是指对被调查人涉嫌的职务违法或者职务犯罪,在定性处置、定罪量刑等方面有重要影响的事实、情节及证据。

需要指出的是,对于已经掌握其部分违法犯罪事实及证据,《监察法实施条例》第 93 条规定应同时具备三项情形。其中提到的证明,在证明标准上不应以审理裁判时的证明标准为准,而是监察机关在拟采取留置措施时确信达到本条规定标准便可。

另外,根据《监察法实施条例》第 180 条的规定,监察机关经过初步核实后,对于已经掌握监察对象涉嫌职务违法或者职务犯罪的部分事实和证据,认为需要追究其法律责任的,应当按规定报批后,依法立案调查。其中的立案条件之一也是已经掌握部分违法犯罪事实和证据,这意味着适用留置措施的证据条件在立案时就已经具备,因为留置措施只有立案后方可采用,立案本身就表明有重要问题需要进一步调查。如此一来,在拟采取留置措施时,事实上已经无须考虑证据条件。对此,应当理解为,立案时的证据条件与采取留置措施时的证据条件标准并不一样。对于后者,证据条件应当同时达到《监察法实施条例》第 93 条所规定三项情形;而对于立案时的证据条件人,仅需存在少部分证据表明有监察对象实施了违法犯罪的事实即可,相应证据是否属实留待立案后查实。

(四)具备法定情形

依据《监察法》第 22 条的规定,适用留置措施的第三个条件是具备法定情形之一。所谓法定情形,即(1)涉及案情重大、复杂的;(2)可能逃跑、自杀的;(3)可能串供或者伪造、隐匿、毁灭证据的;(4)可能有其他妨碍调查行为的。

何为案情重大复杂,一般应根据调查人员的经验结合案件涉及的管理权限、影响范围、牵扯的人数、涉案的金额、调查取证的难度等诸多因素具体分析并综合认定。对于可能逃跑、自杀的情形,根据《监察法实施条例》第 93 条的规定,是指被调查人具有的以下情形之一:(1)着手准备自杀、自残或者逃跑的;(2)曾经有自杀、自残或者逃跑行为的;(3)有自杀、自残或者逃跑意图的;(4)其他可能逃跑、自杀的情形。对于可能串供或者伪造、隐匿、毁灭证据的情形,根据前引条例第94条的规定,是指被调查人具有的下列情形之一:(1)曾经或者企图串供、伪造、隐匿、毁灭、转移证据的;(2)曾经或者企图威逼、恐吓、利诱、收买证人,干扰证人作证的;(3)有同案人或者与被调查人存在密切关联违法犯罪的涉案人员在逃,重要证据尚未收集完成的;(4)其他可能串供或者伪造、隐匿、毁灭证据的情形。对于可能有其他妨碍调查行为,根据第95条的规定则是指下列情形之一:(1)可能继续实施违法犯罪行为的;(2)有危害国家安全、公共安全等现实危险的;(3)可能对举报人、控告人、被害人、证人、鉴定人等相关人员实施打击报复的;(4)无正当理由拒不到案,严重影响调查的;(5)其他可能妨碍调查的行为。

二、留置的程序和要求

根据《监察法实施条例》第55条的规定,留置只能在立案后使用。除此之外,《监察法》与《监察法实施条例》对留置的程序和要求作了详细的规定。

(一)留置的决定与审批

依据《监察法》第22条第1款的规定,采取留置措施应当依法审批。对此,第43条规定了两个层次。首先,应当由拟采取留置措施的监察机关领导人员集体研究作出决定,即是否采取留置措施不能由调查人员决定,并且不是由监察机关的负责人个人决定,而是由领导人员集体决定。这体现了对采取留置措施的慎重。其次,监察机关作出留置的决定后,若是设区的市级以下监察机关采取留置措施,应当报上一级监察机关批准;若是省级监察机关采取留置措施,则应当报国家监察委员会备案。

(二)公安机关的协助义务

对于留置措施的执行,依据《监察法》第22条的规定,监察机关经依法审批,可以将被留置人员留置在特定场所。这意味着监察机关可以自己执行留置措施。不过在实践中,监察机关尚未配备"法警"一般的执行队伍,执行的力量相对较弱,因此《监察法》第43条第3款规定,监察机关采取留置措施,可以根据工作需要提请公安机关配合,公安机关应当依法予以协助。可见,为配合监察机关执行留置措施,公安机关有配合协助执行留置措施的义务。

(三）留置的执行

依据《监察法》第 41 条的规定，调查人员采取留置措施，应当依照规定出示证件，出具书面通知，由 2 人以上进行。具体则如《监察法实施条例》第 97 条的规定，采取留置措施时，调查人员不得少于 2 人，且应当向被留置人员宣布《留置决定书》，告知被留置人员权利义务，要求其在《留置决定书》上签名、捺指印。被留置人员拒绝签名、捺指印的，调查人员应当在文书上记明。

对于需要提请公安机关协助采取留置措施的，根据《监察法实施条例》第 99 条的规定，应当按规定报批，提请同级公安机关依法予以协助。提请协助时，应当出具《提请协助采取留置措施函》，列明提请协助的具体事项和建议、协助采取措施的时间、地点等内容，附《留置决定书》复印件。需要提请异地公安机关协助采取留置措施的，应当按规定报批，向协作地同级监察机关出具协作函件和相关文书，由协作地监察机关提请当地公安机关依法予以协助。

因保密需要，不适合在采取留置措施前向公安机关告知留置对象姓名的，可以作出说明，进行保密处理。

（四）通知

依据《监察法》第 44 条第 1 款和《监察法实施条例》第 98 条的规定，对被调查人采取留置措施后，应当在 24 小时以内，通知被留置人员所在单位和家属。当面通知的，由有关人员在《留置通知书》上签名。无法当面通知的，可以先以电话等方式通知，并通过邮寄、转交等方式送达《留置通知书》，要求有关人员在《留置通知书》上签名。

但是，如果通知有可能毁灭、伪造证据，干扰证人作证或者串供等有碍调查情形的，可以不予通知，但应当按规定报批并记录在案。在有碍调查的情形消失后，应当立即通知被留置人员所在单位和家属。

三、被留置人员的权利保障

《监察法》第 44 条第 2 款规定，监察机关应当保障被留置人员的饮食、休息和安全，提供医疗服务。讯问被留置人员应当合理安排讯问时间和时长，讯问笔录由被讯问人阅看后签名。据此，《监察法实施条例》第 100 条还规定，留置过程中,应当保障被留置人员的合法权益,尊重其人格和民族习俗,保障饮食、休息和安全,提供医疗服务。

由于被留置人员被留置在特定的场所而非其惯常生活和工作的家中或单位,不能与外界沟通,完全处于监察机关的控制之下,是对被留置人员人身自由的极大限制,因此必须保障被留置人员的权利。故而关于被留置人员权利保障的规定,既是监察工作法治化、规范化的要求,也是《监察法》人权保障原则的具体体现。

在关于被留置人员权利保障的规定中,留置场所的设置和管理是最为基本的础设施,因此《监察法》第 22 条第 3 款规定,留置场所的设置、管理和监督依照国家有关规定执行。这表明应当对留置场所的设置、管理和监督作出更详细的规定。故此,《监察法实施条例》第 103 条规定,留置场所应当建立健全保密、消防、医疗、餐饮及安保等安全工作责任制,制定紧急突发事件处置预案,采取安全防范措施。并且,留置期间发生被留置人员死亡、伤残、脱逃等办案安全事故、事件的,应当及时做好处置工作。相关情况应当立即报告监察机关主要负责人,并在 24 小时以内逐级上报至国家监察委员会。

四、留置的期限和解除

依据《监察法》第 43 条第 2 款的规定,留置时间不得超过 3 个月。在特殊情况下,可以延长一次,延长时间不得超过 3 个月。省级以下监察机关采取留置措施的,延长留置时间应当报上一级监察机关批准。监察机关发现采取留置措施不当的,应当及时解除。

(一)留置的期限

留置的期限是固定期限,最长只有 3 个月,除了依法解除,不因案情的变化而变化。据《监察法实施条例》第 101 条的规定,留置时间自向被留置人员宣布之日起算。

(二)留置时间的延长

留置时间在特殊情况下可以延长一次。所谓特殊情况,据前引法条的规定,是指以下情形之一:(1)案情重大,严重危害国家利益或者公共利益的;

(2)案情复杂,涉案人员多、金额巨大,涉及范围广的;(3)重要证据尚未收集完成,或者重要涉案人员尚未到案,导致违法犯罪的主要事实仍须继续调查的;(4)其他需要延长留置时间的情形。在次数上,留置时间只可延长一次,并且延长的时间不得超过3个月。在程序上,省级以下监察机关采取留置措施的,延长留置时间应当报上一级监察机关批准。并且依据法理,对于延长留置时间的,也应当经过监察机关领导人员集体研究决定后才报批。

经批准延长留置时间的,应当在留置期满前向被留置人员宣布延长留置时间的决定,要求其在《延长留置时间决定书》上签名、捺指印。被留置人员拒绝签名、捺指印的,调查人员应当在文书上记明。同时,延长留置时间的,也应当通知被留置人员家属。

(三)留置措施的解除

留置措施的解除可以分为以下几类。第一,到期解除。根据前述有关时间的规定,留置期间届满,即一般情况下满3个月,特殊情况下经延长而总计满6个月时,留置措施到期自动解除,且不论案件进展情况如何。第二,不当解除。监察机关发现采取留置措施不当的,应当及时解除。意即不应当采取留置措施却不当地采取了留置措施的,应当及时办理解除。第三,在不必要留置时可以解除。意即随着调查程序的推进,监察机关认为可以不对被留置人员继续采取留置措施的,应当予以解除。第四,因移送审查起诉而自动解除。依据《刑事诉讼法》第170条第2款的规定,对于监察机关移送起诉的已采取留置措施的案件,人民检察院应当对犯罪嫌疑人先行拘留,留置措施自动解除。

对于留置措施的解除,《监察法实施条例》第102条规定,应当按规定报批,及时解除留置。调查人员应当向被留置人员宣布解除留置措施的决定,由其在《解除留置决定书》上签名、捺指印。被留置人员拒绝签名、捺指印的,调查人员应当在文书上记明。同时,应当将解除留置措施的决定及时通知被留置人员所在单位或者家属。调查人员应当与交接人办理交接手续,并由其在《解除留置通知书》上签名。无法通知或者有关人员拒绝签名的,调查人员应当在文书上记明。对于因移送审查起诉而解除留置措施的,留置措施自犯罪嫌疑人被执行拘留时自动解除,不再办理解除法律手续。

五、刑期折抵

由于留置措施对被留置人员人身自由造成了极大限制，与《刑事诉讼法》中的强行措施类似。因此，《监察法》第 44 条第 3 款参照《刑法》和《刑事诉讼法》有关羁押措施的规定，被留置人员涉嫌犯罪移送司法机关后，被依法判处管制、拘役和有期徒刑的，留置 1 日折抵管制 2 日、折抵拘役、有期徒刑 1 日。

第三节　一般调查措施

对于《监察法》所规定的 15 项措施，按照《监察法实施条例》第 55 条第 1 款的规定，监察机关在初步核实中，可以依法采取谈话、询问、查询、调取、勘验检查、鉴定措施；在立案后可以采取讯问、留置、冻结、搜查、查封、扣押、通缉措施。同时，如需要采取技术调查、限制出境措施的，应当按照规定交有关机关依法执行。此外，设区的市级以下监察机关在初步核实中不得采取技术调查措施。据此规定，大体可将监察调查措施按是否可在立案前使用而分为两类。其中，从"设区的市级以下监察机关在初步核实中不得采取技术调查措施"的表述来看，按反对解释，技术调查和限制出境亦可用于立案前。

在理论上，根据调查措施是否具有明显的强制性，可将监察调查措施分为一般调查措施和特别调查措施。[1] 顾名思义，一般调查措施不具有明显的强制性而特别调查措施具有明显的强制性。而从《监察法实施条例》第 55 条的规定来看，除技术调查和限制出境外，其如此分类的考量则主要在于相应措施对公民权利的影响程度，即是否直接涉及公民的人身自由与财产权利。基于此，讯问、冻结、搜查、查封、扣押、通缉，以及技术调查和限制出境可归为特殊调查措施，而谈话、询问、查询、调取、勘验检查、鉴定则可归为一般调查措施。

其中，本书认为留置措施为强制措施，已在前文留置措施单独阐述。

---

[1] 马怀德主编：《监察法学》，人民出版社 2018 年版，第 190 页。

一、谈话

依据《监察法》第 19 条的规定,谈话是指监察机关按照管理权限,对可能发生职务违法的监察对象,直接或者委托有关机关、人员进行谈话或者要求说明情况的措施。并且,按照《监察法实施条例》第 70 条的规定,谈话措施可以适用于问题线索处置、初步核实和立案调查程序中,因此谈话措施几乎可适用于整个监察程序中。

(一)谈话的主体和对象

对于谈话的主体,依据《监察法》第 19 条的规定,可进行谈话的主体为有管理权限的监察机关及监察机关所委托的有关机关、人员。而《监察法实施条例》第 72 条第 1 款规定,采取谈话方式处置问题线索的,经审批可以由监察人员或者委托被谈话人所在单位主要负责人等进行谈话。但机关作为一个组织不可能与个人进行谈话,因而具体而言,谈话可以由监察机关相关负责人或者承办部门主要负责人进行,此时可以由被谈话人所在机关、组织、企业等单位党委(党组)或者纪委(纪检组)主要负责人陪同。若是委托谈话则是具体委托被谈话人所在单位主要负责人等进行。[1]

对于谈话的对象,则是前述章节中所述的监察对象,此处不再赘述。

不过,尤需注意的是,按照《监察法》第 19 条的规定,谈话的对象仅限于可能发生职务违法的监察对象,即不适用于涉嫌职务犯罪的监察对象。但在《监察法实施条例》的相关条款中,谈话措施却似乎还可适用于涉嫌职务犯罪的监察对象。如第 76 条第 2、3 款规定,与在押的犯罪嫌疑人、被告人或者与在看守所、监狱服刑的人员谈话的,应当持以监察机关名义出具的介绍信、工作证件,商请有关案件主管机关依法协助办理。第 195 条则规定,在监察审理程序中,"案件审理部门根据案件审理情况,经审批可以与被调查人谈话,告知其在审理阶段的权利义务,核对涉嫌违法犯罪事实,听取其辩解意见,了解有关情

---

[1] 参见中共中央纪律监察委员会、中华人民共和国国家监察委法规室:《〈中华人民共和国监察法〉释义》,中国方正出版社 2018 年版,第 126 页。

况"。其中具有下列情形之一的,一般应当与被调查人谈话:(1)对被调查人采取留置措施,拟移送起诉的;(2)可能存在以非法方法收集证据情形的;(3)被调查人对涉嫌违法犯罪事实材料签署不同意见或者拒不签署意见的;(4)被调查人要求向案件审理人员当面陈述的;(5)其他有必要与被调查人进行谈话的情形。

管见以为,切不可将谈话措施适用于涉嫌职务犯罪的监察对象。首先,《监察法》作为基本法,其第19条明确规定,"对可能发生职务违法的监察对象,监察机关按照管理权限,可以直接或者委托有关机关、人员进行谈话或者要求说明情况"。对此,只能得出谈话措施仅适用于涉嫌职务违法的监察对象这一结论。而作为下位法的《监察法实施条例》显然不能超出的上位法的规定。其次,谈话措施作为一项调查措施时,其根本目的就是了解事实真相,而对于涉嫌职务犯罪的被调查人,为了了解事实真相进行调查取证应当适用的是讯问而非谈话。

基于上述观点,对于《监察法实施条例》第76条第2、3款之规定,管见以为,其中的在押犯罪嫌疑人、被告人或者在看守所、监狱服刑的人员,应当理解为其是因另案而成为犯罪嫌疑人、被告人,而与其进行谈话仅是因为在本案中涉嫌职务违法。

对于《监察法实施条例》第195条所规定之谈话措施,因其处于审理程序中,事实上混杂了不同的目的。如"告知其在审理阶段的权利义务,核对涉嫌违法犯罪事实,听取其辩解意见,了解有关情况"。既类似于人民法院在庭审前了解情况,听取意见,以及告知被告人享有辩护权利,又类似于人民检察院依据《人民检察院刑事诉讼规则(2019)》第187条之规定,在讯问中告知犯罪嫌疑人相应的诉讼权利,让他陈述有罪的事实或者无罪的辩解。此外,《刑事诉讼法》第88条第1款规定,人民检察院审查批准逮捕,可以讯问犯罪嫌疑人;有下列情形之一的,应当讯问犯罪嫌疑人:(1)对是否符合逮捕条件有疑问的;(2)犯罪嫌疑人要求向检察人员当面陈述的;(3)侦查活动可能有重大违法行为的。这一规定也与应当进行谈话的情形颇为相似,故而在监察审理程序中对职务犯罪被调查人的谈话,事实上可以被讯问替代而无须使用谈话措施。综上所言,对于《监察法实施条例》第 195 条规定谈话可适用于职务犯罪人员,本书认为是值得商榷的。

(二)谈话的内容

依据《监察法》第 19 条以及《监察法实施条例》第 70 条、第 71 条的规定,谈话是要求谈话对象如实说明情况或者作出陈述,是对监察对象给予警示、批评、教育。因此谈话的内容一方面是要求谈话对象将其可能涉及的职务违法情况如实说明,作出陈述;另一方面则是谈话主体根据问题线索处置、初步核实和立案调查中以及谈话中所了解的相关情况,对谈话对象给予警示、批评、教育。

从这一角度看,谈话并不单纯只是一项调查措施,还是一种灵活的监督手段,能够真正起到抓早抓小、防微杜渐的作用。

(三)谈话的具体要求

《监察法实施条例》对谈话的要求作了较为详细的规定。具体要求如下。

(1)拟进行谈话的,应当经过审批。

(2)谈话应当个别进行。

(3)负责谈话的人员不得少于 2 人。

(4)谈话应当在工作地点等场所进行。其中,立案后与未被限制人身自由的被调查人谈话的,应当在具备安全保障条件的场所进行,与被留置的被调查人谈话的,按照法定程序在留置场所进行。

(5)与被调查人首次谈话时,应当出示《被调查人权利义务告知书》,由其签名、捺指印。被调查人拒绝签名、捺指印的,调查人员应当在文书上记明。对于被调查人未被限制人身自由的,应当在首次谈话时出具《谈话通知书》。

(6)监察机关谈话应当形成谈话笔录或者记录。谈话笔录应当在谈话现场制作,内容应当详细具体,如实反映谈话情况。笔录制作完成后,应当交给被调查人核对。被调查人没有阅读能力的,应当向其宣读。笔录记载有遗漏或者差错的,应当补充或者更正,由被调查人在补充或者更正处捺指印。被调查人核对无误后,应当在笔录中逐页签名、捺指印。被调查人拒绝签名、捺指印的,调查人员应当在笔录中记明。调查人员也应当在笔录中签名。

(7)与涉嫌严重职务违法的被调查人进行谈话的,应当全程同步录音录像,并告知被调查人。告知情况应当在录音录像中予以反映,并在笔录中记明。此外,应当保持录音录像资料的完整性,并妥善保管、及时归档,留存备查。

(8)与被调查人进行谈话,应当合理安排时间、控制时长,保证其饮食和必要的休息时间。

(9)被调查人请求自行书写说明材料的,应当准许。必要时,调查人员可以要求被调查人自行书写说明材料。被调查人应当在说明材料上逐页签名、捺指印,在末页写明日期。对说明材料有修改的,在修改之处应当捺指印。说明材料应当由二名调查人员接收,在首页记明接收的日期并签名。

(10)谈话结束后,可以根据需要要求被谈话人在15个工作日以内作出书面说明。被谈话人应当在书面说明每页签名,修改的地方也应当签名。

(11)有关立案后与被调查人进行的谈话规定,也适用于在初步核实中开展的谈话。

(四)谈话的性质

谈话是一项全新措施,一般认为谈话措施来源于党委(党组)监督中的党内谈话制度。《中国共产党党内监督条例》第21条即规定,党委(党组)的监督坚持党内谈话制度,认真开展提醒谈话、诫勉谈话。《监察法》中有两处提到谈话,而《监察法实施条例》更是有专门的一节对谈话作出规定。但是细究之下,不同情形下的谈话,其性质并不相同。因此,谈话措施并不仅仅是一项调查措施。并且,正因为谈话措施不同情形下性质不同,而《监察法》及相关法规对此并未有非常明确的界定,所以谈话措施在理论上仍有不少疑问待解。

首先,如《监察法》第19条规定的,监察机关对可能发生职务违法的监察对象,可以按照管理权限直接或者委托有关机关、人员进行谈话。理论上通常认为此时的谈话是一项调查措施。[1] 但与此同时,据《监察法实施条例》第70条之规定,谈话可适用于问题线索处置、初步核实和立案调查中,其中问题线索

---

[1] 如中国特色社会主义国家监察制度研究课题组所著的《国家监察制度学》、秦前红主编的《监察法学教程》、马怀德主编的《监察法学》,均将谈话措施置于监察机关调查措施的章节中。详见中国特色社会主义国家监察制度研究课题组:《国家监察制度学》,中国方正出版社2021年版,第217页;秦前红主编:《监察法学教程》,法律出版社2019年版,第254页;马怀德主编:《监察法学》,人民出版社2018年版,第190页。

处置和初步核实程序中的谈话能否完全算作调查存在疑问。如若认为此时的谈话是调查措施,则其规范性存在不足,如在委托谈话的场合,所取得的谈话笔录能否通过证据可采性的检验,不无疑问。更甚者,在立案后与被调查人的谈话,尤其是与涉嫌严重职务违法的被调查人进行谈话,如若委托谈话,其取证合法性将面临质疑。而若是将谈话笔录纳入刑事证据行列,使其程序化和规范化,最终又会与讯问趋同。[1]

其次,就目的而言,谈话措施既是为了了解案件真相,又是为了监督教育。从《监察法》第19条所处的体系位置,以及《监察法》第70条的规定,与被谈话人进行谈话,可以要求其如实说明情况或者作出陈述,可以认为谈话措施应是一项调查措施无疑。然而《监察法实施条例》在监察监督一节的第18条则规定,"监察机关可以与公职人员进行谈心谈话,发现政治品行、行使公权力和道德操守方面有苗头性、倾向性问题的,及时进行教育提醒"。在谈话一节第71条又规定,"对一般性问题线索的处置,可以采取谈话方式进行,对监察对象给予警示、批评、教育。谈话应当……注重谈清问题、取得教育效果"。这又明显体现出了谈话的监督教育目的。故而有论者直接指出,谈话兼具监督功能和调查功能,既是一种灵活的监督手段,又是在初查核实与正式调查中具有重要作用的调查措施。[2]

最后,谈话也可能是具体的监察处置措施。在《监察法》中,另一处提到谈话的法条是第45条第1款第1项,即关于监察处置的第一项规定。据此规定,对有职务违法行为但情节较轻的公职人员,监察机关根据监督、调查结果,可以按照管理权限,直接或者委托有关机关、人员,进行谈话提醒、批评教育、责令检查,或者予以诫勉。此时的谈话显然不是调查措施。

从以上规定及分析来看,谈话贯穿于监察工作的全过程,存在于监察监督、监察调查、监察处置职责中,在不同的情形下具有不同的性质。但是,这很可能会引起理论与实践的混乱。如监察监督时的谈话与立案前的谈话如何区分,此

---

[1] 马怀德主编:《监察法学》,人民出版社2018年版,第193页。
[2] 秦前红主编:《监察法学教程》,法律出版社2019年版,第255页。

时形成的"证据材料"能否被认可,而现有法律法规在监察程序上本就不区分职务违法与职务犯罪,又如何准确区分谈话与讯问的适用,等等。有论者因而主张将谈话分为提醒型监察谈话、调查型监察谈话以及处置型监察谈话三种类型。[1]

二、询问

依据《监察法》第21条的规定,在调查过程中,监察机关可以询问证人等人员。所谓询问,据《监察法实施条例》第85条之规定,是指监察机关依法对证人、被害人等人员了解核实有关问题或者案件情况。据该条例第91条第2款之规定,询问被害人,适用询问证人的规定,因此以下所述亦适用于询问被害人。

(一)询问的对象

如上所述,询问的对象包括证人和被害人等知道案件情况的人员,但是不包括被调查人员。被调查人员虽然也知道案件情况,但却是案件当事人,依据不同情形可能适用谈话或讯问措施,而非询问措施。此外,按照《刑事诉讼法》第62条第2款的规定,生理上、精神上有缺陷或者年幼,不能辨别是非、不能正确表达的人,不能作证人。

(二)询问的地点

关于询问的地点,《监察法实施条例》按证人是否被限制人身自由进行了区分。

对于未被限制人身自由的证人,依据《监察法实施条例》第86条的规定,询问可以根据不同的情形在三类场所进行。(1)证人的工作地点和住所。这两个地点是证人熟知的日常工作生活的场所,便于作证和取证。(2)证人提出的地点。这是基于证人的意愿而确定的地点。(3)调查人员指定的地点。参照《刑事诉讼法》中对于询问地点的规定,指定的地点一般应为监察机关的

---

[1] 曾哲、丁俊文:《基于法定职权的监察谈话:政治属性与法治路径》,载《时代法学》2019年第6期。

办公地点。

对于被限制人身自由的证人,《监察法实施条例》并未明确规定其询问的地点。不过,依据该条例第91条对谈话措施一节中相关条文的援引,可以推知,被限制人身自由的证人可能存在被留置、羁押、拘留,或者在服刑等情形,因此对此类人员的询问,按第76条之规定程序和要求办理手续提供相关证件到相应场所即可。

(三)证人的作证义务与法律责任

依据《监察法实施条例》第89条第1款规定,凡是知道案件情况的人,都有如实作证的义务。并且,对故意提供虚假证言的证人,应当依法追究法律责任。如此规定,意在促使证人认真对待询问,据实回答询问,提高证言的真实性和可靠性。此外,该条第2款还规定,证人或者其他任何人不得帮助被调查人隐匿、毁灭、伪造证据或者串供,不得实施其他干扰调查活动的行为。同样,这也是为了提高证言的真实性和可靠性,以及防止作伪证和串供等。

(四)对证人的保护

根据《监察法实施条例》第90条第1款的规定,证人、鉴定人、被害人因作证,本人或者近亲属人身安全面临危险,向监察机关请求保护的,监察机关应当受理并及时进行审查;对于确实存在人身安全危险的,监察机关应当采取必要的保护措施。监察机关发现存在上述情形的,应当主动采取保护措施。

据此规定,人身安全保护的对象为证人、鉴定人、被害人,而对保护对象的保护则分为依申请保护和主动保护两种情形。前者需由保护对象发起申请,且经监察机关受理并审查确实存在人身安全危险,由监察机关采取必要的保护措施;后者是监察机关发现保护对象存在确实的人身安全危险时,主动采取保护措施。可见对证人、鉴定人、被害人人身安全的保护,其实质要件是确实存在因作证而产生的人身安全危险。

前引法条第2款还进一步规定了监察机关具体可以采取的保护措施,具体包括:(1)不公开真实姓名、住址和工作单位等个人信息;(2)禁止特定的人员接触证人、鉴定人、被害人及其近亲属;(3)对人身和住宅采取专门性保护措施;(4)其他必要的保护措施。这些保护措施既可以单独使用也可以综合使用。

其中,依法决定不公开证人、鉴定人、被害人的真实姓名、住址和工作单位等个人信息的,可以在询问笔录等法律文书、证据材料中使用化名。但是应当另行书面说明使用化名的情况并标明密级,单独成卷。此外,监察机关采取保护措施需要协助的,可以提请公安机关等有关单位和要求有关个人依法予以协助。

(五)询问的具体要求

依据《监察法》第41条的概括规定,调查人员询问证人应当依照规定出示证件,出具书面通知,由2人以上进行,形成笔录、报告等书面材料,并由相关人员签名、盖章。《监察法实施条例》第85条、第86条、第87条、第88条以及相关援引条款对此作出了详细的规定。

1. 基本要求

询问应当按规定报批,出示证件,出具书面通知,还应当个别进行,且负责询问的调查人员不得少于2人。对于重要的询问,依据《监察法实施条例》第56条的规定,应当全程同步录音录像,并保持录音录像资料的完整性,对录音录像资料应当妥善保管、及时归档,留存备查。

此外,依据《监察法实施条例》第91条对谈话措施一节中相关条款的援引,则参照该条例第77条的规定,询问证人、被害人时亦应当合理安排时间、控制时长,保证其饮食和必要的休息时间。

2. 询问前的要求

在询问前,按《监察法实施条例》第86条第2款的规定,调查人员认为有必要或者证人提出需要由所在单位派员或者其家属陪同到询问地点的,应当办理交接手续并填写《陪送交接单》。此外,到证人提出的地点或者调查人员指定的地点进行询问的,应当在笔录中记明。

3. 询问时的要求

首次询问时,应当向证人出示《证人权利义务告知书》,由其签名、捺指印。证人拒绝签名、捺指印的,调查人员应当在文书上记明。证人未被限制人身自由的,应当在首次询问时向其出具《询问通知书》。

询问时,应当核实证人身份,问明证人的基本情况,告知证人应当如实提供证据、证言,以及作伪证或者隐匿证据应当承担的法律责任。不得向证人泄露案情,不得采用非法方法获取证言。

4. 询问特殊人员

询问重大或者有社会影响案件的重要证人,应当对询问过程全程同步录音录像,并告知证人。告知情况应当在录音录像中予以反映,并在笔录中记明。另外,依据《监察法实施条例》第91条的规定,在询问重要涉案人员时,根据情况可以适用第75条的规定,即询问应当在具备安全保障条件的场所进行。

询问未成年人,应当通知其法定代理人到场。无法通知或者法定代理人不能到场的,应当通知未成年人的其他成年亲属或者所在学校、居住地基层组织的代表等有关人员到场。询问结束后,由法定代理人或者有关人员在笔录中签名。调查人员应当将到场情况记录在案。

询问聋、哑人,应当有通晓聋、哑手势的人员参加。调查人员应当在笔录中记明证人的聋、哑情况,以及翻译人员的姓名、工作单位和职业。询问不通晓当地通用语言、文字的证人,应当有翻译人员。询问结束后,由翻译人员在笔录中签名。

5. 询问笔录

依据《监察法》第41条的概括规定,调查人员询问证人应当形成笔录、报告等书面材料,并由相关人员签名、盖章。对此《监察法实施条例》第91条援引了谈话措施一节中的相关规定,具体如下。

参照前引条例中第78条之规定,询问笔录应当在谈话现场制作。笔录应当详细具体,如实反映谈话情况。笔录制作完成后,应当交给证人、被害人核对。证人、被害人没有阅读能力的,应当向其宣读。笔录记载有遗漏或者差错的,应当补充或者更正,由证人、被害人在补充或者更正处捺指印。证人、被害人核对无误后,应当在笔录中逐页签名、捺指印。证人、被害人拒绝签名、捺指印的,调查人员应当在笔录中记明。调查人员也应当在笔录中签名。

参照前引条例中第79条之规定,证人、被害人请求自行书写证人证言、被害人陈述的,应当准许。必要时,调查人员可以要求证人、被害人自行书写证人证言、被害人陈述。证人、被害人应当在证人证言、被害人陈述上逐页签名、捺指印,在末页写明日期。对证人证言、被害人陈述有修改的,在修改之处应当捺指印。证人证言、被害人陈述应当由 2 名调查人员接收,在首页记明接收的日期并签名。

三、查询

监督公职人员秉公用权、廉洁从政从业,以及调查涉嫌贪污贿赂、滥用职权、玩忽职守、权力寻租、利益输送、徇私舞弊以及浪费国家资财等职务违法和职务犯罪,是监察机关的职责。在这些职务违法犯罪中,几乎都伴随着钱财与利益的交换,因此在案件办理中,查询了解相关钱财的数额、往来、流动是极为重要的调查取证手段,在必要时对相关钱财予以冻结使其无法流动,也是固定证据、防止转移资产,利于查明案件真相并防止国家或集体等资财损失的必要手段。

查询与冻结往往同时适用。《监察法》第 23 条第 1 款即规定,"监察机关调查涉嫌贪污贿赂、失职渎职等严重职务违法或者职务犯罪,根据工作需要,可以依照规定查询、冻结涉案单位和个人的存款、汇款、债券、股票、基金份额等财产"。据此,《监察法实施条例》第四章第七节查询、冻结中也是一并规定这两项监察措施的。不过,鉴于监察工作中的冻结措施需在立案后方可使用,本书将其置于特别调查措施一节中予以阐述。

(一)查询的适用条件

第一,查询适用的是严重职务违法或者职务犯罪案件。其中职务犯罪案件无须赘言。所谓严重职务违法案件,依据《监察法实施条例》第 92 条第 2 款的规定,是指根据监察机关已经掌握的事实及证据,被调查人涉嫌的职务违法行为情节严重,可能被给予撤职以上政务处分的案件。

第二,查询应基于工作需要。主要指的是涉案单位和个人为达到伪造、隐匿、毁灭证据的目的,有可能提取、转移其存款、汇款、债券、股票、基金份额等财产,以及其他情形,不采取查询冻结措施不足以防止这些情形的发生。[1]

---

[1] 参见中共中央纪律监察委员会、中华人民共和国国家监察委法规室:《〈中华人民共和国监察法〉释义》,中国方正出版社 2018 年版,第 138 页。

第三，查询的对象限于涉案的单位和个人。公民的合法财产受法律保护，公民的财产信息通常也是其隐私信息，因而查询存款、汇款、债券、股票、基金份额等财产只能基于工作需要且仅限于涉案的单位和个人，不能将查询对象扩大至其他主体。不过，此处的涉案个人并不仅限于公职人员，原因在于现实中的贪腐案件往往存在借名持有财产、代为持有股份等诸多规避调查的形式。

第四，查询需经过审批。按照《监察法实施体例》第104条的规定，监察机关调查严重职务违法或者职务犯罪，根据工作需要，按规定报批后，可以依法查询、冻结涉案单位和个人的存款、汇款、债券、股票、基金份额等财产。因此，查询、冻结措施需要经过审批之后方可实施。

另外，需注意的是，《监察法》和《监察法实施条例》还在反腐败国际合作一章中涉及查询措施的规定。具体而言，国家监察委员会在反腐败国际追逃追赃和防逃工作中，可以向赃款赃物所在国请求查询、冻结、扣押、没收、追缴、返还涉案资产，还可以查询、监控涉嫌职务犯罪的公职人员及其相关人员进出国（境）和跨境资金流动情况，在调查案件过程中设置防逃程序。国家监察委员会在收到外国提出的刑事司法协助请求书及所附材料，经审查认为符合有关规定的，可以按规定执行。在执行过程中，需要依法采取查询、调取、查封、扣押、冻结等措施或者需要返还涉案财物的，根据我国法律规定和国家监察委员会的执行决定办理有关法律手续。

（二）有关单位和个人的配合查询义务

《监察法》第23条与《监察法实施条例》第105条第1款均规定有关单位和个人应当配合监察机关实施查询措施。其中的有关单位，包括各类金融机构，如中国人民银行2002年发布的《金融机构协助查询、冻结、扣划工作管理规定》中所称的依法经营存款业务的金融机构（含外资金融机构），包括政策性银行、商业银行、城市和农村信用合作社、财务公司、邮政储蓄机构等银行业金融机构，以及《证券法》《保险法》中的证券交易场所、证券公司、证券登记结算机构、证券服务机构、保险公司等。

依据我国《商业银行法》的相关规定，商业银行负有保障存款人合法权益不受任何单位和个人的侵犯的义务，而且为存款人保密既是银行的商业道德也是法律的要求。因此无论是对于个人储蓄存款还是单位存款,商业银行均有权拒绝任何单位或者个人查询、冻结、扣划,仅在法律另有规定的情形时除外。此外依据我国《证券法》的相关规定,证券交易场所、证券公司、证券登记结算机构、证券服务机构及其工作人员应当依法为投资者的信息保密,非因客户本身的债务或者法律规定的其他情形,不得查封、冻结、扣划或者强制执行客户的交易结算资金和证券。

因此,规定有关单位和个人配合查询的义务,是以法律的形式依法作出例外规定,使有关机关和个人可以依法配合查询,也使监察机关可以依法调查。并且,这还有利于打击违法犯罪。

另外,据《监察法实施条例》第105条第1款的规定,有关单位和个人的配合查询义务,还包括对监察机关的查询活动予以严格保密的义务。盖因适用查询措施本就是为了防止涉案单位和个人伪造、隐匿、毁灭证据,以及提取、转移其存款、汇款、债券、股票、基金份额等财产的情形发生,是故要求有关单位和个人对此予以严格保密,以免打草惊蛇。因而根据《金融机构协助查询、冻结、扣划工作管理规定》,金融机构在协助有权机关办理完毕查询存款手续后,有权机关要求予以保密的,金融机构应当保守秘密。

《金融机构协助查询、冻结、扣划工作管理规定》从接待、核实审查、登记制度、协助办理、查询范围、冻结、程序规范等方面对金融机构协助有权机关查询、冻结和扣划单位、个人在金融机构存款的行为作出了详细规定。

(三)查询的要求

1. 基本要求

依据《监察法实施条例》第104条、第105条的规定,查询、冻结财产应当经过审批,调查人员不得少于2人。

2. 文书通知要求

依据《监察法实施条例》第105条规定以及《金融机构协助查询、冻结、扣划工作管理规定》第21条的要求,调查人员应当出具《协助查询财产通知书》送交银行或者其他金融机构、邮政部门等单位执行,金融机构不接受有权机关执法人员以外的人员代为送达的上述通知书。

查询财产应当在《协助查询财产通知书》中填写查询账号、查询内容等信息。没有具体账号的,应当填写足以确定账户或者权利人的自然人姓名、身份证件号码或者企业法人名称、统一社会信用代码等信息。

3.结果获取要求

调查人员可以根据需要对查询结果进行打印、抄录、复制、拍照,要求相关单位在有关材料上加盖证明印章。对查询结果有疑问的,可以要求相关单位进行书面解释并加盖印章。

参照《中国银监会、最高人民检察院、公安部、国家安全部关于印发银行业金融机构协助人民检察院公安机关国家安全机关查询冻结工作规定的通知》第14条第2款的规定,银行业金融机构提供查询资料,一般不得提供原件。有权机关要求提供电子版查询结果的,银行业金融机构应当在采取必要加密措施的基础上提供,必要时可予以标注和说明。

4.信息保密要求

由于公民的财产信息通常也是其隐私信息,因此《监察法实施条例》第107条规定,监察机关对查询信息应当加强管理,规范信息交接、调阅、使用程序和手续,防止滥用和泄露。并且,调查人员不得查询与案件调查工作无关的信息。

四、调取

(一)调取与查封、扣押

依据《监察法》第18条第1款之规定,"监察机关行使监督、调查职权,有权依法向有关单位和个人了解情况,收集、调取证据"。但显然该条款中的"调取"与作为具体调查措施的调取含义不同。从第18条所处的体系位置来看,其所指的"调取证据"可作调查取证理解,而为了调查取证可以采用多种调查措施,其中便包括《监察法》第28条中所规定的调取措施。

《监察法》第25条第1款中规定,"监察机关在调查过程中,可以调取、查封、扣押用以证明被调查人涉嫌违法犯罪的财物、文件和电子数据等信息"。据此规定,调取与查封、扣押是并列的,三者的适用条件似乎亦是相同的。但是,《监察法实施条例》在监察权限一章中将调取单独规定,而将查封、扣押合并规定,则又似乎表明调取与查封、扣押之间有所不同。有论者认为,调取针对的是有关单位和个人所持有的能够证明被调查人涉嫌违法犯罪的财物、文件和电子数据等信息,而查封、扣押的行为多为涉案当事人,查封针对当事人的不动产,扣押针对当事人的动产。[1]

从强制性程度不同的角度来看,调取相比查封、扣押而言强制性较弱。据《监察法实施条例》第 126 条的规定,持有人若拒绝交出应当查封、扣押的财物和文件的,可以依法强制查封、扣押。《人民检察院刑事诉讼规则(2019)》第 210 条第 2 款亦有相同的规定。但是对于调取则无此规定。有观点指出,查封、扣押是为了保护证据,查明、证实违法犯罪行为。[2] 那么,依法强制查封、扣押应当予以查封、扣押的财物和文件,则可以理解成是为了防止相关财物和文件等证据在持有人的控制之下发生损毁灭失。是故,查封、扣押的行为针对的对象多为涉案当事人。相对地,调取所针对的有关单位和个人则不是涉案当事人,因为此类对象并没有毁损消灭转移证据的动机,进而也一般不存在强制调取的情况。可见调取措施的采用与其适用对象是互为因果的。如《监察法实施条例》第 156 条规定,对于采取技术调查措施收集的信息和材料,依法需要作为刑事诉讼证据使用的,监察机关应当按规定报批,向有关执行机关调取。

此外,在处理结果上,两者也存在区别。首先对于查封、扣押的财物或文件,存在解除查封、扣押的可能,但也可能被作出相应的处置,如没收、追缴或者责令退赔。而对于调取的物证、书证、视听资料等原件则并无所谓的解除与否的问题,在查明与案件无关时予以退还,在案件了结后亦是予以退还。

基于上述差别而言,《监察法实施条例》规定调取措施可在立案前适用并单独规定,而查封、扣押则应在立案后使用且合并规定,亦有其合理之处。

(二)调取的适用条件

从上文的分析以及相关规定来看,调取措施有以下适用条件:(1)调取措

---

[1] 中国特色社会主义国家监察制度研究课题组:《国家监察制度学》,中国方正出版社 2021 年版,第 238 页。

[2] 参见中共中央纪律检查委员会、中华人民共和国国家监察委法规室:《〈中华人民共和国监察法〉释义》,中国方正出版社 2018 年版,第 146 页。

施应当经过审批；(2)调取的证据一般为用以证明被调查人涉嫌违法犯罪的物证、书证、视听资料和电子数据；(3)调取的对象一般是持有第(2)点所述证据的有关单位和个人，不包括涉案当事人。

(三)调取的要求

1. 基本要求

依据《监察法》第25条及《监察法实施条例》第119条、第120条之规定，监察机关在调查过程中，可以调取用以证明被调查人涉嫌违法犯罪的财物、文件和电子数据等。首先，监察机关拟使用调取措施的，应当按规定报批。其次，调取证据材料时，调查人员不得少于2人。再次，调查人员应当依法出具《调取证据通知书》，必要时附《调取证据清单》。复次，对调取的财物、文件应当妥善保管。最后，有关单位和个人应配合监察机关调取证据，并应严格保密。

2. 调取原物、原件要求

依据《监察法》第25条的规定，采取调取措施，应当收集原物原件。据此，《监察法实施条例》规定了收集物证、书证、视听资料和电子数据时的原物、原件要求。

第一，对于物证，原则上应当调取原物。原物不便搬运、保存，或者依法应当返还，或者因保密工作需要不能调取原物的，可以将原物封存，并拍照、录像。对原物拍照或者录像时，应当足以反映原物的外形、内容。同时应当书面记明不能调取原物的原因、原物存放地点、制作过程、是否与原物相符，并由调查人员和物证原持有人签名或者盖章。持有人无法签名、盖章或者拒绝签名、盖章的，应当在笔录中记明，由见证人签名。

第二，对于书证、视听资料，原则上应当调取原件。取得书证、视听资料原件确有困难或者因保密工作需要不能调取原件的，可以调取副本或者复制件。调取书证、视听资料的副本、复制件的，应当书面记明不能调取原件的原因，原件存放地点、制作过程，是否与原件相符，并由调查人员和书证、视听资料原持有人签名或者盖章。持有人无法签名、盖章或者拒绝签名、盖章的，应当在笔录中记明，由见证人签名。

第三，对于电子数据的收集提取，能够扣押原始存储介质的，应当予以扣押、封存并在笔录中记录封存状态。无法扣押原始存储介质的,可以提取电子数据,但应当在笔录中记明不能扣押的原因、原始存储介质的存放地点或者电子数据的来源等情况。

因客观原因无法或者不宜采取扣押原始存储介质或提取电子数据的,可以采取打印、拍照或者录像等方式固定相关证据,并在笔录中说明原因。

收集、提取电子数据,应当制作笔录,记录案由、对象、内容、收集、提取电子数据的时间、地点、方法、过程,并附电子数据清单,注明类别、文件格式、完整性校验值等,由调查人员、电子数据持有人(提供人)签名或者盖章;电子数据持有人(提供人)无法签名或者拒绝签名的,应当在笔录中记明,由见证人签名或者盖章。有条件的,应当对相关活动进行录像。

收集提取的电子数据,应保证其完整性,无删除、修改、增加等情形。

3. 调取外文材料

依据《监察法实施条例》第122条的规定,调取外文材料作为证据使用的,应当交由具有资质的机构和人员出具中文译本。中文译本应当加盖翻译机构公章。

4. 证据材料的保管与退还

依据《监察法》第25条第2款之规定,对调取、查封、扣押的财物、文件,监察机关应当设立专用账户、专门场所,确定专门人员妥善保管,严格履行交接、调取手续,定期对账核实,不得毁损或者用于其他目的。而依据《监察法实施条例》第124条的规定,对于调取的物证、书证、视听资料等原件,经查明与案件无关的,经审批,应当在查明后3日以内退还,并办理交接手续。

五、勘验检查

勘验检查,是指监察机关为了收集问题线索和违法犯罪证据,借助感觉器官和科学技术手段,对与违法犯罪行为相关的场所、物品或人身、尸体以及电子数据等进行查看、检验、比对的调查措施。

根据对象的不同,勘验检查的适用也不同。勘验适用于场所、物品、尸体、电子数据等非活人对象,检查则适用于活人的身体。因而勘验检查一般包括现场勘验、物证书证检验、人身检查。另外,依据《监察法实施条例》在勘验检查一节中的规定,辨认也是一种常见的勘验检查措施。鉴于职务违法犯罪案件一般不涉及死亡事件,监察法中并无涉及尸体检验的具体规定。

(一)勘验检查的要求

第一,审批。按照《监察法实施条例》第136条的规定,监察机关拟采取勘验检查措施的,应当按规定报批后方可实施。

第二,实施主体。《监察法》第26条规定,监察机关可以直接或者指派、聘请具有专门知识、资格的人员在调查人员主持下进行勘验检查。据此,一般情况下,勘验检查可以由调查人员直接实施主体;在情况复杂、对知识和技术水平要求高的情形下,则可以由监察机关指派或聘请具有专门知识、资格的人员进行。在刑事诉讼中,侦查机关所指派的具有专门知识、资格的人员即本系统中具有相应资质的技术机构中的专门人员。因而如果需要由第三方具有专门知识、勘验检查资格的单位(人员)进行勘验检查的,应进行聘请。需要委托勘验检查的,应当出具《委托勘验检查书》,不需要委托的,则应当制作《勘验检查证》。此外,实施勘验检查的人员,不得与案件具有利害关系。

第三,主持见证。按照《监察法》第26条与《监察法实施条例》的相关要求,监察机关实施勘验检查措施,应当在2名以上调查人员主持下进行,并邀请与案件无关的见证人在场见证。刑事诉讼中的勘验,需要邀请2名与案件无关的见证人在场,监察法则未对见证人数作出要求。

第四,勘验检查现场、拆封电子数据存储介质应当全程同步录音录像。对现场情况应当拍摄现场照片、制作现场图,并由勘验检查人员签名。

第五,制作笔录。勘验检查情况应当制作笔录,由参加勘验检查的人员和见证人签名或者盖章。

(二)人身检查

《监察法实施条例》第139条规定,为了确定被调查人或者相关人员的某些特征、伤害情况或者生理状态,可以依法对其人身进行检查。必要时可以聘请法医或者医师进行人身检查。其中,对女性身体的检查,应当由女性工作人员或者医师进行。被调查人拒绝检查的,可以依法强制检查。

无论对何人进行人身检查,均不得采用损害被检查人生命、健康或者贬低其名誉、人格的方法。并且,对人身检查过程中知悉的个人隐私,应当严格保密。

对人身检查的情况应当制作笔录,由参加检查的调查人员、检查人员、被检查人员和见证人签名。被检查人员拒绝签名的,调查人员应当在笔录中记明。

(三)调查实验

依据《监察法实施条例》第140条的规定,监察机关为查明案情,在必要的时候,经审批可以依法进行调查实验。调查实验,可以聘请有关专业人员参加,也可以要求被调查人、被害人、证人参加。

进行调查实验,应当全程同步录音录像,制作调查实验笔录,由参加实验的人签名。进行调查实验,禁止一切足以造成危险、侮辱人格或者有伤风化的行为。

(四)辨认

辨认是对特定对象的辨别和指认,是人根据自身的经历和见识、见闻而将某一对象区别于相关对象的活动。在监察调查中,辨认对于确定涉案的人员、物品、文件、尸体或者场所具有重要作用。依据《监察法实施条例》第141条第1款的规定,调查人员在必要时,可以依法让被害人、证人和被调查人对与违法犯罪有关的物品、文件、尸体或者场所进行辨认;也可以让被害人、证人对被调查人进行辨认,或者让被调查人对涉案人员进行辨认。

1. 辨认的基本要求

依据《监察法实施条例》第141条第2款的规定,辨认工作应当由2名以上调查人员主持进行。在辨认前,应当向辨认人详细询问辨认对象的具体特征,避免辨认人见到辨认对象,并告知辨认人作虚假辨认应当承担的法律责任。几名辨认人对同一辨认对象进行辨认时,应当由辨认人个别进行。辨认应当形成笔录,并由调查人员、辨认人签名。

参照《人民检察院刑事诉讼规则》第226条第1款的规定,在辨认时,应当将辨认对象混杂在其他对象中。不得在辨认前向辨认人展示辨认对象及其影像资料,不得给辨认人任何暗示。

2. 对人员的辨认

《监察法实施条例》第 142 条第 1 款规定,辨认人员时,被辨认的人数不得少于 7 人,照片不得少于 10 张。据此,对人员进行辨认,可以直接辨认真人,且人数不得少于 7 人;也可辨认人员照片,但不得少于 10 个人的照片。第 2 款规定,辨认人不愿公开进行辨认时,应当在不暴露辨认人的情况下进行辨认,并为其保守秘密。

3. 对物品的辨认

根据《监察法实施条例》第 143 条的规定,组织辨认物品时一般应当辨认实物。被辨认的物品系名贵字画等贵重物品或者存在不便搬运等情况的,也可以对相应实物的照片进行辨认。辨认物品时,同类物品不得少于 5 件,照片不得少于 5 张。

无论是辨认实物还是实物的照片,辨认人进行辨认时,均应当在辨认出的实物照片与附纸骑缝上捺指印予以确认,在附纸上写明该实物涉案情况并签名、捺指印。

对于难以找到相似物品的特定物,可以将该物品照片交由辨认人进行确认后,在照片与附纸骑缝上捺指印,在附纸上写明该物品涉案情况并签名、捺指印。在辨认人确认前,应当向其详细询问物品的具体特征,并对确认过程和结果形成笔录。

4. 辨认笔录的审查认定

根据《监察法实施条例》第 144 条规定,辨认笔录具有下列情形之一的,不得作为认定案件的依据:(1)辨认开始前使辨认人见到辨认对象的;(2)辨认活动没有个别进行的;(3)辨认对象没有混杂在具有类似特征的其他对象中,或者供辨认的对象数量不符合规定的,但特定辨认对象除外;(4)辨认中给辨认人明显暗示或者明显有指认嫌疑的;(5)辨认不是在调查人员主持下进行的;(6)违反有关规定,不能确定辨认笔录真实性的其他情形。辨认笔录存在其他瑕疵的,应当结合全案证据审查其真实性和关联性,作出综合判断。

六、鉴定

根据第十届全国人大常委会在 2005 年 2 月 28 日通过的《关于司法鉴定管

理问题的决定》的规定,司法鉴定是指在诉讼活动中鉴定人运用科学技术或者专门知识对诉讼涉及的专门性问题进行鉴别和判断并提供鉴定意见的活动。《监察法》第27条规定,监察机关在调查过程中,对于案件中的专门性问题,可以指派、聘请有专门知识的人进行鉴定。因为科学技术之类的知识并不区分司法活动还是监察活动,因此,监察调查中的鉴定就是指监察机关指派或聘请有专门知识的人运用科学技术或者专门知识对案件中的专门性问题进行鉴别和判断并提供鉴定意见的调查措施。

(一) 鉴定人

从《监察法》的上述规定可知,能够进行鉴定的是有专门知识的人,可称为鉴定人。显然,只有人才有知识,故鉴定人只能是自然人。而《监察法实施条例》第145条第2款虽然规定,监察机关拟进行鉴定时,应当出具《委托鉴定书》,由2名以上调查人员送交具有鉴定资格的鉴定机构、鉴定人进行鉴定,但承担具体鉴定任务的只能是鉴定人个人。根据前引条例第148条的规定,鉴定人故意作虚假鉴定的,应当依法追究法律责任,即鉴定人而非鉴定机构,需为其鉴定意见负责。

从前引条例的法条规定看,鉴定人需要具备鉴定资格条件。对此,《关于司法鉴定管理问题的决定》规定,国家对从事规定的司法鉴定业务的鉴定人和鉴定机构实行登记管理制度,并由省级人民政府司法行政部门负责对鉴定人和鉴定机构的登记、名册编制和公告。只有具备法定条件的人员或组织,方可申请登记从事司法鉴定业务。另外,根据上述决定的规定,侦查机关根据侦查工作的需要可以设立鉴定机构,但不得面向社会接受委托从事司法鉴定业务。实践中便是由侦查机关设立的鉴定机构接受指派进行鉴定,而聘请则是委托其他具有资质的鉴定机构中的鉴定人。

另据《监察法实施条例》第152条的规定,因无鉴定机构,或者根据法律法规等规定,监察机关可以指派、聘请具有专门知识的人就案件的专门性问题出具报告。可见进行鉴定应当指派或聘请具有资质的鉴定机构或鉴定机构中的鉴定人。因此对于调查工作中的专门性问题,在没有相关的鉴定机构或有法律法规规定的情况下,则可指派或聘请具有专门知识的人对此出具报告。此处具有专门知识的人不等于鉴定人,故其意见也不是鉴定意见。在刑事诉讼中,此类报告可以作为证据使用,参照适用鉴定意见的有关规定进行审查与认定。

(二) 专门性问题

由《监察法》第 27 条的规定可知,只有对于案件中的专门性问题,才需要进行鉴定。由于社会生产力的不断发展,人类社会产生了越来越细化的分工,不同的细分领域内所需的知识也只有从事本领域的人员才能掌握,因此对于某些领域内的问题,也就只有其中具有专门知识的人才能了解。所谓专门性的问题,就是只有从事专门领域的人员方能科学解答的问题。这些问题通常包括法医学问题、会计专业问题、精神病学问题、文物辨别等。

依据《监察法实施条例》第 146 条的规定,监察机关可以依法开展下列鉴定:(1) 对笔迹、印刷文件、污损文件、制成时间不明的文件和以其他形式表现的文件等进行鉴定;(2) 对案件中涉及的财务会计资料及相关财物进行会计鉴定;(3) 对被调查人、证人的行为能力进行精神病鉴定;(4) 对人体造成的损害或者死因进行人身伤亡医学鉴定;(5) 对录音录像资料进行鉴定;(6) 对因电子信息技术应用而出现的材料及其派生物进行电子证据鉴定;(7) 其他可以依法进行的专业鉴定。

(三) 鉴定的具体要求

依据《监察法》第 27 条和《监察法实施条例》的具体规定,监察机关对专门性问题进行鉴定,有以下具体要求。

第一,监察机关拟进行鉴定,应当按规定报批后,才能实施。

第二,出具委托书。鉴定时应当出具《委托鉴定书》,由 2 名以上调查人员送交具有鉴定资格的鉴定机构、鉴定人进行鉴定。

第三,提供必要的鉴定条件。监察机关应当向鉴定人送交有关检材和对比样本等原始材料,介绍与鉴定有关的情况。调查人员应当明确提出要求鉴定事项,但不得暗示或者强迫鉴定人作出某种鉴定意见。监察机关应当做好检材的保管和送检工作,记明检材送检环节的责任人,以确保检材在流转环节的同一性和不被污染。

第四，出具鉴定意见及签名。鉴定人进行鉴定后，应当出具鉴定意见，并且在出具的鉴定意见上签名，并附鉴定机构和鉴定人的资质证明或者其他证明文件。多个鉴定人的鉴定意见不一致的，应当在鉴定意见上记明分歧的内容和理由，并且分别签名。

第五，出庭作证。《监察法实施条例》第148条规定，监察机关对于法庭审理中依法决定鉴定人出庭作证的，应当予以协调，即鉴定人在法庭认为有必要时，应当出庭作证。在刑事诉讼中，经人民法院通知，鉴定人拒不出庭作证的，鉴定意见不得作为定案的根据。

第六，意见审查。调查人员应当对鉴定意见进行审查。对经审查作为证据使用的鉴定意见，应当告知被调查人及相关单位、人员，送达《鉴定意见告知书》。对鉴定意见告知情况可以制作笔录，载明告知内容和被告知人的意见等。

（四）补充鉴定或者重新鉴定

根据《监察法实施条例》第149条第2款的规定，被调查人或者相关单位、人员提出补充鉴定或者重新鉴定申请，经审查符合法定要求的，应当按规定报批，进行补充鉴定或者重新鉴定。

对于补充鉴定，前引条例第150条规定，经审查具有下列情形之一的，应当补充鉴定：(1)鉴定内容有明显遗漏的；(2)发现新的有鉴定意义的证物的；(3)对鉴定证物有新的鉴定要求的；(4)鉴定意见不完整，委托事项无法确定的；(5)其他需要补充鉴定的情形。

对于重新鉴定，前引条例第151条规定，经审查具有下列情形之一的，应当重新鉴定：(1)鉴定程序违法或者违反相关专业技术要求的；(2)鉴定机构、鉴定人不具备鉴定资质和条件的；(3)鉴定人故意作出虚假鉴定或者违反回避规定的；(4)鉴定意见依据明显不足的；(5)检材虚假或者被损坏的；(6)其他应当重新鉴定的情形。

其中，如决定重新鉴定，应当另行确定鉴定机构和鉴定人。

第四节 特别调查措施

一、讯问

讯问是刑事犯罪调查中最为重要的手段之一,是以口头言词问答的方式,获得职务犯罪被调查人员陈述、供述、辩解及其他涉嫌犯罪的信息的一种调查措施。依据《监察法》第 20 条第 2 款的规定,对涉嫌贪污贿赂、失职渎职等职务犯罪的被调查人,监察机关可以进行讯问,要求其如实供述涉嫌犯罪的情况。

(一)讯问的主体和对象

在刑事诉讼法中,依据《刑事诉讼法》第 118 条的规定,讯问犯罪嫌疑人必须由人民检察院或者公安机关的侦查人员负责进行。经过国家监察体制改革,原职务犯罪侦查转由监察机关行使,本书认为监察机关对职务犯罪案件的调查权含有侦查权的属性。并且,《监察法》第 33 条第 2 款规定,监察机关在收集、固定、审查、运用证据时,应当与刑事审判关于证据的要求和标准相一致。据此,监察机关采取讯问措施进行职务犯罪调查时,负责讯问的主体只能是监察机关中的调查人员,而不能委托其他机关或个人进行。

按《监察法》第 20 条第 2 款的规定,讯问的对象是涉嫌贪污贿赂、失职渎职等职务犯罪的被调查人。据此,对于仅涉嫌职务违法的被调查人员,不得使用讯问措施。

需指出的是,从《监察法》的该条规定来看,被调查人不仅限于公职人员,即监察机关可以依法对职务犯罪中涉案的非公职人员进行讯问。根据《监察法实施条例》第 46 条第 4 款的规定,监察机关调查公职人员涉嫌职务犯罪案件,可以依法对涉嫌行贿犯罪、介绍贿赂犯罪或者共同职务犯罪的涉案人员中的非公职人员一并管辖。对于非公职人员涉嫌利用影响力受贿罪的,按照其所利用的公职人员的管理权限确定管辖。而从调查职权的有效履行来看,监察机关对职务犯罪中涉案的非公职人员进行讯问,也是集中统一、权威高效调查职务犯罪案件的要求。因此存在监察机关讯问的对象是非公职人员的可能。

(二)讯问的场所

《监察法》并未对讯问的场所作出规定,但《监察法实施条例》第 82 条明确规定,讯问被留置的被调查人,应当在留置场所进行。这一规定参考了《刑事诉讼法》中,对送交看守所羁押的犯罪嫌疑人进行讯问应当在看守所内进行的规定。

对于未被留置或者不需留置的涉嫌职务犯罪的被调查人员的讯问,根据《监察法实施条例》第 84 条的规定,可以对谈话措施一节中相关条款进行援引。据此,若讯问未被限制人身自由的被调查人,应当在具备安全保障条件的场所进行。对在押的犯罪嫌疑人、被告人或者在看守所、监狱服刑的人员进行讯问的,应当在相应的羁押场所、看守所、监狱内进行。

(三)讯问的其他要求

除讯问的主体、对象、场所外,《监察法》以及《监察法实施条例》还对讯问作出了其他较为具体的规定。如《监察法》第 41 条第 1 款规定,调查人员采取讯问措施,应当依照规定出示证件,出具书面通知,由 2 人以上进行,形成笔录、报告等书面材料,并由相关人员签名、盖章。此外,依据《监察法实施条例》第 83 条的规定,讯问应当个别进行,且调查人员不得少于 2 人。

1. 权利告知

《监察法实施条例》第 83 条规定,首次讯问时,应当向被讯问人出示《被调查人权利义务告知书》,由其签名、捺指印。被讯问人拒绝签名、捺指印的,调查人员应当在文书上记明。被讯问人未被限制人身自由的,应当在首次讯问时向其出具《讯问通知书》。

对于权利义务告知的内容,在刑事诉讼中,《刑事诉讼法》规定,侦查人员在讯问犯罪嫌疑人的时候,应当告知犯罪嫌疑人享有的诉讼权利,如实供述自己罪行可以从宽处理和认罪认罚的法律规定。《监察法实施条例》的规定与此基本相同,也需告知被讯问人如实供述自己罪行可以依法从宽处理和认罪认罚的法律规定。此外,还应当告知被讯问人将对讯问过程进行全程同步录音录像。

2. 保证被讯问人的饮食、休息和安全

《监察法》第44条第2款规定,监察机关应当保障被留置人员的饮食、休息和安全,提供医疗服务,而讯问被留置人员应当合理安排讯问时间和时长。此外,依据《监察法实施条例》第84条对谈话措施中相关条款的援引,可知对被调查人进行讯问,应当合理安排时间、控制时长,保证其饮食和必要的休息时间。因此采取讯问措施,无论对象是被留置人员还是非被留置人员,均应当保证被讯问人的饮食、休息和安全。

3. 全程同步录音录像

依据《监察法》第41条第2款的规定,调查人员进行讯问以及搜查、查封、扣押等重要取证工作,应当对全过程进行录音录像,留存备查。据此,监察法中也确立了同步录音录像制度。

《刑事诉讼法》在2012年修正时即规定了讯问时的录音录像制度。虽然根据《刑事诉讼法》的规定,仅对可能判处无期徒刑、死刑的案件或者其他重大犯罪案件,应当对讯问过程进行录音或者录像,其他类型案件则是可以选择是否录音录像。不过,对于职务犯罪案件的讯问,2012修订的《人民检察院刑事诉讼规则(试行)》第201条即已规定,人民检察院立案侦查职务犯罪案件,在每次讯问犯罪嫌疑人的时候,应当对讯问过程实行全程录音、录像,并在讯问笔录中注明。可见,在办理职务犯罪案件中,对讯问的过程进行录音录像已是较为常规的要求。因此,只要是对被调查人员进行讯问,就应当对讯问的全过程进行录音录像。

对讯问的全过程进行录音录像,能够客观地记录讯问的整个过程。这促使调查人员在讯问时自觉遵守监察法的相关规定,防止其采用暴力、威胁、侮辱、打骂、虐待、体罚或者变相体罚被讯问人的方式取证。同时,这也是证明调查人员取证程序和方式合法的有力证据,能使讯问取得的证据经受住非法证据排除规则的检验。故而,根据《监察法实施条例》第56条的规定,对讯问进行全程同步录音录像,应当保持录音录像资料的完整性,对录音录像资料应当妥善保管、及时归档,留存备查。在人民检察院、人民法院需要调取同步录音录像的,监察机关应当予以配合,经审批依法予以提供。

另外,在讯问时,应当告知被讯问人将进行全程同步录音录像。告知情况应当在录音录像中予以反映,并在笔录中记明。

4. 讯问内容

讯问时应当核实被讯问人的基本情况,包括姓名、曾用名、出生年月日、户籍地、身份证件号码、民族、职业、政治面貌、文化程度、工作单位及职务、住所、家庭情况、社会经历,是否属于党代表大会代表、人大代表、政协委员,是否受到过党纪政务处分,是否受到过刑事处罚等。

在告知被讯问人相应的权利,以及如实供述自己罪行可以依法从宽处理和认罪认罚的法律规定后,讯问被讯问人是否有犯罪行为,让其陈述有罪的事实或者无罪的辩解,应当允许其连贯陈述。

调查人员的提问应当与调查的案件相关。被讯问人对调查人员的提问应当如实回答。

5. 讯问笔录

根据《监察法》第41条、第44条的规定,讯问应当形成笔录,且由相关人员签名、盖章。

关于讯问笔录的细化规定,《监察法实施条例》第84条规定,该条例第75条至第79条的要求,也适用于讯问。据此,讯问笔录应当在讯问现场制作,并应当详细具体,如实反映讯问情况。另据第83条的规定,对被讯问人的辩解,调查人员应当如实记录,认真查核。

讯问笔录制作完成后,应当交给被讯问人核对。被讯问人没有阅读能力的,应当向其宣读。

讯问笔录记载有遗漏或者差错的,应当补充或者更正,由被讯问人在补充或者更正处捺指印。被讯问人核对无误后,应当在讯问笔录中逐页签名、捺指印。被讯问人拒绝签名、捺指印的,调查人员应当在笔录中记明。调查人员也应当在讯问笔录中签名。

若被讯问人请求自行书写说明材料的,应当准许。必要时,调查人员可以要求被调查人自行书写说明材料。被讯问人应当在说明材料上逐页签名、捺指印,并在末页写明日期。对说明材料有修改的,在修改之处应当捺指印。说明材料应当由 2 名调查人员接收,在首页记明接收的日期并签名。

二、冻结

(一)冻结的适用条件与有关单位和个人的配合冻结义务

如前述章节中所述,查询与冻结往往同时适用,《监察法》第 23 条以及《监察法实施条例》第四章第七节查询、冻结均将两者一并规定。基于此,冻结措施的适用条件与有关单位和个人的配合冻结义务与查询措施是相一致的,是故此外对此不再赘述,仅对冻结的具体要求作一定的阐述。

但需注意的是,按照《监察法实施条例》第 55 条的规定,监察机关需在立案后才可以采取冻结措施。虽然查询与冻结往往同时适用,但基于查询结果的不同,也存在无须采取冻结措施的可能。再者,相较查询而言,冻结措施限制了存款、汇款、债券、股票、基金份额等财产的流动,是对公民财产权的限制,其强制性更强,因而只能在立案后方可使用有利于监察措施的程序化和规范化,同时也是监察工作法治化的体现。

同样,《监察法》和《监察法实施条例》还在反腐败国际合作一章中也涉及冻结措施的规定,具体定见本书前文有关查询措施的相关内容。

(二)冻结的要求

1. 基本要求

依据《监察法实施条例》第 104 条、第 105 条的规定,冻结财产应当经过审批,调查人员不得少于 2 人。冻结财产,应当为被调查人及其所扶养的亲属保留必需的生活费用。

2. 文书通知要求

依据《监察法实施条例》第 105 条的规定,冻结财产时,调查人员应当出具《协助冻结财产通知书》,送交银行或者其他金融机构、邮政部门等单位执行。冻结财产应当在《协助冻结财产通知书》中填写冻结账户名称、冻结账号、冻结数额、冻结期限起止时间等信息。冻结数额应当具体、明确,暂时无法确定具体数额的,应当在《协助冻结财产通知书》上明确写明"只收不付"。冻结证券和交易结算资金时,应当明确冻结的范围是否及于孳息。

冻结财产后，根据前引条例第110条的规定，冻结财产应当通知权利人或者其法定代理人、委托代理人，并要求其在《冻结财产告知书》上签名。冻结股票、债券、基金份额等财产，应当告知权利人或者其法定代理人、委托代理人有权申请出售。

3. 冻结期限

依据《监察法实施条例》第108条的规定，冻结财产的期限不得超过6个月。冻结期限可以延长，有特殊原因需要延长冻结期限的，应当在到期前按原程序报批，办理续冻手续，但每次续冻期限不得超过6个月。冻结期限到期未办理续冻手续的，冻结自动解除。据此可知，对财产的续冻并未限制次数。

4. 轮候冻结

《监察法实施条例》第109条规定，已被冻结的财产可以轮候冻结，但不得重复冻结。而为了确保轮候冻结的有效衔接，在轮候冻结时，监察机关应当要求有关银行或者其他金融机构等单位在解除冻结或者作出处理前予以通知。

关于轮候冻结的顺位，前引法条规定，监察机关接受司法机关、其他监察机关等国家机关移送的涉案财物后，该国家机关采取的冻结期限届满，监察机关续行冻结的顺位与该国家机关冻结的顺位相同。

此外，按照《金融机构协助查询、冻结、扣划工作管理规定》第22条的规定，两个以上有权机关对同一单位或个人的同一笔存款采取冻结或扣划措施时，银行业金融机构应当协助最先送达协助冻结、扣划存款通知书的有权机关办理冻结、扣划手续。当两个以上有权机关对金融机构协助冻结、扣划的具体措施有争议的，金融机构应当按照有关争议机关协商后的意见办理。

5. 冻结财产的出售与变现

对于已被冻结的各类财产，依据《监察法实施条例》第110条的规定，财产权利人或者其法定代理人、委托代理人有权申请出售。

其中，财产权利人或者其法定代理人、委托代理人申请出售被冻结的股票、债券、基金份额等财产，在不损害国家利益、被害人利益，不影响调查正常进行的条件下，经审批可以在案件办结前由相关机构依法出售或者变现。而对于被冻结的汇票、本票、支票即将到期的，经审批可以在案件办结前由相关机构依法出售或者变现。出售上述财产的,应当出具《许可出售冻结财产通知书》。

出售或者变现所得价款应当继续冻结在其对应的银行账户中;没有对应的银行账户的,应当存入监察机关指定的专用账户保管,并将存款凭证送监察机关登记。监察机关应当及时向财产权利人或者其法定代理人、委托代理人出具《出售冻结财产通知书》,并要求其签名。拒绝签名的,调查人员应当在文书上记明。

6. 解除冻结

依据《监察法》第23条第2款的规定,冻结的财产经查明与案件无关的,应当在查明后3日内解除冻结,予以退还。《监察法实施条例》第111条进一步规定,对于冻结的财产,应当及时核查。经查明与案件无关的,经审批,应当在查明后3日以内将《解除冻结财产通知书》送交有关单位执行。解除情况应当告知被冻结财产的权利人或者其法定代理人、委托代理人。

三、搜查

(一)搜查的目的与适用情形和范围

《监察法》第24条第1款规定,监察机关可以对涉嫌职务犯罪的被调查人以及可能隐藏被调查人或者犯罪证据的人的身体、物品、住处和其他有关地方进行搜查。

据此,监察调查中的搜查仅适用于涉嫌职务犯罪案件的调查措施,而不能适用于职务违法案件中。搜查的范围则包括:涉嫌职务犯罪的被调查人的身体、物品和住处;可能隐藏被调查人或者犯罪证据的人的身体、物品、住处;其他被调查人可能藏身或者隐匿犯罪证据的地方。[1] 其中的其他有关地方,依据《监察法实施条例》第112条的规定,还包括工作地点。此外,前引法条还规定,搜查是为了收集犯罪证据和查获被调查人,因此只有出于这两个目的方可采用搜查措施。

---

〔1〕 中共中央纪律监察委员会、中华人民共和国国家监察委法规室:《〈中华人民共和国监察法〉释义》,中国方正出版社2018年版,第140页。

（二）搜查的程序和要求

《监察法》和《监察法实施条例》对搜查的程序和要求作出了相应的规定。

1. 审批

搜查措施的采用应当在立案后，且应当经过审批。

2. 主持见证

结合《监察法》和《监察法实施条例》第113条的规定，搜查应当在调查人员主持下进行，调查人员不得少于2人。在搜查时，应当有被搜查人或者其家属、其所在单位工作人员或者其他见证人在场，但监察人员不得作为见证人。与此同时，还应当向见证人出示《搜查证》并要求其签名。被搜查人或者其家属不在场，或者拒绝签名的，调查人员应当在文书上记明。

3. 搜查女性身体的特别规定

《监察法》第24条第2款与《监察法实施条例》第113条均规定，搜查女性身体，应当由女性工作人员进行。这是为了保护女性的人身权利，体现了对女性的尊重。而且从中也不难得出相应的见证人也应当是女性的推论。

4. 协助配合搜查

协助配合搜查体现为两个方面。其一，是指在场人员应当对搜查工作予以配合。对此，《监察法实施条例》第114条规定，搜查时，应当要求在场人员予以配合，不得进行阻碍。对以暴力、威胁等方法阻碍搜查的，应当依法制止。对阻碍搜查构成违法犯罪的，依法追究法律责任。

其二，是指提请公安机关配合搜查。《监察法》第24条第3款对此明确规定，监察机关进行搜查时，可以根据工作需要提请公安机关配合，并且公安机关应当依法予以协助。《监察法实施条例》第115条对此进行了更具体的规定。首先，县级以上监察机关需要提请公安机关依法协助采取搜查措施的，应当按规定报批，请同级公安机关予以协助。提请协助时，应当出具《提请协助采取搜查措施函》，列明提请协助的具体事项和建议，搜查时间、地点、目的等内容，附《搜查证》复印件。其次，对于需要提请异地公安机关协助采取搜查措施的，应当按规定报批，向协作地同级监察机关出具协作函件和相关文书，由协作地监察机关提请当地公安机关予以协助。

5. 全程同步录音录像

依据《监察法》第 41 条第 2 款的规定,对搜查取证工作,也应当对全过程进行录音录像。并且,如《监察法实施条例》第 56 条所规定,还应当保持录音录像资料的完整性,对录音录像资料应当妥善保管、及时归档,留存备查。

6. 搜查笔录

采取搜查措施应当形成笔录。《监察法实施条例》第 116 条规定,对搜查情况应当制作《搜查笔录》,并由调查人员和被搜查人或者其家属、见证人签名。被搜查人或者其家属不在场,或者拒绝签名的,调查人员应当在笔录中记明。

对于查获的重要物证、书证、视听资料、电子数据及其放置、存储位置应当拍照,并在《搜查笔录》中作出文字说明。

7. 其他要求

《监察法实施条例》第 117 条第 1 款特别规定,在搜查时,应当避免未成年人或者其他不适宜在搜查现场的人在场。这一规定是为了避免搜查过程对未成年人或者其他不适宜在搜查现场的人产生精神上的刺激与影响,充分体现了监察工作人性化的一面。

前引法条第 2 款还规定,搜查人员应当服从指挥、文明执法,不得擅自变更搜查对象和扩大搜查范围。搜查的具体时间、方法,在实施前应当严格保密。

此外,依据《监察法实施条例》第 118 条的规定,在搜查过程中查封、扣押财物和文件的,按照查封、扣押的有关规定办理。

四、查封、扣押

根据《监察法》第 25 条第 1 款的规定,监察机关在调查过程中,可以调取、查封、扣押用以证明被调查人涉嫌违法犯罪的财物、文件和电子数据等信息。在刑事诉讼中,侦查机关在侦查活动中发现的可用以证明犯罪嫌疑人有罪或者无罪的各种财物、文件,应当查封、扣押。因而对于可证明被调查人有无违法犯罪或违法犯罪轻重的财物、文件均可查封、扣押。

查封、扣押是具有强制力的调查措施,可将涉案的相关财物、文件置于监察机关的控制之下,防止被调查人或其他人员将其转移、隐匿、毁损、丢弃,有利于保障调查的顺利进行。

(一)查封、扣押的标的

查封、扣押的标的包括涉案的财物、文件和电子数据。其中财物包括房产、车辆、船舶、航空器、大型机械、设施设备、金银珠宝、古董文物、名贵字画、本外币、汇票、本票、支票、有价消费卡券等。

一般而言,查封适用于不动产,扣押适用于动产。不过,在查封不动产时,其中不宜移动的设施、家具和其他相关财物一般也会随之查封;而车辆、船舶、航空器、大型机械、设施设备虽是动产,但相对体积较大且不便移动,对监察机关而言,不一定具有另行保管的场地和条件,因而也会采用查封封存的形式。就此而言,将查封、扣押两项调查措施合并规定,亦有其现实缘由。

在刑事诉讼中,查封、扣押的标的还包括邮件、电报,并且还将查询、冻结犯罪嫌疑人存款、汇款、债券、股票、基金份额等财产的措施规定于查封、扣押措施之下。而在《监察法实施条例》第132条中也提及了股票、债券、基金份额等财产以及汇票、本票、支票。但在信息化时代,此类财产及证券越来越多地体现为数字化的形式,因而现实中常常会采用查询、调取、冻结而非查封、扣押的调查措施。故前引法条规定,对此类财产的出售或者变现,按照关于出售冻结财产的规定办理。

另外,据《监察法》第25条的规定,查封、扣押的标的包括电子数据,但实际上查封、扣押的是电子数据的存储介质,即相应的物质载体。对于相应的电子数据本身,如前所述,可采用调取、提取的方式收集固定相应证据,而且是原则上应当扣押原始存储介质,仅在不具备查封、扣押的条件时方才采用其他方式。

(二)查封、扣押的要求

1. 审批

依据《监察法实施条例》第55条和第125条的规定,采取查封、扣押措施应当在立案后按规定报批之后实施,即查封、扣押措施只能在立案程序之后实施,并且需要得到审批。

2. 实施查封、扣押

根据《监察法》第 25 条第 1 款,监察机关采取查封、扣押措施,应当收集原物原件,会同持有人或者保管人、见证人,当面逐一拍照、登记、编号,开列清单,由在场人员当场核对、签名,并将清单副本交财物、文件的持有人或者保管人。依据《监察法》第 41 条与《监察法实施条例》第 56 条的规定,开展查封、扣押,还应当全程同步录音录像,并保持录音录像资料的完整性。录音录像资料应当妥善保管、及时归档,留存备查。

(1)实施查封、扣押时的具体程序要求

依据《监察法实施条例》第 126 条的规定,调查人员在查封、扣押时,应当出具《查封/扣押通知书》,且调查人员不得少于 2 人。持有人拒绝交出应当查封、扣押的财物和文件的,可以依法强制查封、扣押。

调查人员对于查封、扣押的财物和文件,应当会同在场见证人和被查封、扣押财物持有人进行清点核对,开列《查封/扣押财物、文件清单》,由调查人员、见证人和持有人签名或者盖章。持有人不在场或者拒绝签名、盖章的,调查人员应当在清单上记明。

查封、扣押财物,应当为被调查人及其所扶养的亲属保留必需的生活费用和物品。

依据前引条例第 127 条第 3 款的规定,调查人员应当将《查封/扣押通知书》送达不动产、生产设备或者车辆、船舶、航空器等财物的登记、管理部门,告知其在查封期间禁止办理抵押、转让、出售等权属关系变更、转移登记手续。相关情况应当在查封清单上记明。被查封、扣押的财物已经办理抵押登记的,监察机关在执行没收、追缴、责令退赔等决定时应当及时通知抵押权人。

(2)查封、扣押不同标的时的要求

依据《监察法实施条例》第 127 条的规定,查封、扣押不动产和置于该不动产上不宜移动的设施、家具和其他相关财物,以及车辆、船舶、航空器和大型机械、设备等财物,必要时可以依法扣押其权利证书,经拍照或者录像后原地封存。

此类财物往往体积巨大且价值巨大,在民法上常常使用权利登记的方式确定和公示其权利归属,故此通常不便移动和处理,在缺乏权利证书时也基本不可能出售或变现。而在职务违法犯罪案件当中,此类财物常常是以其价值证明违法犯罪的数额,而且在扣押其权利证书时基本能够实现对其控制。再者,监察机关可能并不具有另行保管的场地和条件。因此在必要时可以采用扣押权利证书的方式实现查封、扣押,但需拍照或者录像。

调查人员应当在查封清单上记明相关财物的所在地址和特征、已经拍照或者录像及其权利证书被扣押的情况,由调查人员、见证人和持有人签名或者盖章。持有人不在场或者拒绝签名、盖章的,调查人员应当在清单上记明。

查封、扣押上述财物,必要时可以将被查封财物交给持有人或者其近亲属保管。调查人员应当告知保管人妥善保管,不得对被查封财物进行转移、变卖、毁损、抵押、赠与等处理。如此规定的原因同样在于通常不便移动和处理,在缺乏权利证书时也基本不可能出售或变现,在扣押其权利证书时基本可以实现对相应财物的控制。

《监察法实施条例》第 128 条在规定了查封、扣押不同物品时的相应处理方式。

对于外币、金银珠宝、文物、名贵字画以及其他不易辨别真伪的贵重物品的查封扣押,应区分是否具备当场密封条件分别处理。如具备当场密封条件的,应当当场密封,由 2 名以上调查人员在密封材料上签名并记明密封时间。如不具备当场密封条件的,应当在笔录中记明,以拍照、录像等方法加以保全后进行封存。另外,对于其中被查封、扣押的贵重物品如需要鉴定的,应当及时鉴定。

对于存折、银行卡、有价证券等支付凭证和具有一定特征能够证明案情的现金,应当记明特征、编号、种类、面值、张数、金额等,当场密封,由 2 名以上调查人员在密封材料上签名并记明密封时间。

对于易损毁、灭失、变质等不宜长期保存的物品以及有消费期限的卡、券,应当在笔录中记明,以拍照、录像等方法加以保全后进行封存,或者经审批委托有关机构变卖、拍卖。变卖、拍卖的价款存入专用账户保管,待调查终结后一并处理。

对于可以作为证据使用的录音录像、电子数据存储介质,应当记明案由、对象、内容、录制及复制的时间、地点、规格、类别、应用长度、文件格式及长度等，制作清单。具备查封、扣押条件的电子设备、存储介质应当密封保存。必要时，可以请有关机关协助。

对被调查人使用违法犯罪所得与合法收入共同购置的不可分割的财产，可以先行查封、扣押。对无法分割退还的财产，涉及违法的，可以在结案后委托有关单位拍卖、变卖，退还不属于违法所得的部分及孳息；涉及职务犯罪的，依法移送司法机关处置。

对于查封、扣押的危险品、违禁品，应当及时送交有关部门，或者根据工作需要严格封存保管。

此外，根据《监察法实施条例》第271条第2款的规定，监察机关查封企业厂房、机器设备等生产资料，企业继续使用对该财产价值无重大影响的，可以允许其使用。对于正在运营或者正在用于科技创新、产品研发的设备和技术资料等，一般不予查封、扣押，确需调取违法犯罪证据的，可以采取拍照、复制等方式。这一规定避免或者减少了监察调查对涉案企业正常生产、经营活动的影响，体现了对企业正常生产经营的保护。

3. 查封、扣押后的处理

(1) 保管和管理

《监察法》第25条第2款规定，对查封、扣押的财物、文件，监察机关应当设立专用账户、专门场所，确定专门人员妥善保管，严格履行交接、调取手续，定期对账核实，不得毁损或者用于其他目的。对价值不明物品应当及时鉴定，专门封存保管。

《监察法实施条例》第130条则进一步规定，查封、扣押涉案财物，应当按规定将涉案财物详细信息、《查封/扣押财物、文件清单》录入并上传监察机关涉案财物信息管理系统。而对于涉案款项，则应当在采取措施后15日以内存入监察机关指定的专用账户。对于涉案物品，应当在采取措施后30日以内移交涉案财物保管部门保管。因特殊情况不能按时存入专用账户或者移交保管的，应当按规定报批，将保管情况录入涉案财物信息管理系统，在原因消除后及时存入或者移交。

（2）启封、调用、出售变现

在财物被查封、扣押后，基于实际工作的需要，有可能会启封、调用或处理相关财物，因而《监察法实施条例》对此作出了相应的规定。

第一，对于需要启封的财物和文件，应当由 2 名以上调查人员共同办理。重新密封时，由 2 名以上调查人员在密封材料上签名、记明时间。

第二，对于已移交涉案财物保管部门保管的涉案财物，根据调查工作需要，经审批可以临时调用，并应当确保完好。调用结束后，应当及时归还。调用和归还时，调查人员、保管人员应当当面清点查验。保管部门应当对调用和归还情况进行登记，全程录像并上传涉案财物信息管理系统。

第三，对于被扣押的股票、债券、基金份额等财产，以及即将到期的汇票、本票、支票，依法需要出售或者变现的，按照关于出售冻结财产的规定办理。

4. 解除查封、扣押

依据《监察法》第 25 条第 3 款以及《监察法实施条例》第 134 条的规定，对于被查封、扣押的财物和文件，应当及时进行核查。相关财物和文件经查明与案件无关的，经过审批后，应当在查明后 3 日内解除查封、扣押，予以退还。解除查封、扣押的，应当向有关单位、原持有人或者近亲属送达《解除查封/扣押通知书》，附《解除查封/扣押财物、文件清单》，并要求其签名或者盖章。

5. 其他要求

据《监察法实施条例》第 125 条第 2 款的规定，对于被调查人到案时随身携带的物品，以及被调查人或者其他相关人员主动上交的财物和文件，依法需要扣押的，按规定报批后予以扣押。其中，被调查人随身携带的与案件无关的个人用品，应当逐件登记，随案移交或者退还。

据《监察法实施条例》第 133 条的规定，监察机关接受司法机关、其他监察机关等国家机关移送的涉案财物后，该国家机关采取的查封、扣押期限届满，监察机关续行查封、扣押的顺位与该国家机关查封、扣押的顺位相同。

在立案调查之前，对监察对象及相关人员主动上交的涉案财物，据《监察法实施条例》第 135 条规定，可在审批后予以接收。在接收时，应当由 2 名以上调查人员，会同持有人和见证人进行清点核对，当场填写《主动上交财物登记表》。调查人员、持有人和见证人应当在登记表上签名或者盖章。但是,对于主动上交的财物,应当根据立案及调查情况及时决定是否依法查封、扣押。

五、通缉

《监察法》第 29 条规定,依法应当留置的被调查人如果在逃,监察机关可以决定在本行政区域内通缉,由公安机关发布通缉令,追捕归案。通缉范围超出本行政区域的,应当报请有权决定的上级监察机关决定。

(一)通缉的适用条件

依据前引《监察法》第 29 条的规定,通缉的适用条件有三:其一,通缉的对象是涉嫌职务违法犯罪的被调查人;其二,该被调查人依法应当留置;其三,该被调查人因逃避调查而下落不明。[1] 具体则包括应当依法留置但却在逃而未能留置的被调查人,以及已经依法留置却又逃脱的被调查人。

管见以为,前述三个条件在实际上也可归结为两个条件:一是对象为应当留置的被调查人;二是该被调查人因逃避调查而下落不明。因为《监察法》第 22 条规定,留置的条件之一是被调查人涉嫌贪污贿赂、失职渎职等严重职务违法或者职务犯罪。而对于涉嫌行贿犯罪或者共同职务犯罪的涉案人员,也可依据前述规定条件留置。其实意味着通缉的第二个适用条件已然包括其第一个适用条件。

(二)通缉的决定和发布执行

从《监察法》第 29 条的规定看,通缉的决定与发布是不同的两个方面。是否采取通缉措施,是由监察机关来决定的,但只能由公安机关来发布通缉令并执行,最终将被通缉人员追捕归案。

其中,监察机关只能决定在本行政区域内的通缉,对于通缉范围超出本行政区域的,应当报请有权决定的上级监察机关决定。而通缉令的发布与执行,则是作出通缉决定的监察机关的同级公安机关。

---

[1] 中共中央纪律监察委员会、中华人民共和国国家监察委法规室:《〈中华人民共和国监察法〉释义》,中国方正出版社 2018 年版,第 156 页。

(三)通缉的具体程序和要求

1. 审批与送交执行

依据《监察法实施条例》第 158 条的规定,县级以上监察机关对在逃的应当被留置人员,依法决定在本行政区域内通缉的,应当按规定报批,送交同级公安机关执行。送交执行时,应当出具《通缉决定书》,附《留置决定书》等法律文书和被通缉人员信息,以及承办单位、承办人员等有关情况。若通缉范围超出本行政区域的,应当报有决定权的上级监察机关出具《通缉决定书》,并附《留置决定书》及相关材料,送交同级公安机关执行。

其中,按《公安机关办理刑事案件程序规定(2020 修正)》第 275 条的规定,通缉令中应当尽可能写明被通缉人的姓名、别名、曾用名、绰号、性别、年龄、民族、籍贯、出生地、户籍所在地、居住地、职业、身份证件号码、衣着和体貌特征、口音、行为习惯,并附被通缉人近期照片,可以附指纹及其他物证的照片。除了必须保密的事项,应当写明发案的时间、地点和简要案情。

2. 提请网上追逃

依据《监察法实施条例》第 159 条的规定,国家监察委员会依法需要提请公安部对在逃人员发布公安部通缉令的,应当先提请公安部采取网上追逃措施。如情况紧急,可以向公安部同时出具《通缉决定书》和《提请采取网上追逃措施函》。省级以下监察机关报请国家监察委员会提请公安部发布公安部通缉令的,应当先提请本地公安机关采取网上追逃措施。

3. 交接被通缉人员

发布通缉令之后,若顺利抓获被通缉人员,则由公安机关通知监察机关。监察机关接到通知后,应当立即核实被抓获人员身份,并在接到通知后 24 小时以内派员办理交接手续。边远或者交通不便地区,至迟不得超过 3 日。

公安机关在移交被抓获人员前,将其送往当地监察机关留置场所临时看管的,当地监察机关应当接收,并保障临时看管期间的安全,对工作信息严格保密。

监察机关需要提请公安机关协助将被抓获人员带回的,应当按规定报批,请本地同级公安机关依法予以协助。提请协助时,应当出具《提请协助采取留置措施函》,附《留置决定书》复印件及相关材料。

4.撤销通缉

依据《监察法实施条例》第 161 条的规定,监察机关对于被通缉人员已经归案、死亡,或者依法撤销留置决定以及发现有其他不需要继续采取通缉措施情形的,应当经审批出具《撤销通缉通知书》,送交协助采取原措施的公安机关执行。

六、技术调查

技术调查来源于刑事诉讼法中的技术侦查。2012 年修正的《刑事诉讼法》第 148 条规定了三种可适用技术侦查措施的情形。其中,对于人民检察院立案侦查的重大贪污、贿赂犯罪案件以及利用职权实施的严重侵犯公民人身权利的重大犯罪案件,根据侦查犯罪的需要,经过严格的批准手续,可以采取技术侦查措施,按照规定交有关机关执行。

国家监察体制改革后,由监察委员会负责调查职务违法犯罪案件。因而《监察法》第 28 条第 1 款规定,监察机关调查涉嫌重大贪污贿赂等职务犯罪,根据需要,经过严格的批准手续,可以采取技术调查措施,按照规定交有关机关执行。

所谓技术调查措施,是指监察机关为调查职务犯罪需要,根据国家有关规定,主要通过通信技术手段对被调查人职务犯罪行为进行调查。[1] 在《公安机关办理刑事案件程序规定(2020 修正)》第 264 条的规定中,技术侦查措施包括记录监控、行踪监控、通信监控、场所监控等措施。技术调查手段则通常还包括电子侦听、电话监听、电子监控、秘密拍照或者秘密录像、秘密获取物证等专门技术手段。之所以需要采用如此特殊的调查手段,是因为职务犯罪往往具有专业性和隐蔽性的特征,致使案件以言词证据为主,客观证据缺乏,难以达到"犯罪事实清楚,证据确实、充分"的定罪标准。因而使用技术侦查措施是取得客

---

[1] 中共中央纪律监察委员会、中华人民共和国国家监察委法规室:《〈中华人民共和国监察法〉释义》,中国方正出版社 2018 年版,第 152 页。

观证据的必要措施。[1]

(一)技术调查的适用条件

从上述《监察法》第 28 条第 1 款的规定可知,技术调查的适用条件有三:其一,案件范围是涉嫌重大贪污贿赂等职务犯罪案件;其二,根据需要;其三,经过严格的批准手续。

重大贪污贿赂等职务犯罪案件,根据《监察法实施条例》第 153 条第 2 款的规定,是指具有下列情形之一的案件:(1)案情重大复杂,涉及国家利益或者重大公共利益的;(2)被调查人可能被判处 10 年以上有期徒刑、无期徒刑或者死刑的;(3)案件在全国或者本省、自治区、直辖市范围内有较大影响的。

《监察法》并未对"根据需要"作出具体规定。不过这至少意味着在办理涉嫌重大贪污贿赂等职务犯罪案件时,并非都会一律采用技术调查措施,而是应当考虑其必要性。从技术调查的具体手段来看,技术调查措施事实上是合法地对公民隐私权进行侵犯,不可轻易使用,因此只有在使用常规的调查手段无法达到调查目的时才能采取。[2]

严格的批准手续这一条件在某种意义上来说,正是通过严格的审批程序设计促使监察机关对技术调查的必要性进行充分的考虑,层层把关。对此将在下文技术调查的程序与期限中阐述。

需要指出的是,技术调查措施的使用,依据《监察法》第 28 条的规定,是由监察机关作出决定,但只能由有关机关来执行。有关机关一般而言是公安机关或者国家有关执法机关。并且,根据《监察法实施条例》第 55 条的规定,设区的市级以下监察机关在初步核实中不得采取技术调查措施,即在初步核实中,设区的市级以下监察机关无权决定使用技术调查措施。

(二)技术调查的程序与期限

1. 批准

依据《监察法》第 28 条第 2 款的规定,拟批准采取技术调查措施的,批准

---

[1] 陈光中、邵俊:《我国监察体制改革若干问题思考》,载《中国法学》2017 年第 4 期。

[2] 中共中央纪律监察委员会、中华人民共和国国家监察委法室编:《〈中华人民共和国监察法〉释义》,中国方正出版社 2018 年版,第 154 页。

决定应当明确采取技术调查措施的种类和适用对象。具言之,批准决定要明确采用记录监控、行踪监控、通信监控、场所监控、电子侦听、电话监听、电子监控、秘密拍照、秘密录像等具体手段中哪一种或哪几种,同时还要明确技术调查措施针对涉案被调查人员中的哪一位或哪几位。

2. 送交执行

根据《监察法实施条例》第 153 条的规定,监察机关决定采取技术调查措施,需按照规定交公安机关或者国家有关执法机关依法执行。

具体则如该条例第 154 条的规定,监察机关应当出具《采取技术调查措施委托函》《采取技术调查措施决定书》和《采取技术调查措施适用对象情况表》,并送交有关机关执行。其中,设区的市级以下监察机关委托有关执行机关采取技术调查措施,还应当提供《立案决定书》。

3. 期限与解除

依据《监察法》第 28 条第 2 款的规定,采取技术调查措施的批准决定,自签发之日起 3 个月以内有效;对于复杂、疑难案件,期限届满仍有必要继续采取技术调查措施的,经过批准,有效期可以延长,每次不得超过 3 个月。对于不需要继续采取技术调查措施的,应当及时解除。

据此,《监察法实施条例》第 155 条规定,技术调查措施的期限届满前未办理延期手续的,到期自动解除。而对于不需要继续采取技术调查措施的,监察机关应当按规定及时报批,将《解除技术调查措施决定书》送交有关机关执行。

因此每次技术调查措施的期限只有 3 个月,在期限届满前如不需要继续采取技术调查措施的,应当及时解除;而若期限届满未办理延期的,自动解除技术调查措施;需要延期的,应当经过批准,此处的经过批准也即与办理批准采取技术调查措施时的程序和要求。

此外,前引条例第 155 条第 3 款还规定,需要依法变更技术调查措施种类或者增加适用对象的,监察机关应当重新办理报批和委托手续,依法送交有关机关执行。

(三)采取技术调查措施获得的证据的使用

《监察法实施条例》对采取技术调查措施所获得的证据的使用作了具体

规定。

在调取证据的程序上,根据该条例第 156 条的规定,对于采取技术调查措施收集的信息和材料,依法需要作为刑事诉讼证据使用的,监察机关应当按规定报批,出具《调取技术调查证据材料通知书》向有关执行机关调取。

对于采取技术调查措施收集的物证、书证及其他证据材料,监察机关应当制作书面说明,写明获取证据的时间、地点、数量、特征以及采取技术调查措施的批准机关、种类等。调查人员应当在书面说明上签名。

在对取证人员的安全保护方面,如果使用相关采取技术调查措施获取的证据可能危及有关人员的人身安全,或者可能产生其他严重后果的,应当采取不暴露有关人员身份、技术方法等保护措施。必要时,可以建议由审判人员在庭外进行核实。据《刑事诉讼法》第 152 条第 4 款的规定,公安机关依法采取技术侦查措施,有关单位和个人应当配合,并对有关情况予以保密。这也是对技术调查中取证人员的保护,亦可得适用。

此外,依据《监察法实施条例》第 157 条的规定,采取技术调查措施获取的证据、线索及其他有关材料,只能用于对违法犯罪的调查、起诉和审判,不得有其他用途。而对于采取技术调查措施获取的与案件无关的材料,应当经审批及时销毁。对销毁情况应当制作记录,由调查人员签名。此外,调查人员对采取技术调查措施过程中知悉的国家秘密、商业秘密、个人隐私,应当严格保密。

七、限制出境

国与国之间是有边界的,对出入境进行管理既是国家的一项重要行政职能,也是国家主权的重要体现。依据《出境入境管理法》的相关规定,出入我国国境境均需申请办理签证,在出入境时应当交验本人有关证件,履行规定的手续并经查验准许,方可出境入境。

实践中,出入境管理既是在维护国家主权、安全和社会秩序,也是打击违法犯罪的有效手段。如将违法犯罪人员限制在本国境内,显然有利于我国法律的管辖与适用和违法犯罪调查的展开。因此在监察工作中,《监察法》第 30 条规定,监察机关为防止被调查人及相关人员逃匿境外,经过批准,可以对被调查人及相关人员采取限制出境措施。可见,限制出境的首要目的是防止被调查人及相关人员逃匿境外,以保障调查工作的顺利进行。事实上,限制出境还能够使应当被追究责任的被调查人得到应有的处置而不致于因脱逃出境外而免于处置。

(一)限制出境的适用条件

对于限制出境的对象,既包括涉嫌职务违法的被调查人员及相关人员,也包括涉嫌职务犯罪的被调查人员及相关人员。从《监察法实施条例》第55条的规定看,限制出境措施可适用于立案后,也可适用于立案前的线索处置和初步核实程序中。但这并不意味着限制出境措施有着宽松的适用条件。

出境入境是公民的自由,现实中出境入境也是人员进行国际交往的重要方式。因此非基于必要的理由不应对此予以限制。从《监察法》第30条的规定可知,只有基于防止被调查人及相关人员逃匿境外的理由方可使用限制出境措施。对此应从保障调查取证工作顺利进行,使处置措施得以有效实施等方面进行必要性的考虑。

(二)限制出境的执行机关

根据《出境入境管理法》第4条的规定,公安部、外交部按照各自职责负责有关出境入境事务的管理。因此,监察机关依据《监察法》第30条和《监察法实施条例》第162条的规定作出采取限制出境的决定后,应当交由有权机关执行。

其中的有权机关,在《监察法》第30条中是公安机关,在《监察法实施条例》第162条中则是移民管理机构,但两者并不冲突。国家移民管理局(出入境管理局)是于2018年4月2日组建成立的,是由公安部管理的国家局。因此限制出境的执行具体由移民管理机构实施。

(三)限制出境的程序与期限

1.限制出境的程序

根据《监察法实施条例》第163条的规定,监察机关采取限制出境措施应当出具有关函件,与《采取限制出境措施决定书》一并送交移民管理机构执行。其中,采取边控措施的,应当附《边控对象通知书》;采取法定不批准出境措施的,应当附《法定不准出境人员报备表》。

据前引条例第 165 条的规定,监察机关接到口岸移民管理机构查获被决定采取留置措施的边控对象的通知后,应当于 24 小时以内到达口岸办理移交手续。无法及时到达的,应当委托当地监察机关及时前往口岸办理移交手续。当地监察机关应当予以协助。

另据条例第 167 条的规定,县级以上监察机关在重要紧急情况下,经审批可以依法直接向口岸所在地口岸移民管理机构提请办理临时限制出境措施。

2. 限制出境措施的期限

根据《监察法实施条例》第 164 条的规定,限制出境措施有效期不超过 3 个月,到期自动解除。到期后仍有必要继续采取措施的,应当按原程序报批。承办部门应当出具有关函件,在到期前与《延长限制出境措施期限决定书》一并送交移民管理机构执行。延长期限每次不得超过 3 个月。

对于不需要继续采取限制出境措施的,依据该条例第 166 条的规定,应当按规定报批,及时予以解除。承办部门应当出具有关函件,与《解除限制出境措施决定书》一并送交移民管理机构执行。

第八章 监察程序

第一节 监察程序概述

监察法通过设置监察机关,赋予其监察职权,并配备相应的监察措施以履行监察职责,但相应的职权具体应如何行使、应遵循何种规范,则需要相应的规定。为此,《监察法》以其第五章整个专章的方式规定了监察程序。所谓程序,意即行事的先后顺序。监察程序即监察机关在依法履行监察职责、行使监察职权的监察活动中所应当符合或者予以遵守的被法律规范化了的时限和空间、过程及其相关制度规定。[1]

根据《监察法》第五章的规定,监察程序至少包括问题线索处置、调查、审理、处置等程序。《监察法实施条例》据此规定进一步将监察程序细化为线索处置、初步核实、立案、调查、审理、处置、移送审查起诉共七个环环相扣的程序。不过,鉴于监察机关享有监督、调查、外置三项职权,因此对应的程序应当包括监察监督程序、监察调查程序和监察处置程序,而前述程序仅涉及监察调查和监察处置程序,并且关于监察调查程序的规定占据

---

[1] 马怀德主编:《监察法学》,人民出版社2018年版,第216页。

了大部分篇幅。事实上,监察法中关于监察监督程序的规定极少。其中缘由在于,监察监督是监察机关的首要职责,也是最为基础的职责,其廉政教育和监督检查等监督措施是极具概括性的,无法在法律上对诸如收集群众反映、座谈走访、查阅资料、召集或者列席会议、听取工作汇报和述责述廉、开展监督检查等方式进行统一的程序化的规定;同时,此类具体的监察监督方式通常而言并不会对监察对象的任何权利造成减损或威胁,因而未在程序上对此作出规定亦是可行的。

另外,《监察法》第五章监察程序中也包含了对有关监察措施的程序性规定,如第41条规定,调查人员采取讯问、询问、留置、搜查、调取、查封、扣押、勘验检查等调查措施,均应当依照规定出示证件,出具书面通知,由2人以上进行,形成笔录、报告等书面材料,并由相关人员签名、盖章。讯问以及搜查、查封、扣押等重要取证工作,应当对全过程进行录音录像,留存备查。《监察法实施条例》有关监察措施的相关章节中也规定了相关程序,本书前文对此已有涉及,故而在相关程序中将不再赘述。

尤需注意的是,监察机关既有权调查职务违法也有权调查职务犯罪,而从《监察法》及《监察法实施条例》对监察程序的规定可知,其并没有区分职务违法和职务犯罪的监察调查程序。在国家监察体制改革之前,我国职务违法调查与刑事犯罪侦查,在调查与侦查主体、调查措施、功能定位、程序规范、证据制度等方面存在明显的区别,职务犯罪案件适用刑事侦查程序,职务违法案件适用监察违法调查程序,即实行职务违法调查与职务犯罪侦查程序"二元化模式"。[1]这些区别,在监察法中有关证据的证明标准,以及不同监察措施的具体适用条件的规定中都还有所体现。

显然,监察法将职务违法犯罪调查融为一体,适用统一的程序,能够提高办案效率,有效惩治腐败,最终建立起集中统一、权威高效的监察体制,形成长效机制。不过,监察法在刑事诉讼法之外创设独立的监察程序,并不完全适用

---

[1] 谢小剑:《职务违法与职务犯罪监察调查程序"相对二元化模式"提倡》,载《法商研究》2021年第5期。

《刑事诉讼法》中的程序规定,也带来了一些问题。比如对职务犯罪的监察调查,监察程序排除了律师介入的可能,削弱了外部监督,易导致权力被滥用的结果,同时也容易对被调查人的权利造成损害;从前文有关强制措施的内容来看,监察程序中仅有留置措施,与刑事诉讼程序相比,缺少防范妨碍诉讼行为的强制措施,制约了职务犯罪的调查;在调查取证问题上,《监察法》第 33 条第 2 款规定,监察机关在收集、固定、审查、运用证据时,应当与刑事审判关于证据的要求和标准相一致。这对职务违法案件的调查而言,无异于"杀鸡用牛刀"。[1]因此,有论者主张应当根据职务违法和职务犯罪案件的不同分别适用不同的监察程序。[2]

对此,管见以为,构建集中统一、权威高效的国家监察体制是国家监察体制改革的既定目标,在此指引下的监察法不对职务违法和职务犯罪的监察调查程序加以区分是自然的要求和结果。并且,职务违法和职务犯罪之间也并不存在天然的界限,尤其是在初始的调查程序中,难以对两者进行明确的区分。职务违法案件随着调查的深入再转入职务犯罪案件调查程序,容易导致工作的反复,确实不宜再对两者的程序再作区分。但是,虽然监察法创设了相应的监察程序,却仍需与刑事诉讼法相衔接而非完全独立,并且当前监察法中有关监察程序的规定仍显粗疏,因而在《监察法》和《监察法实施条例》的既有规定下,更应该加深对《监察法》第 33 条规定的理解和阐释,发挥审判机关、检察机关和监察机关之间互相制约的作用,在职务犯罪案件的审查起诉和裁判审理中充分利用刑事诉讼法的相关规定和要求,倒逼监察机关以高标准、严要求进行包括职务违法案件在内的调查取证工作。

---

[1] 谢小剑:《职务违法与职务犯罪监察调查程序"相对二元化模式"提倡》,载《法商研究》2021 年第 5 期。
[2] 叶青、程衍:《关于独立监察程序的若干问题思考》,载《法学论坛》2019 年第 1 期;陈瑞华:《论监察委员会的调查权》,载《中国人民大学学报》2018 年第 4 期;冯俊伟:《国家监察体制改革中的程序分离与衔接》,载《法律科学》2017 年第 6 期。

第二节 线索处置

《监察法》第 36 条规定，监察机关应当严格按照程序开展工作，建立问题线索处置、调查、审理各部门相互协调、相互制约的工作机制。同时，监察机关应当加强对调查、处置工作全过程的监督管理，设立相应的工作部门履行线索管理、监督检查、督促办理、统计分析等管理协调职能。《监察法实施条例》对线索处置程序进行了细化，并规定了信访举报部门、监督检查部门、案件监督管理部门、调查部门各自的具体职责。对于国家监察委员会，本书前文有关国家监察委员会的内设机构设置中的信访室即此处的信访举报部门，第一至十一监督检查室即监督检查部门，第十二至十六审查调查室即审查调查部门，案件监督管理室即案件监督管理部门。地方各级监察委员会中的机构设置也与此类似，不再赘述。

一、线索来源

问题线索一般是指监察机关在查办案件中，有关涉案人交代、检举、揭发的被调查人以外的其他监察对象违法犯罪问题线索，以及被调查人交代、检举、揭发的其他监察对象不涉及本案的违法犯罪问题线索等。[1] 关于线索处置程序，首先的问题是线索来源问题。依据《监察法》及《监察法实施条例》的相关规定，监察工作中的线索来源主要有以下几类。

（一）报案或者举报

所谓报案，是指有关单位和个人（包括案件当事人）向监察机关报告其知道的公职人员涉嫌职务违法犯罪事实或者线索的行为。举报，则是指当事人以外的其他知情人向监察机关检举、揭发公职人员涉嫌职务违法犯罪事实或者线

---

[1] 中共中央纪律监察委员会、中华人民共和国国家监察委法规室：《〈中华人民共和国监察法〉释义》，中国方正出版社 2018 年版，第 275 页。

索的行为。

监察工作要紧紧依靠群众,我国《宪法》第41条第1款规定,"中华人民共和国公民对于任何国家机关和国家工作人员,有提出批评和建议的权利;对于任何国家机关和国家工作人员的违法失职行为,有向有关国家机关提出申诉、控告或者检举的权利,但是不得捏造或者歪曲事实进行诬告陷害"。

另据《纪检监察机关处理检举控告工作规则》第4条的规定,任何组织和个人对以下行为,有权向纪检监察机关提出检举控告:(1)党组织、党员违反政治纪律、组织纪律、廉洁纪律、群众纪律、工作纪律、生活纪律等党的纪律行为;(2)监察对象不依法履职,违反秉公用权、廉洁从政从业以及道德操守等规定,涉嫌贪污贿赂、滥用职权、玩忽职守、权力寻租、利益输送、徇私舞弊以及浪费国家资财等职务违法、职务犯罪行为;(3)其他依照规定应当由纪检监察机关处理的违纪违法行为。

因此人民群众通过报案或者举报职务违法犯罪行为,既是人民群众依法行使监督权的过程,也是监察机关获取案件线索的重要来源。

(二)其他国家机关移送的线索

依据《监察法》第34条的规定,人民法院、人民检察院、公安机关、审计机关等国家机关在工作中发现公职人员涉嫌贪污贿赂、失职渎职等职务违法或者职务犯罪的问题线索,应当移送监察机关,由监察机关依法调查处置。

根据《监察法实施条例》第169条及第171条第2项的规定,监察机关对于本单位没有有管辖权但其他监察机关有管辖权的的问题线索,应当及时转送。因此其他国家机关移送的线索也包括其他监察机关所转送的问题线索。

此外,根据《监察法实施条例》第172条的规定,相关巡视巡察机构也可移送相关问题线索。

在实践中,人民群众的检举和控告既有可能是向有管辖权的监察机关提出的,也有可能是向无管辖权的监察机关或其他国家机关提出的。因此对于其他国家机关移送的线索,前引法条又将其分为检举控告和职务违法犯罪问题线索两类。前者是其他国家机关接收到的人民群众对公职人员涉嫌职务违法犯罪的检举和控告,后者则是其他国家机关在履行职责过程中发现的公职人员涉嫌职务违法犯罪的线索。

(三) 监察对象及涉案人员主动投案

根据《纪检监察机关处理主动投案问题的规定(试行)》第2条的规定,主动投案是指党员、监察对象的涉嫌违纪或者职务违法、职务犯罪问题,未被纪检监察机关掌握,或者虽被掌握,但尚未受到纪检监察机关的审查调查谈话、讯问或者尚未被采取留置措施时,主动向纪检监察机关投案;也指涉案人员的涉嫌行贿犯罪或者共同职务违法、职务犯罪问题,未被纪检监察机关掌握,或者虽被掌握,但尚未受到纪检监察机关的询问、审查调查谈话、讯问或者尚未被采取留置措施时,主动向纪检监察机关投案。因此监察对象及涉案人员主动投案也是案件线索的重要来源。

(四) 监察机关主动发现

监察监督是监察机关的首要职责、基本职责、第一职责,通过收集群众反映、座谈走访、查阅资料、召集或者列席会议、听取工作汇报和述责述廉、开展监督检查等方式履行监督职责,是监察机关在工作中主动发现问题线索的基本方式。

二、归口受理

《监察法实施条例》规定了不同的归口受理部门受理不同线索,并明晰了线索受理的要求。

(一) 信访举报部门受理报案、检举或者控告

依据《监察法》第35条的规定,监察机关对于报案或者举报,应当接受并按照有关规定进行处理。对于不属于本机关管辖的,应当移送主管机关进行处理。这是监察机关受理案件的义务。《监察法实施条例》第169条还规定,监察机关对于报案或者举报应当依法接受。对属于本级监察机关管辖的,应当依法予以受理;对于属于其他监察机关管辖的,应当在5个工作日以内予以转送。

此外,监察机关可以向下级监察机关发函交办检举控告,并进行督办,下级监察机关应当按期回复办理结果。

具体而言,根据《监察法实施条例》第172条第1款的规定,信访举报部门

一方面归口受理本机关管辖监察对象涉嫌职务违法和职务犯罪问题的检举控告,另一方面统一接收有关监察机关以及其他单位移送的相关检举控告。对于具体的举报方式,则包括信件、电话、实地到访监察机关,而为了更便利地受理检举控告,中央纪委国家监委还开设了举报网站。[1]

对于受理的问题线索,信访举报部门根据具体情况移交本机关监督检查部门或者相关部门办理,并将移交情况通报案件监督管理部门。另据前引条例第175条第2款的规定,信访举报部门对属于本机关受理的实名检举控告,应当在收到检举控告之日起15个工作日以内按规定告知实名检举控告人受理情况,并做好记录。

(二)案件监督管理部门受理移送的职务违法犯罪问题线索

根据《监察法实施条例》第172条第2款的规定,案件监督管理部门统一接收巡视巡察机构和审计机关、执法机关、司法机关等其他机关移送的职务违法和职务犯罪问题线索,并按程序移交本机关监督检查部门或者相关部门办理。也就是说,对于其他国家机关接所移送的人民群众对公职人员涉嫌职务违法犯罪的检举和控告,案件监督管理部门并非归口受理部门,案件监督管理部门所受理的是其他国家机关在履行职责过程中发现的公职人员涉嫌职务违法犯罪的线索。

具体而言,根据《监察法实施条例》第171条的规定,监察机关对于执法机关、司法机关等其他机关移送的问题线索,应当及时审核,并按照下列方式办理:(1)本单位有管辖权的,及时研究提出处置意见;(2)本单位没有管辖权但其他监察机关有管辖权的,在5个工作日以内转送有管辖权的监察机关;(3)本单位对部分问题线索有管辖权的,对有管辖权的部分提出处置意见,并及时将其他问题线索转送有管辖权的机关;(4)监察机关没有管辖权的,及时退回移送机关。

(三)对监察对象及涉案人员主动投案的受理

根据《监察法实施条例》第170条的规定,监察机关对于涉嫌职务违法或

---

[1] 参见中央纪委国家监委举报网,http://www.12388.gov.cn/,2022年5月30日访问。

者职务犯罪的公职人员主动投案的,应当依法接待和办理。

另据《纪检监察机关处理主动投案问题的规定(试行)》第 8 条的规定,纪检监察机关的信访举报、监督检查、审查调查等部门,均可根据职责分工接待主动投案人员。并且,纪检监察机关领导班子成员、巡视巡察机构也可以接待直接向其主动投案的人员。

前引试行规定第 9 条进一步规定:(1)有关人员向纪检监察机关信访举报、监督检查、审查调查等部门主动投案的,上述部门应当立即安排 2 名以上工作人员接待,核实其身份信息,简要了解拟交代的问题、投案事由等,做好简要记录,并向本纪检监察机关相关负责人报告;(2)有关人员向巡视巡察机构主动投案的,有关巡视巡察机构按照前款的规定接待,向巡视巡察工作领导小组报告后通知有关纪检监察机关;(3)有关人员向纪检监察机关以外的组织、单位或者有关负责人员主动投案,有关组织、单位或者有关负责人员与纪检监察机关信访举报部门联系的,信访举报部门按照第 1 款的规定接待,报本纪检监察机关相关负责人批准,及时通知相关部门后将主动投案人接管带回。

《纪检监察机关处理主动投案问题的规定(试行)》第 10 条规定,信访举报部门接待主动投案人后,认为其交代的问题属于本纪检监察机关管辖的,报本纪检监察机关相关负责人批准后,通知相关部门将主动投案人接管。

信访举报部门认为主动投案人交代的问题不属于本纪检监察机关管辖的,按照下列情形办理:(1)属于上级纪检监察机关管辖的,报本纪检监察机关主要负责人批准后,逐级向上级纪检监察机关信访举报部门报告,根据上级纪检监察机关的意见办理;(2)属于下级纪检监察机关管辖的,应当报本纪检监察机关相关负责人审批后,及时通知下级纪检监察机关信访举报部门在 24 小时内将主动投案人接管,如认为由本机关管辖更为适宜的,报主要负责人批准后,可以通知本机关相关部门将主动投案人接管;(3)属于其他纪检监察机关管辖的,应当报本纪检监察机关相关负责人审批后,及时通知相关纪检监察机关信访举报部门在 24 小时内将主动投案人接管。

信访举报部门认为主动投案人交代的问题不属于纪检监察机关管辖的,应当及时通知有管辖权的机关将主动投案人接管。

相关纪检监察机关或者其他机关将主动投案人接管之前,由接待的纪检监察机关保障主动投案人的安全。

(四)监督检查部门、调查部门处理主动发现的线索

根据《监察法实施条例》第172条第3款的规定,监督检查部门、调查部门在工作中发现的相关问题线索,若属于本部门受理范围的,应当报送案件监督管理部门备案;若相关问题线索属于本机关其他部门受理范围的,经审批后移交案件监督管理部门分办。

三、承办并分类处置

(一)基本要求

对于问题线索的具体办理,《监察法实施条例》第173条第2款规定,问题线索承办部门应当指定专人负责管理线索,逐件编号登记、建立管理台账。线索管理处置各环节应当由经手人员签名,全程登记备查,及时与案件监督管理部门核对。

(二)对实名检举控告的优先办理

《监察法实施条例》第175条规定,检举控告人使用本人真实姓名或者本单位名称,有电话等具体联系方式的,属于实名检举控告。监察机关对实名检举控告应当优先办理、优先处置,依法给予答复。虽有署名但不是检举控告人真实姓名(单位名称)或者无法验证的检举控告,按照匿名检举控告处理。

调查人员应当将实名检举控告的处理结果在办结之日起15个工作日以内向检举控告人反馈,并记录反馈情况。对检举控告人提出异议的应当如实记录,并向其进行说明;对提供新证据材料的,应当依法核查处理。

(三)线索分类处置

根据《监察法实施条例》第258条第2款的规定,监察机关的监督检查和调查部门实行分工协作、相互制约。其中监督检查部门主要负责联系地区、部门、单位的日常监督检查和对涉嫌一般违法问题线索处置。据此,前引条例第174条第1款的规定,监督检查部门应当结合问题线索所涉及地区、部门、单位总体情况进行综合分析,提出处置意见并制定处置方案,经审批按照谈话、函询、初步核实、暂存待查、予以了结等方式进行处置,或者按照职责移送调查部门处置。

1. 谈话、函询

谈话、函询包含谈话和函询两种方式,其中谈话是面对面的,函询则是书面的。两者可分别使用,也可叠加使用。根据《监察法实施条例》第 70 条的规定,监察机关在问题线索处置中,可以依法对涉嫌职务违法的监察对象进行谈话,要求其如实说明情况或者作出陈述。关于谈话的具体内容,详见本书有关谈话措施的具体章节。

根据《监察法实施条例》第 174 条第 2 款的规定,函询应当以监察机关办公厅(室)名义发函给被反映人,并抄送其所在单位和派驻监察机构主要负责人。被函询人应当在收到函件后 15 个工作日以内写出说明材料,由其所在单位主要负责人签署意见后发函回复。被函询人为所在单位主要负责人的,或者被函询人所作说明涉及所在单位主要负责人的,应当直接发函回复监察机关。被函询人已经退休的,按照第 2 款规定程序办理。

2. 初步核实

《监察法》第 38 条规定,需要采取初步核实方式处置问题线索的,监察机关应当依法履行审批程序,成立核查组。

关于初步核实的具体程序,见下一节的相关内容。

3. 暂存待查

暂存待查,主要是指线索反映的问题虽具有一定的可查性,但由于时机、现有条件、涉案人一时难以找到等,暂不具备核查的条件而存放备查,对确定暂存待查的线索,一旦条件成熟应立即开展核查工作。[1]

4. 予以了结

予以了结,主要是指线索反映的问题失实或者没有可能开展核查工作而采取的线索处置方式,包括虽有违纪事实但情节轻微无须追究党纪责任,已建议有关党组织作出恰当处理等情况。[2]

---

[1] 《〈中国共产党纪律检查机关监督执纪工作规则〉学习问答》编写组编写:《〈中国共产党纪律检查机关监督执纪工作规则〉学习问答》,中国方正出版社 2018 年版第 61 页。

[2] 《〈中国共产党纪律检查机关监督执纪工作规则〉学习问答》编写组编写:《〈中国共产党纪律检查机关监督执纪工作规则〉学习问答》,中国方正出版社 2018 年版第 61 页。

四、集中管理

依据《监察法》第 36 条第 2 款的规定,监察机关应当加强对调查、处置工作全过程的监督管理,设立相应的工作部门履行线索管理、监督检查、督促办理、统计分析等管理协调职能。第 37 条则规定,监察机关对监察对象的问题线索,应当按照有关规定提出处置意见,履行审批手续,进行分类办理。线索处置情况应当定期汇总、通报,定期检查、抽查。据此,《监察法实施条例》第 173 条第 1 款规定由案件监督管理部门履行相关线索管理职能。具体的职能包括对问题线索实行集中管理、动态更新、定期汇总、核对问题线索及处置情况,向监察机关主要负责人报告,并向相关部门通报。可见,线索外置程序中的集中管理贯穿线索从受理到具体处置的全过程。

第三节 初步核实

一、初步核实的含义

初步核实是监察机关对线索进行分类处置中的一种处置方式,是指监察机关对受理和发现的反映监察对象涉嫌违法犯罪的问题线索,进行初步了解、核实的活动。初步核实是监察机关调查工作的重要环节,初步核实过程中所查明的有无违法犯罪事实情况,以及所收集到的证据材料,是否立案调查的重要依据,为案件调查工作奠定一定的基础。[1]

二、初步核实的程序和要求

(一)承办和审批

依据《监察法》第 38 条和《监察法实施条例》第 176 条的规定,监察机关对

---

[1] 中共中央纪律监察委员会、中华人民共和国国家监察委法规室:《〈中华人民共和国监察法〉释义》,中国方正出版社 2018 年版,第 182 页。

具有可查性的职务违法和职务犯罪问题线索,需要采取初步核实方式处置的,应当依法报批,履行审批程序,成立核查组开展初步核实工作。实践中一般报监察机关相关负责人审批。[1] 而根据《监察法实施条例》第258条第2款的规定,通常由监察机关的调查部门主要负责对涉嫌严重职务违法和职务犯罪问题线索进行初步核实和立案调查。

(二)确定和实施初核方案

根据《监察法实施条例》第177条第1款的规定,采取初步核实方式处置问题线索,应当确定初步核实对象,制定工作方案,明确需要核实的问题和采取的措施,成立核查组。

初核方案一般包括初步核实的依据,核查人员的组成,需要核实的问题,初步核实的方法、步骤、时间、范围和程序等,以及应注意的事项。核查组的人数可根据所反映主要问题的范围和性质来确定,不少于2人。初核方案应当承办部门主要负责人和监察机关分管负责人审批。[2]

监察机关实施初核方案,应当注重收集客观性证据,确保真实性和准确性。根据《监察法实施条例》第55条的规定,可以依法采取谈话、询问、查询、调取、勘验检查、鉴定措施;符合法定条件的,可以采取技术调查、限制出境措施。但是,设区的市级以下监察机关在初步核实中不得采取技术调查措施。

虽然监察机关实施初核方案可以采取谈话措施,但前引条例第73条规定,监察机关开展初步核实工作,一般不与被核查人接触;确有需要与被核查人谈话的,应当按规定报批。其原因在于,直接与被核查人接触可能会打草惊蛇,影响进一步的调查工作。

对于在初步核实中发现或者受理被核查人新的具有可查性的问题线索的,根据《监察法实施条例》第178条的规定,应当在经过审批后将相应问题线索纳入原初核方案开展核查。

---

[1] 中共中央纪律监察委员会、中华人民共和国国家监察委法规室:《〈中华人民共和国监察法〉释义》,中国方正出版社2018年版,第182页。

[2] 中共中央纪律监察委员会、中华人民共和国国家监察委法规室:《〈中华人民共和国监察法〉释义》,中国方正出版社2018年版,第182页。

(三) 核实结果处理

依据《监察法》第 38 条的规定,初步核实工作结束后,核查组应当撰写初步核实情况报告,提出处理建议。承办部门应当提出分类处理意见。初步核实情况报告和分类处理意见报监察机关主要负责人审批。

对于初步核实情况报告,根据《监察法实施条例》第 179 条第 1 款的要求,核查组应当列明被核查人基本情况、反映的主要问题、办理依据、初步核实结果、存在疑点、处理建议,由全体人员签名。

收到初步核实情况报告后,承办部门应当按照前引法条第 2 款的要求,综合分析初步核实情况,按照拟立案调查、予以了结、谈话提醒、暂存待查,或者移送有关部门、机关处理等方式提出处置建议,按照批准初步核实的程序报批。

第四节 立案

一、立案条件

(一) 一般立案条件

《监察法》第 39 条第 1 款规定,经过初步核实,对监察对象涉嫌职务违法犯罪,需要追究法律责任的,监察机关应当按照规定的权限和程序办理立案手续。据此,有观点认为立案应当符合三个条件:(1)存在职务违法或者职务犯罪事实;(2)需要追究法律责任;(3)按照规定的权限和程序办理立案手续。[1]但有论者认为,立案条件应是实体性条件而非程序性条件,并且立案的程序条件就是程序本身,因此立案条件应当是前两者。[2]

本书认同后者的观点。对于立案条件,《监察法实施条例》第 180 条所作的规定是:"监察机关经过初步核实,对于已经掌握监察对象涉嫌职务违法或者职务犯罪的部分事实和证据,认为需要追究其法律责任的,应当按规定报批

---

[1] 中共中央纪律监察委员会、中华人民共和国国家监察委法规室:《〈中华人民共和国监察法〉释义》,中国方正出版社 2018 年版,第 186 页。

[2] 秦前红主编:《监察法学教程》,法律出版社 2019 年版,第 322 页。

后,依法立案调查。"在所谓的程序性条件上,这一规定与《监察法》第39条第1款的规定均为"应当"按程序立案。也就意味着,在满足前两个条件后,就应当立案,只是立案要符合程序。从"按规定报批"的规定来看,与其说这是立案的程序性条件,不如说这是通过程序的设计对立案条件进行的把关。因而,立案条件就是两个。这与《刑事诉讼法》第112条中"认为有犯罪事实需要追究刑事责任的时候,应当立案"的规定是一致的。

需要指出的是,《监察法实施条例》第180条将《监察法》第39条第1款中的"监察对象涉嫌职务违法犯罪"转化成了"已经掌握监察对象涉嫌职务违法或者职务犯罪的部分事实和证据"。因为认为监察对象涉嫌职务违法犯罪,也即认为其存在职务违法或者职务犯罪事实,均需要相应证据作为支撑。

前引条例的这一规定其实是将案件事实问题转化了证据问题。但随之而来需要明确指出的是,此时的证明标准绝不能等同于对案件进行审理裁判时的标准。同时,如本书前文关于留置措施的证据条件时所言,此处立案条件中的证明标准,仅需存在少部分证据表明有监察对象实施了违法犯罪的事实即可,其证明标准是相对较低的。

(二)关于立案条件的特别规定

1. 对涉案人员立案

根据《监察法实施条例》第181条第1款的规定,监察机关立案调查职务违法或者职务犯罪案件,需要对涉嫌行贿犯罪、介绍贿赂犯罪或者共同职务犯罪的涉案人员立案调查的,应当一并办理立案手续。

2. 对单位立案和以事立案

根据《监察法实施条例》第181条第2款的规定,监察机关对单位涉嫌受贿、行贿等职务犯罪,需要追究法律责任的,依法对该单位办理立案调查手续。

对事故(事件)中存在职务违法或者职务犯罪问题,需要追究法律责任,但相关责任人员尚不明确的,可以以事立案。对单位立案或者以事立案后,经调查确定相关责任人员的,按照管理权限报批确定被调查人。

其中,以事立案,是指以已经发现的违纪、职务违法、职务犯罪事实为依据,启动审查调查程序的立案模式。这种立案模式的特别之处在于立案尚未发现案件的主要责任人,故而未能确定被调查人,但为了查明案件事实并采取相应的调查措施,也可以对此进行立案。正因如此,《监察法实施条例》第 181 条第 2 款中规定的以事立案仅限于"事故(事件)中存在职务违法或者职务犯罪问题,需要追究法律责任"的情形。根据《中央纪委国家监委开展特别重大生产安全责任事故追责问责审查调查工作规定(试行)》第 15 条的规定,"对责任事故追责问责审查调查工作,实行以事立案"。综合来看,以事立案的条件有三个:一是一般适用于追责问责的事故(事件)类职务违法犯罪案件;二是在此类案件中存在职务违法或者职务犯罪问题,需要追究法律责任;三是相关责任人员尚不明确。

3. 追究行政法律责任立案

《公职人员政务处分法》第 49 条第 2 款规定,公职人员依法受到行政处罚,应当给予政务处分的,监察机关可以根据行政处罚决定认定的事实和情节,经立案调查核实后,依照本法给予政务处分。据此,《监察法实施条例》第 181 条第 3 款规定,监察机关对依法被追究行政法律责任的监察对象,需要给予政务处分的,应当依法办理立案手续。

二、立案申请及审批

所谓按照规定的权限和程序办理立案手续,主要是指参照《中国共产党纪律检查机关监督执纪工作规则》第 38 条的规定,对符合立案条件的,承办部门应当起草立案审查调查呈批报告,经纪检监察机关主要负责人审批,报同级党委主要负责人批准,予以立案审查调查。

而根据《监察法实施条例》第 182 条的规定,对于案情简单、经过初步核实已查清主要职务违法事实,应当追究监察对象法律责任,因而不再需要开展调查的,立案和移送审理可以一并报批,履行立案程序后再移送审理。

此外,《监察法实施条例》第 183 条规定,上级监察机关需要指定下级监察机关立案调查的,应当按规定报批,向被指定管辖的监察机关出具《指定管辖决定书》,由其办理立案手续。

三、立案后的通知通报

依据《监察法》第 39 条第 3 款的规定，立案调查决定应当向被调查人宣布，并通报相关组织。涉嫌严重职务违法或者职务犯罪的，应当通知被调查人家属，并向社会公开发布。

首先，根据《监察法实施条例》第 184 条第 1 款的规定，在批准立案后，应当由 2 名以上调查人员出示证件，向被调查人宣布立案决定。在宣布立案决定后，应当及时向被调查人所在单位等相关组织送达《立案通知书》，并向被调查人所在单位主要负责人通报。

其次，对涉嫌严重职务违法或者职务犯罪的公职人员立案调查并采取留置措施的，应当按规定通知被调查人家属，并向社会公开发布。可见通知被调查人的家属与已采用留置措施通常是联动的。因为只有对被调查人采取了留置措施，才会有及时通知家属的必要。

对涉嫌严重职务违法或者职务犯罪的案件立案后向社会公开发布，既是监察机关接受社会监督的一种方式，也是加强反腐败斗争宣传、形成持续威慑的一种手段。[1]

第五节 调查

一、确定调查方案

立案之后即进入调查程序。依据《监察法》第 39 条第 2 款的规定，监察机关主要负责人依法批准立案后，应当主持召开专题会议，研究确定调查方案，决定需要采取的调查措施。具体而言，监察机关主要负责人应当主持召开专题会议，根据被调查人情况、案件性质和复杂程度等，集体研究确定调查方案。一般

---

〔1〕 中共中央纪律检查委员会、中华人民共和国国家监察委法规室：《〈中华人民共和国监察法〉释义》，中国方正出版社 2018 年版，第 188 页。

来说,调查方案的内容应包括:应当查明的问题和线索、调查步骤、方法、调查过程中需要采取哪些措施、预计完成任务的时间,以及应当注意的事项等。[1] 根据《监察法实施条例》第 186 条第 1 款的规定,立案后,集体研究确定的调查方案由监察机关主要负责人进行批准。

二、开展调查

(一)对调查工作的基本要求

立案之后即进入调查程序,依据《监察法》第 40 条与《监察法实施条例》第 185 条的规定,监察机关对已经立案的职务违法或者职务犯罪案件应当依法进行调查,收集被调查人有无违法犯罪以及情节轻重的证据,查明违法犯罪事实,形成相互印证、完整稳定的证据链。同时,严禁以威胁、引诱、欺骗及其他非法方式收集证据,严禁侮辱、打骂、虐待、体罚或者变相体罚被调查人和涉案人员。

鉴于此部分内容已在本书有关证据的章节中予以阐述,此处不再赘述。

(二)对采取监察措施的要求

根据《监察法实施条例》第 55 条的规定,立案后的案件可以采取《监察法》所规定的全部调查措施,还包括留置措施。在开展问责调查工作中,根据具体情况可以依法采取相关监察措施。

在调查工作中,依据《监察法》第 41 条的规定,调查人员采取讯问、询问、留置、搜查、调取、查封、扣押、勘验检查等调查措施,均应当依照规定出示证件,出具书面通知,由 2 人以上进行,形成笔录、报告等书面材料,并由相关人员签名、盖章。最重要的是,调查人员进行讯问以及搜查、查封、扣押等重要取证工作时,应当对全过程进行录音录像,留存备查。

与《刑事诉讼法》的规定相比,《监察法》中的全程录音录像制度不仅适用于讯问,还适用于搜查、查封、扣押以及重要的谈话和询问等重要的调查取证工作中,范围更广,并且是强制性适用,这是监察工作法治化的重要体现。

---

[1] 中共中央纪律监察委员会、中华人民共和国国家监察委法规室:《〈中华人民共和国监察法〉释义》,中国方正出版社 2018 年版,第 187 页。

鉴于此部分内容已在本书有关监察措施的章节中予以阐述，此处不再赘述。

（三）对执行调查方案的要求

依据《监察法》第42条及《监察法实施条例》第186条的规定，监察机关应当组成调查组依法开展调查，相应调查工作应当严格按照批准的方案执行，不得随意扩大调查范围、变更调查对象和事项。

由于调查方案是按照法定程序，经过集体研究最终确定的，是集体智慧的结果，因此随意变更调查方案是对调查方案的科学性、严谨性、计划性的破坏，最终可能严重影响调查工作的有效开展甚至造成难以估量的损失。与此同时，随意扩大调查范围、变更调查对象还是对监察程序的违背，极易对被调查人员的权利造成损害。

不过，鉴于调查工作的复杂性，随着调查的深入以及案件实际情况的变化，原有调查方案有可能无法适应新的情况，此时经过请示批准，也可对调查方案作出调整。

此外，调查人员在调查工作期间，未经批准不得单独接触任何涉案人员及其特定关系人，不得擅自采取调查措施。

《监察法》第42条第2款则规定了调查过程中的请示报告制度，即对调查过程中的重要事项，应当集体研究后按程序请示报告。

（四）停职调查

依据《公职人员政务处分法》第52条的规定，公职人员涉嫌违法，已经被立案调查，不宜继续履行职责的，公职人员任免机关、单位可以决定暂停其履行职务。公职人员在被立案调查期间，未经监察机关同意，不得出境、辞去公职；被调查公职人员所在机关、单位及上级机关、单位不得对其交流、晋升、奖励、处分或者办理退休手续。

三、调查期限

（一）一般调查期限

《监察法》没有对调查的期限作出规定，不过根据《监察法实施条例》第185

条第 2 款的规定,监察机关调查职务违法或者职务犯罪案件,对被调查人没有采取留置措施的,应当在立案后 1 年以内作出处理决定;对被调查人解除留置措施的,应当在解除留置措施后 1 年以内作出处理决定。

(二)调查期限延长

根据《监察法实施条例》第 185 条第 2 款的规定,案情重大复杂的案件,经上一级监察机关批准,可以适当延长,但延长期限不得超过 6 个月。

这一规定意味着,对于一般的且被调查人未被采取留置措施的案件,调查期限为 1 年;对于被调查人已被采取留置措施的案件,调查期限可长达 1 年零 6 个月;如果案情重大复杂,调查期限还可以延长。此处虽然规定延长期限不得超过 6 个月,但并未规定可以延长调查期限的次数。从文义上看,似乎可以不限延长调查期限次数,但这显然不利于被调查人的权利保障。与此同时,案件久拖不决显然与权威高效的国家监察体制改革初心相悖,也有损国家监察机关和法律的权威。因此,应当认为调查期限可以延长,但累计延长的期间不能超过 6 个月,如此既可利于被调查人的权利保障,也能督促监察机关高效办案。

(三)期限重新计算与继续调查

《监察法实施条例》第 185 条第 3 款规定,对于被调查人在监察机关立案调查以后逃匿的,调查期限自被调查人到案之日起重新计算。同时,依据《监察法》第 48 条的规定,监察机关在调查贪污贿赂、失职渎职等职务犯罪案件过程中,被调查人逃匿或者死亡,有必要继续调查的,经省级以上监察机关批准,应当继续调查并作出结论。

(四)补充调查的期限

依据《监察法》第 47 条第 3 款的规定,对于经人民检察院审查起诉后退回补充调查的案件,监察机关应当在 1 个月内补充调查完毕,且补充调查以 2 次为限,即补充调查的最长期限为 2 个月。与此相比,对于按照《监察法条例》第 196 条的规定,由监察机关案件审理部门退回重新调查或者补充调查的案件,其调查期限如何,法律法规并未作出明确规定。对此,依据举重以明轻的法理,案件调查部门应当在 1 个月内补充调查完毕,且补充调查以 2 次为限。

四、调查终结

（一）核对书面材料

根据《监察法实施条例》第 187 条的规定，调查组应当将调查认定的涉嫌违法犯罪事实形成书面材料，交给被调查人核对，听取其意见。被调查人应当在书面材料上签署意见。对被调查人签署不同意见或者拒不签署意见的，调查组应当作出说明或者注明情况。对被调查人提出申辩的事实、理由和证据应当进行核实，成立的予以采纳。

调查组对于立案调查的涉嫌行贿犯罪、介绍贿赂犯罪或者共同职务犯罪的涉案人员，在查明其涉嫌犯罪问题后，依照前述规定进行书面材料核对。

对于按照《监察法实施条例》的相关规定，对立案和移送审理一并报批的案件，应当在报批前履行前述关于核对书面材料的规定程序。

（二）形成调查报告

根据《监察法实施条例》第 188 条的规定，调查组在调查工作结束后应当集体讨论，形成调查报告。调查报告应当列明被调查人基本情况、问题线索来源及调查依据、调查过程，涉嫌的主要职务违法或者职务犯罪事实，被调查人的态度和认识，处置建议及法律依据，并由调查组组长以及有关人员签名。

对调查过程中发现的重要问题和形成的意见建议，应当形成专题报告。

（三）移送审理

1. 基于既定事实的移送审理

根据《监察法实施条例》第 181 条第 3 款的规定，监察机关根据人民法院生效刑事判决、裁定和人民检察院不起诉决定认定的事实，需要对监察对象给予政务处分的，可以由相关监督检查部门依据司法机关的生效判决、裁定、决定及其认定的事实、性质和情节，提出给予政务处分的意见，按程序移送审理。从这一规定可知，初步核实并非立案的必要条件，有论者认为经过初步核实是立案的前置条件的观点值得商榷。[1]

---

[1] 张云霄著：《监察法学新论》，中国政法大学出版社 2020 年版，第 168 页。

2. 追缴犯罪所得案件的移送审理

依据《监察法》第48条和《监察法实施条例》第232条第1款的规定,监察机关对被调查人逃匿或者死亡的职务犯罪案件,如有必要继续调查的,经省级以上监察机关批准,应当继续调查并作出结论。在被调查人死亡,或者通缉1年后不能到案的情况下,依法应当追缴其违法所得及其他涉案财产的,承办部门在调查终结后应当依法移送审理。经审理后,依法由监察机关提请人民检察院依照法定程序,向人民法院提出没收违法所得的申请。

3. 移送审理的程序和要求

根据《监察法实施条例》第190条的规定,经调查认为被调查人构成职务违法或者职务犯罪的,应当区分不同情况提出相应处理意见,经审批将调查报告、职务违法或者职务犯罪事实材料、涉案财物报告、涉案人员处理意见等材料,连同全部证据和文书手续移送审理。

对涉嫌职务犯罪的案件材料应当按照刑事诉讼要求单独立卷,与《起诉建议书》、涉案财物报告、同步录音录像资料及其自查报告等材料一并移送审理。

调查全过程形成的材料应当案结卷成、事毕归档。

(四)起草起诉建议书

根据《监察法实施条例》第189条的规定,调查组对被调查人涉嫌职务犯罪拟依法移送人民检察院审查起诉的,应当起草《起诉建议书》。《起诉建议书》应当载明被调查人基本情况,调查简况,认罪认罚情况,采取留置措施的时间,涉嫌职务犯罪事实以及证据,对被调查人从重、从轻、减轻或者免除处罚等情节,提出对被调查人移送起诉的理由和法律依据,采取强制措施的建议,并注明移送案卷数及涉案财物等内容。

调查组应当形成被调查人到案经过及量刑情节方面的材料,包括案件来源、到案经过,自动投案、如实供述、立功等量刑情节,认罪悔罪态度、退赃、避免和减少损害结果发生等方面的情况说明及相关材料。被检举揭发的问题已被立案、查破,被检举揭发人已被采取调查措施或者刑事强制措施、起诉或者审判的,还应当附有关法律文书。

五、补充调查

补充调查分为两类：第一类是人民检察院审查起诉后退回补充调查的案件；第二类是案件审理部门退回重新调查或者补充调查的案件。

依据《监察法》第 47 条第 3 款的规定，人民检察院经审查，认为需要补充核实的，应当退回监察机关补充调查，必要时可以自行补充侦查。因此第一类即人民检察院经审查起诉，认为需要补充核实，并退回监察机关补充调查的案件。

根据《监察法实施条例》第 196 条的规定，案件审理部门经审理认为主要违法犯罪事实不清、证据不足的，应当经审批将案件退回承办部门重新调查。对于存在部分事实不清、证据不足，遗漏违法犯罪事实，或者有其他需要进一步查清的案件事实三种情形之一，需要补充完善证据的，经审批可以退回补充调查。此为第二类。

对于第二类补充调查案件，承办部门补充调查结束后，应当经审批将补证情况报告及相关证据材料，连同案卷材料一并移送案件审理部门；对确实无法查明的事项或者无法补充的证据，应当作出书面说明。重新调查终结后，应当重新形成调查报告，依法移送审理。

第六节 审理

一、监察案件审理的含义

依据《监察法》第 36 条的规定，监察机关应当严格按照程序开展工作，建立问题线索处置、调查、审理各部门相互协调、相互制约的工作机制。监察机关据此设立了包括案件审理部门在内的职能部门。与此同时，《监察法实施条例》还专门对审理程序作了规定。

但是，监察法中的案件审理与人民法院对诉讼案件的审理含义并不相同。监察法中的案件审理最早可追溯至 1987 年中央纪委印发的《党的纪律检查机关案件审理工作条例》。据该条例第 2 条规定,案件审理工作,是对违犯党的纪律的案件的审核处理工作,是党的纪律检查工作的重要组成部分,是检查处理党员或党组织违犯党纪案件的重要环节。结合《监察法》和《监察法实施条例》的相关规定,监察法中的案件审理,是指监察机关对职务违法案件和职务犯罪案件进行证据审查,查清案件事实,确定案件性质,并作出相应处置的活动。

二、受理案件

根据《监察法实施条例》第 191 条的规定,案件审理部门应当对收到的移送审理的案件进行审核,包括审核材料是否齐全、手续是否完备。对被调查人涉嫌职务犯罪的,还应当审核相关案卷材料是否符合职务犯罪案件立卷要求,是否在调查报告中单独表述已查明的涉嫌犯罪问题,是否形成《起诉建议书》。

经审核符合移送条件的,应当予以受理;不符合移送条件的,经审批可以暂缓受理或者不予受理,并要求调查部门补充完善材料。

三、审理组和审理期限

(一)审理组

根据《监察法实施条例》第 192 条第 1 款的规定,案件审理部门受理案件后,应当成立由 2 人以上组成的审理组,对案件进行审理。这是法律法规首次对监察案件的审理组织作出规定。审理组与人法院中的合议制审判组织类似,是监察机关审理案件的组织形式。不过,人民法院合议庭人员的组成是单数,而监察案件的审理组人员则并无此规定,仅要求 2 人以上。

审理组由 2 人以上组成而不能独任审理,是为了避免案件审理中的独断专行,使审理人员之间相互监督。并且,由多人组成的审理组是民主集中制原则得以发挥的基础。根据《监察法实施条例》第 193 条的规定,审理工作应当坚持民主集中制原则,经集体审议形成审理意见。只有审理组才能够保证案件的审理是经过众人的充分讨论而得出的结果,避免产生错案。

(二)审理期限

根据《监察法实施条例》第 194 条的规定,审理工作应当在受理之日起 1 个月以内完成，重大复杂案件经批准可以适当延长。这是关于案件审理期限的规定。

与有关调查期限的规定一样，对审理期限作出规定有期重要意义。一方面是督促监察机关高效办案，保证监察工作的公正和效率。案件久拖不决，占用过多的时间和资源，影响效率，与权威高效的目标不符。另一方面也是对被调查人的权利保障。案件迟迟未能得到审理，对被调查人员而言意味着其是否存在职务违法犯罪迟迟得不到最终确定，这在某种程序上也是一种不公正。更重要的是，在案件悬而未决的情况下，出于调查或等待审理的需要，被调查人的某些权利如交流、晋升和奖励等，尤其是被留置人员的人身自由，将继续受到限制。

四、审理原则和依据

根据《监察法实施条例》第192条、第193条及相关法律法规的规定，监察案件的审理应当以《监察法》《公职人员政务处分法》《刑法》《刑事诉讼法》等法律法规为依据进行审理，并遵循以下原则。监察法的法律渊源可见本书第一章相关章节。

（一）实事求是原则

《监察法实施条例》第192条第3款规定了案件审理工作中的实事求是原则。这一原则在案件审理工作中也体现为"以事实为根据，以法律为准绳"，且其要求不仅体现于案件审理工作中，而且体现在监察监督、监察调查、监察处置等监察工作的方方面面和全过程。

在案件审理过程中坚持实事求是原则，就是要求审理人员不能凭借个人主观臆测对案件作出判断，而是要注重证据和法律的规定。由此也引申出证据裁判的原则。为此，《监察法实施条例》专门对证据进行了规定，要求监察机关认定案件事实应当以证据为根据，只有经过查证属实的证据，才能作为定案的根据。对此，本书前文已详加阐述，此处不再赘述。

（二）全面审理原则

根据《监察法实施条例》第192条的规定，案件审理部门审理案件应当全面审理案卷材料,包括对案件事实证据、性质认定、程序手续、涉案财物等进行全面审理。根据这一原则,案件审理部门要审核移送审理的材料是否齐全、手续是否完备,调查取证的程序和措施是否合法合规,性质认定是否准确;既要审查被调查人职务违法犯罪的有无,也要审查其情节的轻重。只有如此才能把握案件的全貌,查清案件事实,为案件的正确定性和处置打下基础。从某种程度上讲,全面审理原则其实是实事求是原则的具体体现。

(三)独立审理原则

根据《监察法实施条例》第192条第3款的规定,案件审理工作应当坚持独立审理原则。坚持独立审理原则是监察独立原则在案件审理工作中的具体体现,是为了保证审理人员能够不受任何人的影响而客观公正的对案件进行审理。同时,独立审理原则也要求审理人员不偏不倚的进行审理,既不偏袒调查人员一方而对被调查人员作出不公的决定,也不偏向被调查人员而使其违法犯罪行为得不到处理。

根据前引法条的规定,案件审理时坚持调查与审理相分离的原则,案件调查人员不得参与审理,其实质也是为了保证审理人员能够独立审理。此外,《监察法》和《监察法实施条例》均对监察人员的回避作出了相应规定,据此,存在有碍于独立审理的情形的,也应当回避。

(四)民主集中制原则

根据《监察法实施条例》第193条的规定,案件审理工作应当坚持民主集中制原则,经集体审议形成审理意见。民主集中制原则是民主基础上的集中和集中指导下的民主相结合,既能使个人充分表达看法,又能将不同的看法和意志进行集中,最终达成统一的共识和意见。在案件审理中,审理组由2人以上组成,坚持民主集中制原则能够充分发挥每个审理人员的智慧,使其充分表达对案件的看法,在此基础上集中形成的统一认识,能够有利于案件事实的查明和性质认定,确保最终得出一个正确的结果。

五、审理中的谈话

根据《监察法实施条例》第195条的规定,案件审理部门根据案件审理情况,经审批可以与被调查人谈话,告知其在审理阶段的权利义务,核对涉嫌违法犯罪事实,听取其辩解意见,了解有关情况。其中,具有下列情形之一的,一般应当与被调查人谈话:(1)对被调查人采取留置措施,拟移送起诉的;(2)可能存在以非法方法收集证据情形的;(3)被调查人对涉嫌违法犯罪事实材料签署不同意见或者拒不签署意见的;(4)被调查人要求向案件审理人员当面陈述的;(5)其他有必要与被调查人进行谈话的情形。

另外,在与被调查人谈话时,案件审理人员不得少于2人。并且,与被调查人谈话应当符合谈话措施的相关规定,自不待言。

六、审理终结

(一)退回补充调查

根据《监察法实施条例》第196条的规定,案件经审理后应当退回补充调查的情形有两类。

第一类是重新调查,即经审理认为主要违法犯罪事实不清、证据不足的,应当经审批将案件退回承办部门重新调查。此种情形是因为案件的主要事实没有调查清楚,亦没有充足的证据证明案件事实,故应当退回重新调查。

第二类是补充调查,即经审理认为存在需要补充调查情形,因而需要补充完善证据的,经审批可以退回补充调查。需要补充调查情形包括:(1)部分事实不清、证据不足的;(2)遗漏违法犯罪事实的;(3)其他需要进一步查清案件事实的情形。

案件审理部门将案件退回重新调查或者补充调查的,应当出具审核意见,写明调查事项、理由、调查方向、需要补充收集的证据及其证明作用等,连同案卷材料一并送交承办部门。

承办部门补充调查结束后,应当经审批将补证情况报告及相关证据材料,连同案卷材料一并移送案件审理部门;对确实无法查明的事项或者无法补充的证据,应当作出书面说明。重新调查终结后,应当重新形成调查报告,依法移送审理。

另外,重新调查完毕移送审理的,审理期限重新计算,且补充调查期间不计入审理期限。

(二)形成审理报告

案件审理的工作结束后,根据《监察法实施条例》第197条第1款的规定,应当形成审理报告。审理报告应当载明被调查人基本情况、调查简况、涉嫌违法或者犯罪事实、被调查人态度和认识、涉案财物处置、承办部门意见、审理意见等内容,提请监察机关集体审议。

(三)形成起诉意见书

对于被调查人涉嫌职务犯罪需要追究刑事责任的,在根据《监察法实施条例》第197条第1款的规定形成审理报告的同时,还应当形成《起诉意见书》,作为审理报告附件。

《起诉意见书》应当忠实于事实真相,载明被调查人基本情况,调查简况,采取留置措施的时间,依法查明的犯罪事实和证据,从重、从轻、减轻或者免除处罚等情节,涉案财物情况,涉嫌罪名和法律依据,采取强制措施的建议,以及其他需要说明的情况。

(四)提出撤销案件的建议

根据《监察法实施条例》第197条第3款的规定,案件审理部门经审理认为现有证据不足以证明被调查人存在违法犯罪行为,且通过退回补充调查仍无法达到证明标准的,应当提出撤销案件的建议。此外,此时仍需按前引法条第1款的规定形成相应的审理报告。

七、提级和指定管辖案件的审理

(一)对提级管辖案件的审理

根据《监察法实施条例》第198条的规定,上级监察机关办理下级监察机关管辖案件的,可以经审理后按程序直接进行处置,也可以经审理形成处置意见后,交由下级监察机关办理。

据此规定,对于上级监察机关提级管辖的案件,均应当由上级监察机关的案件审理部门进行审理,但审理后是否进行处置则可以进行选择。基于审理的结果,上级监察机关可以直接进行处置,也可以形成相应的处置意见后交由下级监察机关办理。对于上级监察机关的处置意见，下级监察机关一般应照此办理。

(二) 对指定管辖案件的审理

根据《监察法实施条例》第 199 条第 1 款的规定，被指定管辖的监察机关在调查结束后应当将案件移送审理，提请监察机关集体审议。在此之外，其第 2、3 款对不同类型的指定管辖案件又有不同的规定。

1. 下移指定管辖案件的审理

对于上级监察机关将其所管辖的案件下移指定管辖的，被指定管辖的下级监察机关应当在按照前款规定办理后，将案件报上级监察机关依法作出政务处分决定。上级监察机关在作出决定前，应当进行审理。

2. 平移指定管辖案件的审理

对于上级监察机关将下级监察机关管辖的案件指定其他下级监察机关管辖的，被指定管辖的监察机关应当按照第 199 条第 1 款规定办理后，将案件送交有管理权限的监察机关依法作出政务处分决定。有管理权限的监察机关应当进行审理，审理意见与被指定管辖的监察机关意见不一致的，双方应当进行沟通；经沟通不能取得一致意见的，报请有权决定的上级监察机关决定。

另外，经协商，有管理权限的监察机关在被指定管辖的监察机关审理阶段可以提前阅卷，沟通了解情况。

据上述规定可知：(1) 对于指定管辖的案件，会在被指定管辖的监察机关和原有权管辖的监察机关之间各进行一次审理；(2) 只能由原有权管辖的监察机关对被调查人作出相应的政务处分决定，但指定管辖的监察机关可以提出审理意见；(3) 仅在平移指定管辖的案件中，审理意见不能取得一致时需报请上级监察机关决定。

第七节　处置

如本章首节中所述，监察法对除监察调查程序之外的监察监督程序和监察处置程序规定相对较少。对于监察处置程序,《监察法实施条例》以专门的一节对移送审查起诉程序进行规定。而在本部分内容中,前引条例规定了监察机关进行监察处置的依据,以及监察处置可使用的具体措施。这些内容已在监察职权或监察措施等章节中予以阐述,且相应内容中也对程序有所涉及,故对于前文已述之内容,此处不再赘述。

此外,本部分关于对涉嫌行贿等犯罪的非监察对象进行处置的规定,亦不再赘述。

一、劝诫措施的程序和要求

根据《监察法实施条例》第201条的规定,监察机关对于公职人员有职务违法行为但情节较轻的,可以依法进行谈话提醒、批评教育、责令检查,或者予以诫勉。本书将此类处置措施称为劝诫措施。据本条规定,上述措施可以单独使用,也可以依据规定合并使用。

对于谈话提醒和批评教育,应当由监察机关相关负责人或者承办部门负责人进行,可以由被谈话提醒、批评教育人所在单位有关负责人陪同;经批准也可以委托其所在单位主要负责人进行。对谈话提醒、批评教育情况应当制作记录。

对于被责令检查的公职人员,应当作出书面检查并进行整改。整改情况在一定范围内通报。

对于诫勉,可由监察机关以谈话或者书面方式进行。以谈话方式进行诫勉的,应当制作记录。

二、政务处分的程序和要求

(一)听取陈述和申辩

依据《公职人员政务处分法》第43条的规定,监察机关在作出政务处分决定前,应当将调查认定的违法事实及拟给予政务处分的依据告知被调查人,听取被调查人的陈述和申辩,并对其陈述的事实、理由和证据进行核实,记录在案。被调查人提出的事实、理由和证据成立的,应予采纳。并且,不得因被调查人的申辩而加重政务处分。

(二)作出政务处分决定

1. 基本规定

依据《公职人员政务处分法》第 44 条第 1 项及《监察法实施条例》第 202 条的规定,对确有违法行为的公职人员,依法需要给予政务处分的,监察机关应当按照政务处分决定权限,根据情节轻重,作出警告、记过、记大过、降级、撤职、开除的政务处分决定,并制作政务处分决定书。

2. 对特殊人员的政务处分决定

《公职人员政务处分法》第 50 条和第 51 条针对四类人员的政务处分决定作了特别的规定。

第一,对经各级人民代表大会、县级以上各级人民代表大会常务委员会选举或者决定任命的公职人员予以撤职、开除的,应当先依法罢免、撤销或者免去其职务,再由监察机关依法作出政务处分决定。

第二,对经中国人民政治协商会议各级委员会全体会议或者其常务委员会选举或者决定任命的公职人员予以撤职、开除的,应当先依章程免去其职务,再由监察机关依法作出政务处分决定。

第三,对各级人民代表大会代表、中国人民政治协商会议各级委员会委员给予政务处分的,应当向有关的人民代表大会常务委员会,乡、民族乡、镇的人民代表大会主席团或者中国人民政治协商会议委员会常务委员会通报。

第四,下级监察机关根据上级监察机关的指定管辖决定进行调查的案件,调查终结后,对不属于本监察机关管辖范围内的监察对象,应当交有管理权限的监察机关依法作出政务处分决定。

(三)政务处分决定书

1. 政务处分决定书的内容

依据《公职人员政务处分法》第 45 条第 2 款的规定,政务处分决定书应当载明下列事项:(1)被处分人的姓名、工作单位和职务;(2)违法事实和证据;(3)政务处分的种类和依据;(4)不服政务处分决定,申请复审、复核的途径和期限;(5)作出政务处分决定的机关名称和日期。并且,政务处分决定书应当盖有作出决定的监察机关的印章。

2. 政务处分决定书的送达和宣告

依据《公职人员政务处分法》第 46 条和《监察法实施条例》第 203 条第 1 款的规定,监察机关应当将政务处分决定书在作出后 1 个月以内送达被处分人和被处分人所在机关、单位,在一定范围内宣布,并根据被处分人的具体身份书面告知相关的机关、单位。

(四)政务处分决定的生效、执行和变更

根据《监察法实施条例》第 203 条第 2 款的规定,政务处分决定自作出之日起生效。有关机关、单位、组织应当依法及时执行处分决定,并将执行情况向监察机关报告。处分决定应当在作出之日起 1 个月以内执行完毕,特殊情况下经监察机关批准可以适当延长办理期限,最迟不得超过 6 个月。

此外,依据《公职人员政务处分法》第 54 条的规定,公职人员受到政务处分的,应当将政务处分决定书存入其本人档案。对于受到降级以上政务处分的,应当由人事部门按照管理权限在作出政务处分决定后 1 个月内办理职务、工资及其他有关待遇等的变更手续;特殊情况下,经批准可以适当延长办理期限,但是最长不得超过 6 个月。

根据《监察法实施条例》第 231 条的规定,对于监察机关移送起诉的案件,人民检察院作出不起诉决定,人民法院作出无罪判决,或者监察机关经人民检察院退回补充调查后不再移送起诉,涉及对被调查人已生效政务处分事实认定的,监察机关应当依法对政务处分决定进行审核。认为原政务处分决定认定事实清楚、适用法律正确的,不再改变;认为原政务处分决定确有错误或者不当的,依法予以撤销或者变更。

三、问责的程序和要求

《监察法实施条例》第 204 条规定,监察机关对不履行或者不正确履行职责造成严重后果或者恶劣影响的领导人员,可以按照管理权限采取通报、诫勉、政务处分等方式进行问责;提出组织处理的建议。

然而这一规定并非问责的程序和要求。《中国共产党问责条例》和《关于实行党政领导干部问责的暂行规定》中对问责的程序有所涉及。不过前者适用于党内问题,后者则适用于党政领导干部问责。

(一)党内问责的程序规定

根据《中国共产党问责条例》第12条的规定,问责决定应当由有管理权限的党组织作出。其中,对同级党委管理的领导干部,纪委和党的工作机关报经同级党委或者其主要负责人批准,可以采取通报、诫勉方式进行问责;提出组织调整或者组织处理的建议。采取纪律处分方式问责的,按照党章和有关党内法规规定的权限、程序执行。

在作出问责决定后,据前引问责条例第13条的要求,应当及时向被问责党组织、被问责领导干部及其所在党组织宣布并督促执行。有关问责情况应当向纪委和组织部门通报,同时纪委应当将问责决定材料归入被问责领导干部廉政档案,组织部门则应当将问责决定材料归入被问责领导干部的人事档案,并报上一级组织部门备案;如涉及组织调整或者组织处理的,相应手续应当在1个月内办理完毕。

被问责领导干部应当向作出问责决定的党组织写出书面检讨,并在民主生活会、组织生活会或者党的其他会议上作出深刻检查。建立健全问责典型问题通报曝光制度,采取组织调整或者组织处理、纪律处分方式问责的,应当以适当方式公开。

(二)党政领导干部问责的暂行规定

《关于实行党政领导干部问责的暂行规定》第7条规定,对党政领导干部实行问责的方式分为:责令公开道歉、停职检查、引咎辞职、责令辞职、免职。这与监察法中所规定的不一致,但可以解释为包括在《监察法实施条例》第204条的"等方式"之内。

1. 问责建议

根据《关于实行党政领导干部问责的暂行规定》的规定,纪检监察机关可以提出问责建议。监察机关提出问责建议,应当同时向问责决定机关提供有关事实材料和情况说明,以及需要提供的其他材料。

2. 问责的决定

问责决定机关可以根据相应的问责建议作出问责决定。在作出问责决定前,问责决定机关应当听取被问责的党政领导干部的陈述和申辩,并且记录在案;对其合理意见,应当予以采纳。问责决定机关按照干部管理权限对党政领导干部作出的问责决定,应当经领导班子集体讨论决定。

3. 问责决定书

据《关于实行党政领导干部问责的暂行规定》第17条的规定,对党政领导干部实行问责,应当制作《党政领导干部问责决定书》。《党政领导干部问责决定书》由负责调查的纪检监察机关或者组织人事部门代问责决定机关草拟。

《党政领导干部问责决定书》应当写明问责事实、问责依据、问责方式、批准机关、生效时间、当事人的申诉期限及受理机关等。作出责令公开道歉决定的,还应当写明公开道歉的方式、范围等。

4. 问责决定的办理

问责决定机关作出问责决定后,由组织人事部门办理相关事宜,或者由问责决定机关责成有关部门办理相关事宜。《党政领导干部问责决定书》应当送达被问责的党政领导干部本人及其所在单位。此外,组织人事部门应当及时将被问责的党政领导干部的有关问责材料归入其个人档案,并且将执行情况报告问责决定机关,回复问责建议机关。

5. 对问责决定的救济

据《关于实行党政领导干部问责的暂行规定》第22条的规定,被问责的党政领导干部对问责决定不服的,可以自接到《党政领导干部问责决定书》之日起15日内,向问责决定机关提出书面申诉。问责决定机关接到书面申诉后,应当在30日内作出申诉处理决定。申诉处理决定应当以书面形式告知申诉人及其所在单位。但是,申诉期间,不停止问责决定的执行。

综上所述,目前监察法并无有针对性的关于问责程序的配套规定,在《关于实行党政领导干部问责的暂行规定》中,监察机关仅能作出问责建议而不能直接作出问责决定。虽然从体系解释上看,鉴于监察机关可以采取通报、诫勉、政务处分等方式进行问责,因此可以衔接至劝诫措施和政务处分的程序与要求上，但对于通报及可能存在的其他问责措施，则并无程序规范予以指引，终究有利于监察问责的顺利实施，故而有待法律法规对此作出进一步的规定。

四、监察建议的程序和要求

根据《监察法实施条例》第 205 条的规定，监察机关依法向监察对象所在单位提出监察建议的，应当经审批制作监察建议书。其中，监察建议书一般应当包括下列内容：(1)监督调查情况；(2)调查中发现的主要问题及其产生的原因；(3)整改建议、要求和期限；(4)向监察机关反馈整改情况的要求。

五、撤销案件的程序和要求

《监察法实施条例》第 206 条对撤销案件的程序和要求作了较为详尽的规定。

(一)一般规定

监察机关经调查，对没有证据证明或者现有证据不足以证明被调查人存在违法犯罪行为的，应当依法撤销案件。省级以下监察机关撤销案件后，应当在 7 个工作日以内向上一级监察机关报送备案报告。上一级监察机关监督检查部门负责备案工作。

(二)指定管辖案件的撤销

省级以下监察机关拟撤销上级监察机关指定管辖或者交办案件的，应当将《撤销案件意见书》连同案卷材料，在法定调查期限到期 7 个工作日前报指定管辖或者交办案件的监察机关审查。对于重大、复杂案件，在法定调查期限到期 10 个工作日前报指定管辖或者交办案件的监察机关审查。

指定管辖或者交办案件的监察机关由监督检查部门负责审查工作。指定管辖或者交办案件的监察机关同意撤销案件的，下级监察机关应当作出撤销案件决定，制作《撤销案件决定书》；指定管辖或者交办案件的监察机关不同意撤销案件的，下级监察机关应当执行该决定。

(三)撤销案件决定书

监察机关对于撤销案件的决定应当向被调查人宣布，由其在《撤销案件决定书》上签名、捺指印,立即解除留置措施,并通知其所在机关、单位。

(四)重新立案调查

撤销案件后又发现重要事实或者有充分证据,认为被调查人有违法犯罪事实需要追究法律责任的,应当重新立案调查。

六、涉案财物的处置程序和要求

(一)涉案财物的没收、追缴或者责令退赔

据《监察法实施条例》第207条第3款的规定,对于涉案单位和人员通过行贿等非法手段取得的财物及孳息,应当依法予以没收、追缴或者责令退赔。对于违法取得的其他不正当利益,依照法律法规及有关规定予以纠正处理。

此外,据前引条例第208条第3款的规定,对不属于犯罪所得但属于违法取得的财物及孳息,也应当依法予以没收、追缴或者责令退赔,并出具有关法律文书。第4款则规定,对经认定不属于违法所得的财物及孳息,应当及时予以返还,并办理签收手续。

监察机关经调查,对违法取得的财物及孳息决定追缴或者责令退赔的,可以按前引条例第209条的规定,依法要求公安、自然资源、住房城乡建设、市场监管、金融监管等部门以及银行等机构、单位予以协助。其中,《国家监察委员会办公厅、公安部办公厅关于规范公安机关协助监察机关在涉案财物处理中办理机动车登记工作的通知》以及《国家监察委员会办公厅、自然资源部办公厅关于不动产登记机构协助监察机关在涉案财物处理中办理不动产登记工作的通知》对相关问题作了详细规定,此处不赘述。

追缴涉案财物以追缴原物为原则,原物已经转化为其他财物的,应当追缴转化后的财物;有证据证明依法应当追缴、没收的涉案财物无法找到、被他人善意取得、价值灭失减损或者与其他合法财产混合且不可分割的,可以依法追缴、没收其他等值财产。

追缴或者责令退赔应当自处置决定作出之日起1个月以内执行完毕。被调查人的原因导致逾期执行的除外。

(二)涉职务犯罪案件财物的保管、移送

根据《监察法实施条例》第208条的规定,对查封、扣押、冻结的涉嫌职务犯罪所得财物及孳息应当妥善保管,并制作《移送司法机关涉案财物清单》随案移送人民检察院。对作为证据使用的实物应当随案移送;对不宜移送的,应当将清单、照片和其他证明文件随案移送。

其中,对于移送人民检察院的涉案财物,价值不明的,应当在移送起诉前委托进行价格认定。在价格认定过程中,需要对涉案财物先行作出真伪鉴定或者出具技术、质量检测报告的,应当委托有关鉴定机构或者检测机构进行真伪鉴定或者技术、质量检测。

据前引条例第 209 条第 4 款的规定,人民检察院、人民法院依法将不认定为犯罪所得的相关涉案财物退回监察机关的,监察机关应当依法处理。也就是说,属于违法取得,按规定没收、追缴或者责令退赔;不属于违法所得的财物及孳息,应当及时予以返还。

第八节　移送审查起诉

依据《监察法》第 11 条及第 45 条的相关规定,监察机关对涉嫌职务犯罪的案件,经调查认为犯罪事实清楚,证据确实、充分的,制作起诉意见书,连同案卷材料、证据一并移送人民检察院依法审查、提起公诉。同时,第 31 条和第 32 条还对监察机关在移送审查起诉时提出从宽处罚建议作了规定。《监察法实施条例》因而对移送审查起诉的程序作了详细规定。

一、案件移送衔接

(一) 移送起诉和审判的管辖确定

1. 一般原则

移送审查起诉是将职务犯罪案件向人民法院提起公诉的一个环节,因此接受案件移送审查起诉的人民检察院的确定,其实也是审判法院的确定。《刑事诉讼法》第 176 条第 1 款即已明确规定,人民检察院作出起诉决定的,按照审判管辖的规定,向人民法院提起公诉。也就意味着人民检察院对移送审查起诉案件的管辖与人民法院对刑事案件的管辖规定一致。在地域管辖方面,依据《刑事诉讼法》第25条的规定,原则上人民法院对刑事案件的管辖是以犯罪地为主、被告人居住地为辅。而在级别管辖方面,《刑事诉讼法》第20条、第21条、第22条、第23条则分别规定了基层人民法院、中级人民法院、高级人民法院和最高人民法院共四级法院各自的管辖范围。

依据《监察法》第16条第1款及《监察法实施条例》第45条的规定,监察机关是按照干部的管理权限与属地管辖相结合的原则确定案件管辖,实行分级负责制。依据《监察法》第7条对监察机关的组织设置规定,设国家监察委员会为最高监察机关,在省、自治区、直辖市、自治州、县、自治县、市、市辖区设立地方监察委员会,同样也是四级。故此,一般而言,监察机关按照管理权限立案调查本辖区内的职务犯罪案件,在调查终结后拟移送审查起诉的,接受移送审查起诉的对象即为本辖区内同级人民检察院。与此同时,管辖法院也随之确定。

2. 商请指定起诉管辖

虽然按照一般原则即可确定接受移送审查起诉的管辖检察院,不过鉴于监察管辖中存在提级管辖、指定管辖等不同的管辖形式,相应案件移送审查起诉的管辖亦与一般原则的规定有所不同。因此对于此类情形,《监察法实施条例》规定了商请指定起诉管辖的程序。

根据《监察法实施条例》第221条的规定,监察机关办理的职务犯罪案件移送起诉,需要指定起诉、审判管辖的,应当与同级人民检察院协商有关程序事宜。需要由同级人民检察院的上级人民检察院指定管辖的,应当商请同级人民检察院办理指定管辖事宜。

在具体程序上,监察机关一般应当在移送起诉20日前,将商请指定管辖函送交同级人民检察院。商请指定管辖函应当附案件基本情况,对于被调查人已被其他机关立案侦查的犯罪认为需要并案审查起诉的,一并进行说明。

对于上级监察机关指定下级监察机关进行调查的案件,移送起诉时需要人民检察院依法指定管辖的,应当按前引条例第222条的规定,在移送起诉前由上级监察机关与同级人民检察院协商有关程序事宜。

3. 派驻或派出监察机构、监察专员调查职务犯罪案件的移送起诉管辖

根据《监察法实施条例》第212条第3款的规定，国家监察委员会派驻或者派出的监察机构、监察专员调查的职务犯罪案件，应当依法移送省级人民检察院审查起诉。

根据《监察法实施条例》第221条第3款的规定，派驻或者派出的监察机构、监察专员调查的职务犯罪案件需要指定起诉、审判管辖的，应当报派出机关办理指定管辖手续。

4. 关联案件涉案人员的移送起诉管辖

根据《监察法实施条例》第224条的规定，对于涉嫌行贿犯罪、介绍贿赂犯罪或者共同职务犯罪等关联案件的涉案人员，移送起诉时一般应当随主案确定管辖。

对于主案与关联案件由不同监察机关立案调查的案件，调查关联案件的监察机关在移送起诉前，应当报告或者通报调查主案的监察机关，由其统一协调案件管辖事宜。因特殊情形，关联案件不宜随主案确定管辖的，调查主案的监察机关应当及时通报和协调有关事项。

(二) 具体衔接程序

1. 负责衔接工作的部门

根据《监察法实施条例》第212条第2款的规定，在具体的移送起诉程序中，由监察机关案件审理部门负责与人民检察院审查起诉的衔接工作，调查、案件监督管理等部门应当予以协助。

2. 移送预告与情况通报

根据《监察法实施条例》第220条的规定，监察机关决定对涉嫌职务犯罪的被调查人移送起诉的，一般应当在正式移送起诉10日前，向拟移送的人民检察院采取书面通知等方式预告移送事宜。

此外，对于已采取留置措施的案件，如发现被调查人因身体等原因存在不适宜羁押等可能影响刑事强制措施执行情形的，应当通报人民检察院。对于未采取留置措施的案件，可以根据案件具体情况，向人民检察院提出对被调查人采取刑事强制措施的建议。

3. 正式移送

正式移送起诉时,据《监察法实施条例》第 212 条的规定,应当出具《起诉意见书》,连同案卷材料、证据等,一并移送同级人民检察院。提出从宽处罚建议的,一般应当在移送起诉时作为《起诉意见书》内容一并提出。涉嫌职务犯罪的被调查人以及相关的涉案人员也应于此时移送人民检察院,无须赘言。

4. 二次移送

根据《监察法实施条例》第 223 条的规定,监察机关对已经移送起诉的职务犯罪案件,发现遗漏被调查人罪行需要补充移送起诉的,应当经审批出具《补充起诉意见书》,连同相关案卷材料、证据等一并移送同级人民检察院。

对于经人民检察院指定管辖的案件需要补充移送起诉的,可以直接移送原受理移送起诉的人民检察院;需要追加犯罪嫌疑人、被告人的,应当再次商请人民检察院办理指定管辖手续。

(三)强制措施的变更

因为被移送审查起诉的案件已进入刑事诉讼程序,《监察法》第 47 条规定,对监察机关移送的案件,人民检察院依照《刑事诉讼法》对被调查人采取强制措施。意即对于被移送审查起诉的被调查人是否采取强制措施以及采取何种强制措施,是由人民检察院依据刑事诉讼法的各项规定作出。对此,《刑事诉讼法》第 170 条第 2 款规定,对于监察机关移送起诉的已采取留置措施的案件,人民检察院应当对犯罪嫌疑人先行拘留,留置措施自动解除。人民检察院应当在拘留后的 10 日以内作出是否逮捕、取保候审或者监视居住的决定。在特殊情况下,决定的时间可以延长 1—4 日。人民检察院决定采取强制措施的期间不计入审查起诉期限。

二、审查结果

依据《刑事诉讼法》第 170 条第 1 款的规定,人民检察院对于监察机关移送起诉的案件,依照本法和监察法的有关规定进行审查。并且,依据第 172 条的规定,人民检察院对于移送起诉的案件,应当在 1 个月以内作出决定,重大、复杂的案件,可以延长 15 日;犯罪嫌疑人认罪认罚,符合速裁程序适用条件的,应当在 10 日以内作出决定,对可能判处的有期徒刑超过 1 年的,可以延长至 15 日。

对于审查的结果,则主要有作出起诉决定、退回补充调查或作出不起诉决定三类情形。

(一)作出起诉决定

依据《监察法》第 47 条的规定,对监察机关移送的案件,人民检察院经审查,认为犯罪事实已经查清,证据确实、充分,依法应当追究刑事责任的,应当作出起诉决定。此处"犯罪事实已经查清,证据确实、充分"意即相关相关证据达到职务犯罪的证明标准,对此前文已述。"依法应当追究刑事责任"则是指根据《刑法》的规定,犯罪嫌疑人有刑事责任能力,应当对犯罪嫌疑人判处刑罚,不存在《刑事诉讼法》第 16 条规定的不追究刑事责任的情形。[1]

(二)退回补充调查

依据《监察法》第 47 条第 3 款与《刑事诉讼法》第 170 条第 1 款的规定,人民检察院经审查,认为需要补充核实的,应当退回监察机关补充调查,必要时可以自行补充侦查。对于人民检察院自行补充侦查的案件,此处不赘。

对于人民检察院依法退回监察机关补充调查的案件,监察机关案件审理部门应当根据《监察法实施条例》的规定,向主要负责人报告,并积极开展补充调查工作。并且,监察机关应当依据《监察法实施条例》第 227 条规定的不同情形,分别作出不同处理。

第一,监察机关认定犯罪事实的证据不够充分的,应当在补充证据后,制作补充调查报告书,连同相关材料一并移送人民检察院审查,对无法补充完善的证据,应当作出书面情况说明,并加盖监察机关或者承办部门公章。

第二,监察机关在补充调查中发现新的同案犯或者增加、变更犯罪事实,需要追究刑事责任的,应当重新提出处理意见,移送人民检察院审查。

第三,犯罪事实的认定出现重大变化,监察机关认为不应当追究被调查人

---

[1] 中国特色社会主义国家监察制度研究课题组:《国家监察制度学》,中国方正出版社 2021 年版,第 271 页。

刑事责任的,应当重新提出处理意见,将处理结果书面通知人民检察院并说明理由。

第四,监察机关认为移送起诉的犯罪事实清楚,证据确实、充分的,应当说明理由,移送人民检察院依法审查。

另外,《监察法实施条例》第228条规定,人民检察院在审查起诉过程中发现新的职务违法或者职务犯罪问题线索并移送监察机关的,监察机关应当依法处置。所谓"依法处置",即是依照线索处置的有关规定处置。

(三)作出不起诉决定

《监察法》第47条第4款规定,对监察机关移送的案件,人民检察院经审查认为案件有《刑事诉讼法》规定的不起诉的情形的,经上一级人民检察院批准,依法作出不起诉的决定。

依据《刑事诉讼法》第177条的规定,人民检察院作出不起诉决定的情形有法定不起诉和酌定不起诉两类。法定不起诉的情形又分为犯罪嫌疑人没有犯罪事实,或有《刑事诉讼法》第16条规定的六种情形之一的。[1] 酌定不起诉,是指对于犯罪情节轻微,依照《刑法》规定不需要判处刑罚或者免除刑罚的,人民检察院可以作出不起诉决定。其中的具体情形如《刑法》第37条规定,对于犯罪情节轻微不需要判处刑罚的,可以免予刑事处罚。

在人民检察院作出不起诉的决定后,监察机关认为不起诉的决定有错误的,应当根据《监察法实施条例》第230条的规定,在收到不起诉决定书后30日以内,依法向其上一级人民检察院提请复议。同时监察机关应当将上述情况及时向上一级监察机关书面报告。

三、监察机关的配合义务

(一)审查起诉中的配合义务

根据《监察法实施条例》第225条的规定,监察机关对于人民检察院在审

---

[1]《刑事诉讼法》第16条规定,有下列情形之一的,不追究刑事责任,已经追究的,应当撤销案件,或者不起诉,或者终止审理,或者宣告无罪:(1)情节显著轻微、危害不大,不认为是犯罪的;(2)犯罪已过追诉时效期限的;(3)经特赦令免除刑罚的;(4)依照刑法告诉才处理的犯罪,没有告诉或者撤回告诉的;(5)犯罪嫌疑人、被告人死亡的;(6)其他法律规定免予追究刑事责任的。

查起诉中书面提出的下列要求应当予以配合：(1)认为可能存在以非法方法收集证据情形，要求监察机关对证据收集的合法性作出说明或者提供相关证明材料的；(2)排除非法证据后，要求监察机关另行指派调查人员重新取证的；(3)对物证、书证、视听资料、电子数据及勘验检查、辨认、调查实验等笔录存在疑问，要求调查人员提供获取、制作的有关情况的；(4)要求监察机关对案件中某些专门性问题进行鉴定，或者对勘验检查进行复验、复查的；(5)认为主要犯罪事实已经查清，仍有部分证据需要补充完善，要求监察机关补充提供证据的；(6)人民检察院依法提出的其他工作要求。

(二)案件审判中的配合义务

根据《监察法实施条例》第229条的规定，在案件审判过程中，人民检察院书面要求监察机关补充提供证据，对证据进行补正、解释，或者协助人民检察院补充侦查的，监察机关应当予以配合。监察机关不能提供有关证据材料的，应当书面说明情况。此外，人民法院在审判过程中就证据收集合法性问题要求有关调查人员出庭说明情况时，监察机关应当依法予以配合。

四、没收违法所得申请和缺席审判意见程序

(一)提出没收违法所得申请

依据《监察法》第48条和《监察法实施条例》第232条第1款的规定，监察机关对被调查人逃匿或者死亡的贪污贿赂、失职渎职等职务犯罪案件，如有必要继续调查的，经省级以上监察机关批准，应当继续调查并作出结论。在被调查人死亡，或者通缉1年后不能到案的情况下，依法应当追缴其违法所得及其他涉案财产的，承办部门在调查终结后应当依法移送审理。

监察机关拟追缴其违法所得的，应当经集体审议，出具《没收违法所得意见书》，连同案卷材料、证据等，一并移送人民检察院，由人民检察院依照法定程序，向人民法院提出没收违法所得的申请。其中，依据《刑事诉讼法》第298条的规定，没收违法所得的申请应当提供与犯罪事实、违法所得相关的证据材料，并列明财产的种类、数量、所在地及查封、扣押、冻结的情况。另据《刑事诉讼法》第299条的规定，没收违法所得的申请，由犯罪地或者犯罪嫌疑人、被告

人居住地的中级人民法院,因此监察机关应依法确定相应的管辖机关。

监察机关将《没收违法所得意见书》移送人民检察院后,在逃的被调查人自动投案或者被抓获的,监察机关应当及时通知人民检察院。

(二)提出适用缺席审判程序

根据《监察法实施条例》第233条的规定,监察机关立案调查拟适用缺席审判程序的贪污贿赂犯罪案件,应当逐级报送国家监察委员会同意。

第2款规定,监察机关承办部门认为在境外的被调查人犯罪事实已经查清,证据确实、充分,依法应当追究刑事责任的,应当依法移送审理。据此规定,拟提出适用缺席审判程序的条件是被调查人在境外、犯罪事实已经查清,证据确实、充分,以及应当追究刑事责任。这与《刑事诉讼法》的规定一致。另据《刑事诉讼法》第291条的规定,适用缺席审判程序的案件由犯罪地、被告人离境前居住地或者最高人民法院指定的中级人民法院组成合议庭进行审理。

监察机关应当经集体审议,出具《起诉意见书》,连同案卷材料、证据等,一并移送人民检察院审查起诉。

在审查起诉或者缺席审判过程中,犯罪嫌疑人、被告人向监察机关自动投案或者被抓获的,监察机关应当立即通知人民检察院、人民法院。

五、从宽处罚建议

(一)《监察法》中的从宽处罚建议

1.对涉嫌职务犯罪被调查人的从宽处罚建议

依据《监察法》第31条的规定,"涉嫌职务犯罪的被调查人主动认罪认罚,有下列情形之一的,监察机关经领导人员集体研究,并报上一级监察机关批准,可以在移送人民检察院时提出从宽处罚的建议:(一)自动投案,真诚悔罪悔过的;(二)积极配合调查工作,如实供述监察机关还未掌握的违法犯罪行为的;(三)积极退赃,减少损失的;(四)具有重大立功表现或者案件涉及国家重大利益等情形的"。

据此规定,《监察法》中的认罪认罚从宽需要满足主动认罪、认罚以及具有法定情形之一三个条件。

关于主动认罪认罚,《监察法》没有对此作出明确的内涵阐释。但《监察法实施条例》对四项法定情形都进行了细化规定。

(1)自动投案,真诚悔罪悔过

根据《监察法实施条例》第214条的规定,"涉嫌职务犯罪的被调查人有下列情形之一,如实交代自己主要犯罪事实的,可以认定为监察法第三十条第一项规定的自动投案,真诚悔罪悔过:(一)职务犯罪问题未被监察机关掌握,向监察机关投案的;(二)在监察机关谈话、函询过程中,如实交代监察机关未掌握的涉嫌职务犯罪问题的;(三)在初步核实阶段,尚未受到监察机关谈话时投案的;(四)职务犯罪问题虽被监察机关立案,但尚未受到讯问或者采取留置措施,向监察机关投案的;(五)因伤病等客观原因无法前往投案,先委托他人代为表达投案意愿,或者以书信、网络、电话、传真等方式表达投案意愿,后到监察机关接受处理的;(六)涉嫌职务犯罪潜逃后又投案,包括在被通缉、抓捕过程中投案的;(七)经查实确已准备去投案,或者正在投案途中被有关机关抓获的;(八)经他人规劝或者在他人陪同下投案的;(九)虽未向监察机关投案,但向其所在党组织、单位或者有关负责人员投案,向有关巡视巡察机构投案,以及向公安机关、人民检察院、人民法院投案的;(十)具有其他应当视为自动投案的情形的。被调查人自动投案后不能如实交代自己的主要犯罪事实,或者自动投案并如实供述自己的罪行后又翻供的,不能适用前款规定"。

(2)积极配合调查工作,如实供述监察机关还未掌握的违法犯罪行为

根据《监察法实施条例》第215条第1款的规定,"涉嫌职务犯罪的被调查人有下列情形之一的,可以认定为监察法第三十一条第二项规定的积极配合调查工作,如实供述监察机关还未掌握的违法犯罪行为:(一)监察机关所掌握线索针对的犯罪事实不成立,在此范围外被调查人主动交代其他罪行的;(二)主动交代监察机关尚未掌握的犯罪事实,与监察机关已掌握的犯罪事实属不同种罪行的;(三)主动交代监察机关尚未掌握的犯罪事实,与监察机关已掌握的犯罪事实属同种罪行的;(四)监察机关掌握的证据不充分,被调查人如实交代有助于收集定案证据的"。

上述规定中所称的同种罪行和不同种罪行,一般以罪名区分。被调查人如

实供述其他罪行的罪名与监察机关已掌握犯罪的罪名不同,但属选择性罪名或者在法律、事实上密切关联的,应当认定为同种罪行。

(3)积极退赃,减少损失

根据《监察法实施条例》第261条的规定,"涉嫌职务犯罪的被调查人有下列情形之一的,可以认定为监察法第三十一条第三项规定的积极退赃,减少损失:(一)全额退赃的;(二)退赃能力不足,但被调查人及其亲友在监察机关追缴赃款赃物过程中积极配合,且大部分已追缴到位的;(三)犯罪后主动采取措施避免损失发生,或者积极采取有效措施减少、挽回大部分损失的"。

(4)具有重大立功表现

根据《监察法实施条例》第217条第1款的规定,"涉嫌职务犯罪的被调查人有下列情形之一的,可以认定为监察法第三十一条第四项规定的具有重大立功表现:(一)检举揭发他人重大犯罪行为且经查证属实的;(二)提供其他重大案件的重要线索且经查证属实的;(三)阻止他人重大犯罪活动的;(四)协助抓捕其他重大职务犯罪案件被调查人、重大犯罪嫌疑人(包括同案犯)的;(五)为国家挽回重大损失等对国家和社会有其他重大贡献的"。

其中,上述规定中所称重大犯罪一般是指依法可能被判处无期徒刑以上刑罚的犯罪行为;重大案件一般是指在本省、自治区、直辖市或者全国范围内有较大影响的案件;查证属实一般是指有关案件已被监察机关或者司法机关立案调查、侦查,被调查人、犯罪嫌疑人被监察机关采取留置措施或者被司法机关采取强制措施,或者被告人被人民法院作出有罪判决,并结合案件事实、证据进行判断。

(5)案件涉及国家重大利益

《监察法》第31条第4项规定的案件涉及国家重大利益,是指案件涉及国家主权和领土完整、国家安全、外交、社会稳定、经济发展等情形。

2.对涉案人员的从宽处罚建议

依据《监察法》第32条的规定,职务违法犯罪的涉案人员揭发有关被调查人职务违法犯罪行为,查证属实的,或者提供重要线索,有助于调查其他案件的,监察机关经领导人员集体研究,并报上一级监察机关批准,可以在移送人民检察院时提出从宽处罚的建议。

根据《监察法实施条例》第 218 条的规定,"涉嫌行贿等犯罪的涉案人员有下列情形之一的,可以认定为揭发有关被调查人职务违法犯罪行为,查证属实或者提供重要线索,有助于调查其他案件:(1)揭发所涉案件以外的被调查人职务犯罪行为,经查证属实的;(2)提供的重要线索指向具体的职务犯罪事实,对调查其他案件起到实质性推动作用的;(3)提供的重要线索有助于加快其他案件办理进度,或者对其他案件固定关键证据、挽回损失、追逃追赃等起到积极作用的"。

(二)从宽处罚建议的程序和要求

1. 从宽处罚建议的决定和批准

根据《监察法实施条例》第 213 条的规定,涉嫌职务犯罪的被调查人和涉案人员符合《监察法》第 31 条、第 32 条规定情形的,结合其案发前的一贯表现、违法犯罪行为的情节、后果和影响等因素,监察机关经综合研判和集体审议,报上一级监察机关批准,可以在移送人民检察院时依法提出从轻、减轻或者免除处罚等从宽处罚建议。报请批准时,应当一并提供主要证据材料、忏悔反思材料。其中,上级监察机关相关监督检查部门负责审查工作,重点审核拟认定的从宽处罚情形、提出的从宽处罚建议,经审批在 15 个工作日以内作出批复。

2. 从宽处罚建议的提出

根据《监察法实施条例》第 219 条第 1 款的规定,从宽处罚建议一般应当在移送起诉时作为《起诉意见书》内容一并提出,特殊情况下也可以在案件移送后、人民检察院提起公诉前,单独形成从宽处罚建议书移送人民检察院。对于从宽处罚建议所依据的证据材料,应当一并移送人民检察院。

3. 对调查阶段自愿认罪认罚的记录

根据《监察法实施条例》第 219 条第 2 款的规定,监察机关对于被调查人在调查阶段认罪认罚,但不符合监察法规定的提出从宽处罚建议条件,在移送起诉时没有提出从宽处罚建议的,应当在《起诉意见书》中写明其自愿认罪认罚的情况。

(三)监察法和刑事诉讼法中的认罪认罚从宽制度

1. 刑事诉讼法中的认罪认罚从宽制度

自党的十八届四中全会提出"完善刑事诉讼中认罪认罚从宽制度",最高人民法院和最高人民检察院就在全国人大常委会的授权下开展了刑事案件认罪认罚从宽制度试点,最终,认罪认罚从宽制度在2018年修正后的《刑事诉讼法》中确立。

《刑事诉讼法》第15条规定,"犯罪嫌疑人、被告人自愿如实供述自己的罪行,承认指控的犯罪事实,愿意接受处罚的,可以依法从宽处理"。这是《刑事诉讼法》关于认罪认罚从宽制度的直接规定。据此可见,认罪认罚从宽制度的基本要素是:自愿、认罪、认罚、从宽。[1]

从《关于适用认罪认罚从宽制度的指导意见》看,认罪认罚从宽制度贯穿刑事诉讼全过程且适用于所有刑事案件。尤为核心的是,该制度适用的条件就在于"认罪"和"认罚"。据前引意见第6条和第7条的规定,"认罪",是指犯罪嫌疑人、被告人自愿如实供述自己的罪行,对指控的犯罪事实没有异议。承认指控的主要犯罪事实,仅对个别事实情节提出异议,或者虽然对行为性质提出辩解但表示接受司法机关认定意见的,不影响"认罪"的认定。犯罪嫌疑人、被告人犯数罪,仅如实供述其中一罪或部分罪名事实的,全案不作"认罪"的认定,不适用认罪认罚从宽制度,但对如实供述的部分,人民检察院可以提出从宽处罚的建议,人民法院可以从宽处罚;"认罚"则是指犯罪嫌疑人、被告人真诚悔罪,愿意接受处罚。"认罚",在侦查阶段表现为愿意接受处罚;在审查起诉阶段表现为接受人民检察院拟作出的起诉或不起诉决定,认可人民检察院的量刑建议,签署认罪认罚具结书;在审判阶段表现为当庭确认自愿签署具结书,愿意接受刑罚处罚。

2. 监察法中的认罪认罚从宽

可以肯定的是,《监察法》第32条所规定的,对涉案人员的从宽处罚建议,其并不属于刑事诉讼中的认罪认罚从宽制度。这一规定与《刑法》第68条关于犯罪分子因立功而免除、从轻或者减轻处罚的规定几乎一致。也与《刑法》第390条第2款关于行贿人有重大立功表现可以减轻或者免除处罚的规定极为近似。最重要的是,《监察法》第32条中的规定,并不涉及认罪认罚从宽制

---

[1] 易延友著:《刑事诉讼法规则原理应用》(第5版),法律出版社2019年版,第539页。

度中的核心要素,即"认罪"和"认罚"。故而此处对这一类从宽处罚建议不予讨论。

对于涉嫌职务犯罪被调查人的认罪认罚从宽,也与刑事诉讼中的认罪认罚从宽制度存在差异。

从适用条件来看,《刑事诉讼法》所规定的认罪认罚从宽制度只需要犯罪嫌疑人、被告人自愿如实供述自己的罪行,承认指控的犯罪事实,愿意接受处罚的,就可以依法从宽处理,也即"认罪+认罚"即可从宽。而《监察法》第31条所规定认罪认罚从宽建议需具备三个适用条件,即"认罪+认罚+特定情形",适用门槛较高。[1] 这反映了《监察法》中的认罪认罚从宽与认罪认罚从宽制度在内涵上的不同。据《监察法》第31条的规定,从宽处罚建议应具备的法定情形包括四项,分别是:(1)自动投案,真诚悔罪悔过的;(2)积极配合调查工作,如实供述监察机关还未掌握的违法犯罪行为的;(3)积极退赃,减少损失的;(4)具有重大立功表现或者案件涉及国家重大利益等情形的。显然,第(1)(2)项分别与《刑法》第67条规定的"一般自首"与"特殊自首"的内涵相一致,第(3)项与《刑法》第383条第2款内容相近似,第(4)项与《刑法》第68条内容大致相同,[2]也与《刑事诉讼法》第182条内容颇为相似。对此,有论者指出,《监察法》第31条虽然提及了"认罪认罚",但其混杂于自首、立功、退赃等从宽情节之中,并没有单独作为认罪认罚运行机制予以对待。[3]

在程序上,监察法中的认罪认罚从宽需要经过监察机关领导人员集体研究,并报上一级监察机关批准之后才会提出从宽处罚的建议。相比刑事诉讼中的认罪认罚从宽制度增加了决定审批程序且程序严格。但是,"提出量刑建议"的权力专属于检察机关,而《监察法》第31条的规定,则使得监察机关拥有"从宽处罚建议权"。[4]

---

[1] 詹建红:《认罪认罚从宽制度在职务犯罪案件中的适用困境及其化解》,载《四川大学学报(哲学社会科学版)》2019年第2期。

[2] 汪海燕:《职务犯罪案件认罪认罚从宽制度研究》,载《环球法律评论》2020年第2期。

[3] 陈伟:《监察法与刑法的衔接协调与规范运行》,载《中外法学》2019年第2期。

[4] 汪海燕:《职务犯罪案件认罪认罚从宽制度研究》,载《环球法律评论》2020年第2期。

3. 对监察法中认罪认罚从宽处罚建议具体适用的理解

对于监察法和刑事诉讼法中认罪认罚从宽的差异,究其缘由,有论者指出,刑事诉讼法中的认罪认罚从宽制度是从 2016 年开始试点,到 2018 年 10 月 26 日修改《刑事诉讼法》时方才确立。而 2018 年 3 月 20 日通过的《监察法》处于认罪认罚从宽制度改革试点期间,立法者意欲将刑事司法领域中的认罪认罚从宽制度引入监察程序,但囿于试点改革的成果在刑事程序法上找不到予以推广的依据,于是只好采取超前式的概括立法方式。[1] 这客观上导致了《监察法》与《刑事诉讼法》在认罪认罚从宽制度上的差异。

如何消弭两法中认罪认罚从宽制度的差异,显然对于法律的正确适用非常重要。管见以为,首先应当确认认罪认罚从宽制度的内涵和要求应以刑事诉讼法的规定为准。一者《刑事诉讼法》所确立的认罪认罚从宽制度是经过多年试点之后形成的,在内涵与适用条件上更为精准,在整个刑事法律体系中也更为圆融。二者《监察法》中的认罪认罚从宽本就没有规定相应的内涵,在"认罪认罚"的解释上以刑事诉讼法为准并不存在障碍

其次,《监察法》中的从宽处罚建议应定位为纯粹的建议。如前所述,《监察法》第 32 条所规定的对涉案人员的从宽处罚建议,与认罪认罚从宽制度完全不同。这显然只能作为一项纯粹的建议,与《刑事诉讼法》中公安机关向人民检察院提出的从宽处理建议一样。同样,《监察法》第 31 条规定监察机关"可以"提出从宽处罚的建议,将其理解为纯粹的建议亦无不可。此外,虽然从实践层面来看,监察机关的从宽建议书具有较强的约束力。[2] 但是依据《监察法》的规定,监察机关提出从宽处罚建议的条件比《刑事诉讼法》中的条件更严格,这在事实上使得已提出从宽处罚建议的案件当然的满足认罪认罚从宽制度,亦无不可。

最后,在监察机关未提出从宽处罚建议的情形下,检察机关同样可以适用认罪认罚从宽制度。根据《监察法实施条例》第 219 条第 2 款的规定,监察机关

---

[1] 詹建红:《认罪认罚从宽制度在职务犯罪案件中的适用困境及其化解》,载《四川大学学报(哲学社会科学版)》2019 年第 2 期。

[2] 汪海燕:《职务犯罪案件认罪认罚从宽制度研究》,载《环球法律评论》2020 年第 2 期。

对于被调查人在调查阶段认罪认罚，但不符合监察法规定的提出从宽处罚建议条件，在移送起诉时没有提出从宽处罚建议的，应当在《起诉意见书》中写明其自愿认罪认罚的情况。这意味着检察机关有条件了解到被调查人员在调查阶段是否认罪认罚的情况，因而在满足条件时检察机关可以自行适用认罪认罚从宽制度，无须基于监察机关提出的从宽处罚建议。

第九章　监察救济及对监察的监督

国家监察体制改革后,监察委员会整合了原人民政府监察部门、预防腐败部门和人民检察院查处贪污贿赂、失职渎职及预防职务犯罪等部门的相关职能,并依法对所有行使公权力的公职人员进行监督,实现国家监察全面覆盖。因此,监察机关的权力可谓是"如此巨大而又集中"。[1]

作为监督者的监察委员会,拥有了巨大的权力,如何对监察委员会及其工作人员实施有效的再监督,是实现"监察全覆盖"改革目标绕不开的重要问题。[2] 习近平总书记在第十八届中央纪委检查委员会第六次全体会议上的讲话指出:"监督别人的人首先要监管好自己,执纪者要做遵守纪律的标杆。"因此,监察机关行使监察权同样需要接受监督制约。

在一定程度上讲,监察救济和对监察的监督是对监察权进行限制的不同侧面。从微观的角度看,具体当事人因监察机关履职过程侵犯自身合法权益而寻求救济,

---

[1] 童之伟:《对监察委员会自身的监督制约何以强化》,载《法学评论》2017年第1期。
[2] 周佑勇:《对监督权的再监督地方人大监督地方监察委员会的法治路径》,载《中外法学》2020年第2期。

就是对监察权行使的一种纠偏。而从宏观的角度看,由于监察权是监督别人的权力,强大而且覆盖面广,因此也极有必要对这种权力的行使进行监督。甚至进一步地,监察机关及其工作人员在履行监察职责过程中有违法违规行为的,还应追究其法律责任。

第一节 监察救济

国家监察体制改革加强对所有行使公权力的公职人员的监督,实现了国家监察的全面覆盖。被赋予了监督、调查、处置职能的监察机关,不仅有权采取讯问、查询、冻结、调取、查封、扣押、搜查、留置等诸多监察措施,还能作出批评教育、责令检查、诫勉、政务处分、问责、移送审查起诉等各类处置。毋须赘言,这些措施势必对当事人之权益造成不同程度的影响,故而《监察法》第 5 条规定国家监察工作要保障当事人的合法权益。《监察法实施条例》第 7 条则明确规定,"监察机关应当在适用法律上一律平等,充分保障监察对象以及相关人员的人身权、知情权、财产权、申辩权、申诉权以及申请复审复核权等合法权益"。而在这些规定之外,监察法中的其他众多条文也处处体现着保护当事人合法权益的规定。

正所谓无救济则无权利,纵使监察法规定监察机关应当保障当事人的合法权益,但若无相应的救济规定,此种保障亦显得不足。有论者即指出,如果缺乏相应的权利救济制度,不能为人民的权利提供有效的法律救济,那么任何关于人民权利的宣言都只是一句空话,都只是一张开给人民的"空头支票"。[1] 这对监察法中的当事人,尤其是监察对象而言,亦是如此。因为救济是指对已发生或业已导致伤害、危害、损失或损害的不当行为而进行的纠正、矫正或改正。[2] 而监察工作的开展,也必然存在损害当事人合法权益的可能,监察法中

---

〔1〕 柳经纬:《从权利救济看我国法律体系的缺陷》,载《比较法研究》2014 年第 5 期。
〔2〕 戴维·M.沃克(David M. Walker):《牛津法律大辞典》,李双元等译,法律出版社 2003 年版,第 957 页。

关于非法证据排除的规定,也就是为了防止刑讯逼供的可能。故被监察者对其行使职权的行为有争议,应享有救济权。[1]

从监察法的法律规定内容来看,监察法中的救济主要有复核、申诉及国家赔偿。

一、复审与复核

根据《监察法》第 49 条和《监察法实施条例》第 210 条的规定,监察对象对监察机关作出的涉及本人的处理决定不服的,可以在收到处理决定之日起 1 个月以内,向作出决定的监察机关申请复审。复审机关应当依法受理,并在受理后 1 个月以内作出复审决定。监察对象对复审决定仍不服的,可以在收到复审决定之日起 1 个月以内,向上一级监察机关申请复核。复核机关应当依法受理,并在受理后 2 个月以内作出复核决定。

据此规定,可以提出复审与复核的主体限于监察对象本人。复审或复核的内容是监察机关作出的涉及本人的处理决定,即监察机关依据《监察法》第 45 条第 1 款第 1—4 项所作出的处置决定。在程序上,监察对象应当首先向作出相应决定的原监察机关提出复审申请,在对复审决定仍不服的情况下方可申请复核,且申请的对象为上一级监察机关。这保证了复核的客观公正,同时也意味着监察对象有两次获得救济的机会。

据《监察法实施条例》第 211 条的规定,对于复审或复核的申请,复审、复核机关承办部门应当成立工作组,调阅原案卷宗,必要时可以进行调查取证。在对情况进行查证之后,承办部门应当集体研究,提出办理意见,经审批作出复审、复核决定。并且,不论是复审还是审核,均应当坚持调查审理分离,原案调查、审理人员不得参与复审复核,以此确保复审或复核的客观公正。

复审、复核机关经过审查认定处理决定有错误或者不当的,应当依法撤销、变更原处理决定,或者责令原处理机关及时予以纠正。复审、复核机关经审查认定处理决定事实清楚、适用法律正确的,应当予以维持。监察机关作出撤销、

---

[1] 杨红:《被监察者的权利及其保障研究》,载《行政法学研究》2017 年第 6 期。

变更、纠正或维持的决定都应当送达申请人,抄送相关单位,并在一定范围内宣布。此外,上一级监察机关的复核决定和国家监察委员会的复审、复核决定为最终决定。

需注意的是,复审、复核期间,不停止原处理决定的执行。原因在于,原处理决定是监察机关经法定的严格程序所作出,在未经审查确定有误或不当之前,均应认为正确且有效,应当被继续执行。这是监察法律权威性的体现。

二、申诉控告

申诉控告权是我国《宪法》规定的公民的基本权利。依据《宪法》第 41 条第 1、2 款的规定,"中华人民共和国公民对于任何国家机关和国家工作人员,有提出批评和建议的权利;对于任何国家机关和国家工作人员的违法失职行为,有向有关国家机关提出申诉、控告或者检举的权利,但是不得捏造或者歪曲事实进行诬告陷害。对于公民的申诉、控告或者检举,有关国家机关必须查清事实,负责处理。任何人不得压制和打击报复"。《监察法实施条例》第 7 条也明确规定,监察机关应当充分保障监察对象以及相关人员包括申辩权和申诉权在内的各项合法权益。

依据《监察法》第 60 条的规定,监察救济中的申诉控告包括以下内容。

(一)申诉的主体

依据《监察法》第 60 条第 1 款的规定,被调查人及其近亲属对于监察机关及其工作人员特定行为之一,有权向该机关申诉。据此,申诉的主体包括被调查人及其近亲属两类人员。不过,从该法条所列举的五项具体情形来看,有权提出申诉的主体显然不仅仅是被调查人及其近亲属两类。

1. 被调查人

从本书前文有关监察调查、监察措施及监察程序等相关内容来看,被调查人是对立案之后被调查的公职人员的称谓。监察机关针对不同的情形,依据相应的法律规定,可以对被调查人采取诸如讯问、留置、冻结、搜查、查封、扣押、通缉等监察措施。显然,这些监察措施如果运用不当甚至违法使用,将会对被调查人的人身自由、人身权利、财产权等合法权益造成损害。此时,被调查人理应有权向监察机关提出申诉,以维护自身的合法权益。

2. 被调查人的近亲属

之所以规定被调查人的近亲属亦有权提出申诉,理由在于基于亲情伦常,对于被调查人的人身自由、人身权利、财产权等合法权益造成被侵害的现实,其近亲属天然地会去维护被调查人的合法权益,法律应当考虑这种道德伦常。并且,监察机关履职对被调查人的财产权等现实经济利益造成的损害,常常同时也可能是其近亲属的相关利益,故而被调查人的近亲属有权提出申诉。其中,对于近亲属的界定,参考《刑事诉讼法》的相关规定,应为被调查人的夫(妻)、父、母、子、女、同胞兄弟姊妹。

3. 其他利益受到侵害的人

纵使《监察法》没有规定其他利益相关人员可以向监察机关提出申诉,但从《监察法》第 60 条所列举的五项具体情形以及法理进行分析,可以得出其他利益相关人员因监察机关的特定行为而合法权益遭受侵害时,也有权提出申诉。

首先,如前引《宪法》第 41 条之规定,我国公民对于任何国家机关和国家工作人员的违法失职行为,有向有关国家机关提出申诉、控告或者检举的权利。

其次,监察机关存在查封、扣押、冻结了无关财物,且相应财物既不属于被调查人所有,也不属于其近亲属所有的可能。《监察法实施条例》第 134 条和第 111 条明确规定,经查明与案件无关的财物和文件,应当予以退还。因而无关财物的所有人在其财物被查封、扣押、冻结时都应有权提出申诉。而前引条例的第 124 条同样规定,监察机关对于调取的物证、书证、视听资料等原件,经查明与案件无关的,应当退还。同理,相关物证、书证、视听资料的所有权亦有权进出申诉。

最后,《监察法》第 22 条第 2 款规定,对涉嫌行贿犯罪或者共同职务犯罪的涉案人员,监察机关可以依照前款有关被调查人的规定采取留置措施。此时的涉案人员并不等于被调查人,监察机关对其留置,在留置法定期限届满而不予以解除的,理当有权向监察机关提出申诉。

综上,认为监察机关履行职责侵害其合法权益的相关人员,如证人、涉案人员、财物或文件的所有人等均得提出申诉。

(二)申诉的内容

依据《监察法》第 60 条第 1 款的规定,申诉人有权向监察机关提出申诉情形为以下五类。

1. 留置法定期限届满,不予以解除的

据《监察法》第 43 条第 2 款的规定,留置的时间不得超过 3 个月。在特殊情况下经审批可以延长一次,且延长时间不得超过 3 个月。因此,一般情况下留置满 3 个月应当予以解除,特殊情况下经延长总计满 6 个月时,留置措施也应当解除。此时监察机关及其工作人员若不予以解除留置措施的,申诉人有权向监察机关提出申诉。

2. 查封、扣押、冻结与案件无关的财物的

依据《监察法》第 25 条及《监察法实施条例》第 134 条的规定,监察机关应当及时对查封、扣押的财物和文件进行核查,经查明与案件无关的,应当解除查封、扣押,如期退还。《监察法》第 23 条及《监察法实施条例》第 111 条则规定,监察机关应当及时对冻结的财产进行核查,经查明与案件无关的,应当如期解冻。因此,监察机关只能查封、扣押、冻结与案件有关的财物和文件等,若监察机关查封、扣押、冻结了与案件无关的财物或文件,依据《监察法》第 60 条第 1 款第 2 项的规定,申诉人有权向其提出申诉。

3. 应当解除查封、扣押、冻结措施而不解除的

由前一项规定可知,监察机关对于与案件无关的财物和文件,应当在查明其与案件无关后的 3 日内解除查封、扣押、冻结措施。《监察法》第 60 条第 1 款第 3 项则进一步规定,监察机关应当解除查封、扣押、冻结措施而不解除的,申诉人有权向其提出申诉。需注意的是,第 2 项规定与第 3 项的区别在于,对于前者,申诉人所申诉的行为是监察机关及其工作人员查封、扣押、冻结了与案件无关的财物或文件;而对于后者,申诉人所申诉的行为是监察机关及其工作人员对于本应当解除查封、扣押、冻结措施而不解除的行为。

4. 贪污、挪用、私分、调换以及违反规定使用查封、扣押、冻结的财物的

依据《监察法》第 25 条第 2 款的规定,对调取、查封、扣押的财物、文件,监

察机关应当设立专用账户、专门场所,确定专门人员妥善保管,严格履行交接、调取手续,定期对账核实,不得毁损或者用于其他目的。《监察法实施条例》第67条则还规定不得违规使用、调换、损毁或者自行处理。对于出售变现查封、扣押、冻结的财产所得的价款,根据《监察法实施条例》的规定应当存入规定的账户,同样应当妥善保管。

因而监察机关及其工作人员有违反规定使用,包括毁损、调换查封、扣押、冻结的财物的行为,申诉人有权向监察机关提出申诉。实际上,监察机关通过采取查封、扣押、冻结的调查措施进行监察调查,相应被查封、扣押、冻结的财物和文件等在使用目的上就是作为案件证据而使用,因此除此之外的目的均存在合法性问题,即违反规定使用。所谓不得用于其他目的的,显然就是不得用于案件证据之外的目的。而贪污、挪用、私分、查封、扣押、冻结的财物不仅在目的上与《监察法》的规定不符,同时还是涉嫌犯罪的行为。故此,对于监察机关及其工作人员贪污、挪用、私分、调换以及违反规定使用查封、扣押、冻结的财物的行为,申诉人有权申诉,且对于其中的贪污、挪用、私分行为,还可以进行举报控告。

5. 其他违反法律法规、侵害被调查人合法权益的行为

这一项的规定是兜底条款,表明除前述第1—4项所列的行为之外,对于监察机关其他违反法律法规、侵害被调查人合法权益的行为,申诉人亦可向监察机关申诉。如《监察法实施条例》第66条规定,监察机关监督检查、调查、案件审理、案件监督管理等部门,对于被调查人控告、举报调查人员采用非法方法收集证据,并提供涉嫌非法取证的人员、时间、地点、方式和内容等材料或者线索的,应当受理并进行审核。其隐含的意义是,被调查人可以向监察机关控告、举报调查人员非法取证的行为,因为此类行为明显是对被调查人合法权益的侵害,故其当然可以进行申诉。

此外,这一项的规定表明,可申诉的行为其实质就是违反法律法规、侵害案件当事人合法权益的行为。因而从这一点可知,有权对监察机关违反法律法规、侵害案件当事人合法权益的行为进行申诉的主体,不应当仅限于被调查人及其近亲属。

(三) 申诉的处理程序

根据《监察法实施条例》第 272 条的规定,申诉人向监察机关提出申诉的,由监察机关案件监督管理部门负责依法受理。其中,依据《监察法》第 60 条第 2 款的规定,受理申诉的监察机关应当在受理申诉之日起 1 个月内作出处理决定。申诉人对处理决定不服的,可以在收到处理决定之日起 1 个月内向上一级监察机关申请复查,上一级监察机关应当在收到复查申请之日起 2 个月内作出处理决定,情况属实的,及时予以纠正。

可见,申诉首先应当向具有《监察法》第 66 条第 1 款所规定行为之一的监察机关提出,且该监察机关有 1 个月的处理时限。申诉人不服原处理决定时始得向上一级监察机关提出复查申请,而上一级监察机关的处理时限为 2 个月。

三、国家赔偿

《监察法》第 67 条规定,"监察机关及其工作人员行使职权,侵犯公民、法人和其他组织的合法权益造成损害的,依法给予国家赔偿"。这是关于监察机关国家赔偿责任的规定。

现行《国家赔偿法》修正于 2012 年,其中规定了行政赔偿和刑事赔偿两类国家赔偿,并分别规定了赔偿范围、赔偿请求人、赔偿义务机关及赔偿程序。而对于人民法院在民事诉讼、行政诉讼过程中,违法采取对妨害诉讼的强制措施、保全措施或者对判决、裁定及其他生效法律文书执行错误,造成损害的,赔偿请求人要求赔偿的程序,适用本法刑事赔偿程序的规定。因而有论者认为,我国的国家赔偿可分为行政赔偿和司法赔偿两类,其中司法赔偿又可分为刑事司法赔偿与民事、行政司法赔偿,[1] 但《国家赔偿法》并未有监察机关国家赔偿责任的任何规定。

不过,《宪法》第 41 条第 3 款规定,"由于国家机关和国家工作人员侵犯公民权利而受到损失的人,有依照法律规定取得赔偿的权利"。同时,《国家赔偿法》第 2 条第 1 款也规定,"国家机关和国家机关工作人员行使职权,有本法规

---

[1] 沈岿:《国家赔偿法原理与案例》(第 2 版),北京大学出版社 2017 年版,第 201—202 页。

定的侵犯公民、法人和其他组织合法权益的情形,造成损害的,受害人有依照本法取得国家赔偿的权利"。经过国家监察体制改革,随着2018年《宪法修正案》的通过,监察委员会成为与政府、人民检察院、人民法院平行的国家机关。据此,可以认为监察机关的国家赔偿责任是指监察机关及其工作人员行使职权,侵犯公民、法人和其他组织的合法权益造成损害的,国家依法应当承担的赔偿责任。[1] 与行政赔偿和司法赔偿相对,监察机关的国家赔偿责任可称为监察赔偿。不过,这也将涉及监察赔偿的性质、赔偿范围、赔偿的程序等问题。

(一)监察赔偿的性质

将监察机关的国家赔偿责任与行政赔偿和司法赔偿相对,并进而称为监察赔偿。这实际上隐含了一个前提,即监察赔偿与行政赔偿和司法赔偿不同。《国家赔偿法》之所以规定行政赔偿和司法赔偿两类国家赔偿,是因为造成公民、法人和其他组织合法权益损害的公权力性质有所不同。在国家监察体制改革之前也有监察机关,但并未有相应的监察赔偿,是因为依据《行政监察法》,彼时的监察机关为政府的内设机构,属于行政权,发生侵犯公民、法人和其他组织的合法权益造成损害的行为时,适用行政赔偿的规定。

可见监察赔偿的性质,根源在监察权的性质问题。然而对于监察权的性质问题,如本书关于监察权性质讨论中的内容所示,人们并未形成共识。不过可以肯定的是,监察权并不等同于行政权和司法权。因此将监察机关的国家赔偿责任单列为监察赔偿,并无不可。并且,依据《国家赔偿法》第2条及《监察法》第67条的规定,暂不论监察赔偿的性质为何,监察机关及其工作人员行使职权,侵犯公民、法人和其他组织的合法权益造成损害时,应给予国家赔偿自无疑问。

(二)监察赔偿的范围

监察赔偿的范围,是指国家对监察机关及其工作人员在行使职权时侵犯公民、法人和其他组织合法权益造成损害的哪些行为承担赔偿责任。[2]《国家赔偿法》关于赔偿范围的确定,是通过对行为及其所指向的权利进行列举,再规

---

[1] 张红:《监察赔偿论要》,载《行政法学研究》2018年第6期。
[2] 张红:《监察赔偿论要》,载《行政法学研究》2018年第6期。

定除外情形而确定的。也就是说,在《国家赔偿法》中,法条所规定的国家机关及其工作人员侵犯人身权和财产权两类权利的行为,受害人有取得赔偿的权利,但列举的国家不承担赔偿责任的情形除外。

参考上述规定,监察赔偿的范围实际上由三个要素决定:一是受保护的权利范围,即哪些权利在受到监察权侵害时可以得到赔偿;二是哪些监察行为造成损害时应当给予赔偿;三是在哪些情形下应当免责,即使造成了权利的损害,也不给予赔偿。[1]

首先,遵循《国家赔偿法》的规定及其精神,公民的人身权和财产权受到监察机关及其工作人员的侵害时可以得到赔偿。其中的人身权包括人身自由权和生命健康权,财产权则应是合法的财产。

其次,根据《监察法实施条例》第280条第1款的规定,监察机关及其工作人员在行使职权时,有下列情形之一的,受害人可以申请国家赔偿:(1)采取留置措施后,决定撤销案件的;(2)违法没收、追缴或者违法查封、扣押、冻结财物造成损害的;(3)违法行使职权,造成被调查人、涉案人员或者证人身体伤害或者死亡的;(4)非法剥夺他人人身自由的;(5)其他侵犯公民、法人和其他组织合法权益造成损害的。这些行为,第(1)(3)(4)项所指向的正是人身权,而第(2)项则指向财产权。

此外,最高人民法院在《关于限制出境是否属于国家赔偿范围的复函》(〔2013〕赔他字第1号)中明确,人民法院在民事诉讼过程中违法采取限制出境措施的,属于国家赔偿范围。对于因违法采取限制出境措施造成当事人财产权的直接损失,可以给予赔偿。据此,监察机关因违法采取限制出境措施造成当事人财产权的直接损失的,也应属于国家赔偿范围。

最后,《国家赔偿法》并未规定监察赔偿,《监察法实施条例》亦未规定国家不承担监察赔偿责任的具体情形。不过,在认定监察赔偿责任时,应当具备的必要条件是,公民、法人和其他组织合法权益所受到的损害必须是监察机关或者监察人员行使职权所造成的。因此公民、法人和其他组织的自己行为导致损

---

[1] 王青斌:《论监察赔偿制度的构建》,载《政法论坛》2019年第3期。

害发生,或者监察人员与行使监察职权无关的个人行为造成的损害,不属于监察赔偿的范围。

(三)监察赔偿请求人和赔偿义务机关

监察赔偿请求人即有权请求监察赔偿的人。监察赔偿义务机关是指代替国家履行具体赔偿义务,支付赔偿费用,参加赔偿案件解决的监察机关。[1]

1.监察赔偿请求人

根据《监察法实施条例》第280条第1款的规定,受害人有权申请国家赔偿,故受害人本人是监察赔偿请求人。此外,根据前引法条第2款的规定,受害人死亡的,其继承人和其他有扶养关系的亲属有权要求赔偿;受害的法人或者其他组织终止的,其权利承受人有权要求赔偿。据此规定,监察赔偿请求人还包括受害人的继承人和其他有扶养关系的亲属,以及受害法人的权利承受人。

2.监察赔偿义务机关

根据《监察法实施条例》第280条第1款的规定,监察机关及其工作人员违法行使职权侵犯公民、法人和其他组织的合法权益造成损害的,该机关为赔偿义务机关。申请赔偿应当向赔偿义务机关提出,由该机关负责复审复核工作的部门受理。因此,造成合法权益损害的监察机关为监察赔偿义务机关。

不过,在监察法中,诸多监察措施的使用,存在决定与执行或者决定与批准备案的程序分置。如留置措施的决定与批准。此时是由作出留置决定的监察机关还是作出批准的监察机关作为监察赔偿义务机关,不无疑问。对此有论者认为,此处的批准和备案,应当理解为一种形式意义上的批准和备案,以作出留置决定的监察机关为赔偿义务机关更有利于查清事实。[2] 然而从监察赔偿的程序来看,这有可能对赔偿请求人不利。

(四)监察赔偿的程序与赔偿方式

1.监察赔偿的程序与赔偿方式

《监察法》及《国家赔偿法》均未对监察赔偿的程序作出规定。仅《监察法

---

[1] 张红:《监察赔偿论要》,载《行政法学研究》2018年第6期。
[2] 张红:《监察赔偿论要》,载《行政法学研究》2018年第6期。

实施条例》第281条第1款中规定,"申请赔偿应当向赔偿义务机关提出,由该机关负责复审复核工作的部门受理"。

据此可知,监察赔偿的首先应当先向赔偿义务机关提出。这与《国家赔偿法》中规定的先行处理程序一致,即赔偿请求人要求国家赔偿,均应当先向赔偿义务机关提出。

2. 监察赔偿的赔偿方式

根据《监察法实施条例》第281条第2款的规定,赔偿以支付赔偿金为主要方式。能够返还财产或者恢复原状的,予以返还财产或者恢复原状。这与《国家赔偿法》对赔偿方式的规定相比,略显简略。不过,由于《国家赔偿法》中的赔偿方式同时适用于行政赔偿和司法赔偿,具有通用性,因此监察赔偿的赔偿方式和计算标准可以参考适用《国家赔偿法》的相关规定。

鉴于《国家赔偿法》未对监察赔偿作出规定,故而诸多内容还有赖于《国家赔偿法》为此作出相应修改。

第二节 对监察机关和监察人员的监督

根据《监察法实施条例》第251条的规定,监察机关和监察人员必须自觉坚持党的领导,在党组织的管理、监督下开展工作,依法接受本级人民代表大会及其常务委员会的监督,接受民主监督、司法监督、社会监督、舆论监督,加强内部监督制约机制建设,确保权力受到严格的约束和监督。据此,对监察机关和监察人员的监督可分为外部监督和内部监督。

一、外部监督

(一)党的监督

《监察法》第2条规定,"坚持中国共产党对国家监察工作的领导,以马克思列宁主义、毛泽东思想、邓小平理论、'三个代表'重要思想、科学发展观、习近平新时代中国特色社会主义思想为指导,构建集中统一、权威高效的中国特色国家监察体制"。《监察法实施条例》第 2 条还规定,要"把党的领导贯彻到监察工作各方面和全过程"。如本书前文关于监察机关领导体制的内容所示,监察机关是在党委的领导下开展工作的,这不仅体现了党的全面领导,还客观上决定了党对监察机关及监察人员的监督是第一位的,也是非常重要的监督形式。如国家监察委员会下设的纪检监察干部监督室,其职责之一,就是负责监督检查纪检监察系统干部遵守和执行党的章程和其他党内法规,遵守和执行党的路线方针政策和决议、国家法律法规等方面的情况,是党的监督的具体载体和体现。

(二)人大监督

依据《宪法》和《监察法》的规定,各级监察机关由本级人民代表大会产生,对它负责,接受它的监督,由各级人民代表大会常务委员会监督本级监察委员会的工作。据此,《监察法》第 53 条第 1 款规定,各级监察委员会应当接受本级人民代表大会及其常务委员会的监督。因此,人大监督是对监察的监督中最主要、最核心的环节。[1]

依据《监察法》第 53 条第 2、3 款的规定,人大监督的方式可分为两类共四种。

1. 听取和审议本级监察委员会的专项工作报告,组织执法检查

依据《各级人民代表大会常务委员会监督法》的规定,听取和审议专项工作报告以及组织执法检查,均为各级人民代表大会常务委员会进行监督的重要形式。

依据《监察法》第 53 条第 2 款的规定,各级人民代表大会常务委员会听取和审议本级监察委员会的专项工作报告,组织执法检查。据此,此类人大监督方式的主体是各级人民代表大会常务委员会,而具体方式则可分为听取和审议本级监察委员会的专项工作报告和组织执法检查两种。可见《监察法》第 53 条第 2 款参考了《各级人民代表大会常务委员会监督法》的有关规定。

第一,听取和审议本级监察委员会的专项工作报告。参照《各级人民代表

---

[1] 秦前红主编:《监察法教程》,法律出版社 2019 年版,第 397 页。

大会常务委员会监督法》的规定，各级人民代表大会常务委员会听取和审议本级监察委员会的专项工作报告，是对于国家监察体制改革中若干关系改革有序推进和群众切身利益、社会普遍关注的重大问题，有计划地安排听取和审议本级监察委员会所作的专项工作报告。

根据《监察法实施条例》第252条的规定，专项工作报告应当由各级监察委员会主任在本级人民代表大会常务委员会全体会议上作出。比如2020年8月10日，杨晓渡主任代表国家监察委员会在第十三届全国人民代表大会常务委员会第二十一次会议上所作的《关于开展反腐败国际追逃追赃工作情况的报告》，即是对反腐败国际追逃追赃工作的专项报告。

此外，据前引法条的规定，各级监察委员会在报告专项工作前，应当与本级人民代表大会有关专门委员会沟通协商，并配合开展调查研究等工作。各级人民代表大会常务委员会审议专项工作报告时，本级监察委员会应当根据要求派出领导成员列席相关会议，听取意见。对于本级人民代表大会常务委员会反馈的审议意见，各级监察委员会应当认真研究办理，并按照要求书面报告办理情况。

第二，组织执法检查。参照《各级人民代表大会常务委员会监督法》的规定，各级人民代表大会常务委员会组织执法检查，是指每年选择若干关系国家监察体制改革发展稳定大局和群众切身利益、社会普遍关注的重大问题，有计划地对监察法律、法规实施情况组织执法检查，发现并纠正违法行为的活动。

据《监察法实施条例》第253条的规定，各级监察委员会应当积极接受、配合本级人民代表大会常务委员会组织的执法检查。对本级人民代表大会常务委员会的执法检查报告，应当认真研究处理，并向其报告处理情况。可见，在执法检查完成后，人民代表大会常务委员会将根据检查的结果出具相应的执法检查报告，对本级监察机关的工作提出意见和建议。监察机关则必须对执法检查报告所提的意见和建议认真研究并处理，在处理完毕后再向人民代表大会常务委员会报告处理情况。

2. 提出询问或者质询

《监察法》第53条第3款的规定，县级以上各级人民代表大会及其常务委员会举行会议时,人民代表大会代表或者常务委员会组成人员可以依照法律规定的程序,就监察工作中的有关问题提出询问或者质询。

询问和质询是人大监督的重要方式,是人大和常委会组成人员的个人行为,也是其作为代表而享有的重要权利,不是人大或其常委会的集体行为[1]。询问是人大代表或者人大常委会委员了解报告或议案的有关情况,要求有关机关作出说明、解释,以便对报告或议案进行审议表决,通常是在审议报告或议案时随时提出。质询则是一定数量的县级以上人民代表大会常务委员会组成人员联名,按照法定程序形成质询案,在人民代表大会常务委员会会议上,向被质询的对象提出质问或质疑,要求作出答复或者说明。《各级人民代表大会常务委员会监督法》第36条规定,质询案由委员长会议或者主任会议决定交由受质询的机关答复。

根据《监察法实施条例》第254条的规定,各级监察委员会在本级人民代表大会常务委员会会议审议与监察工作有关的议案和报告时,应当派相关负责人到会听取意见,回答询问。

监察机关对依法交由监察机关答复的质询案应当按照要求进行答复。口头答复的,由监察机关主要负责人或者委派相关负责人到会答复。书面答复的,由监察机关主要负责人签署。

需要注意的是,监察法关于人大监督的规定虽然参照了《各级人民代表大会常务委员会监督法》,但毕竟较为简单和粗略,因此还有待相关法律作出修改,如此方能更好的发挥人大监督的作用。

(三)司法监督

司法机关对监察机关的监督主要是通过各自职能的互相配合与互相制约来实现的。依据我国《宪法》第127条第2款及《监察法》第4条第2款的规定,"监察机关办理职务违法和职务犯罪案件,应当与审判机关、检察机关、执法部门互相配合,互相制约"。

---

[1] 苏东主编:《人大工作常用法律教程》,中国民主法制出版社2017年版,第226页;陈斯喜:《人民代表大会制度概论》,中国民主法制出版社2016年版,第262页。

首先，人民检察院依法行使检察权对监察机关移送审查起诉的职务犯罪案件进行监督。监察机关办理职务犯罪案件，经调查认为犯罪事实清楚，证据确实、充分的，需要将调查结果移送人民检察院依法审查起诉，才能追究被调查人的刑事责任。人民检察院则依照《刑事诉讼法》和《监察法》的有关规定对案件进行审查，包括对证据的证据能力、证明力大小，监察机关是否存在非法取证行为，监察机关适用监察措施是否合法合规等进行审查。经审查，对于需要补充核实的案件，人民检察院依法应当退回监察机关进行补充调查。而对于具有《刑事诉讼法》规定的不起诉情形的案件，人民检察院依法可以作出不起诉的决定。

其次，人民法院依法行使审判权对经审查提起诉讼的职务犯罪案件进行监督。在以审判为中心的刑事诉讼制度体系下，监察机关经调查认为犯罪事实清楚，证据确实、充分，应当追究被调查人刑事责任的案件，只有经过人民法院的裁判才能认定是否存在相应的犯罪事实并追究相应的刑事责任。在案件审理中，人民法院同样要依法对证据的证据能力、证明力大小，监察机关是否存在非法取证行为，监察机关适用监察措施是否合法合规等进行审查判断。

（四）民主监督、社会监督、舆论监督

依据《监察法》第54条的规定，"监察机关应当依法公开监察工作信息，接受民主监督、社会监督、舆论监督"。

1. 监察工作信息公开

依法公开监察工作信息是监察机关接受民主监督、社会监督、舆论监督的前提。[1] 没有信息公开，人民群众对国家监察工作就无从知晓、无从监督，更无从理解和认同。[2] 因此，按照《监察法》第54条的规定，《监察法实施条例》第255条进一步规定，各级监察机关应当通过互联网政务媒体、报刊、广播、电视等途径，向社会及时准确公开下列监察工作信息：(1) 监察法规；(2) 依法应当向社会公开的案件调查信息；(3) 检举控告地址、电话、网站等信息；(4) 其他

---

[1] 中国特色社会主义国家监察制度研究课题组：《国家监察制度学》，中国方正出版社2021年版，第324页。

[2] 谭世贵：《论对国家监察权的制约与监督》，载《政法论丛》2017年第5期。

依法应当公开的信息。

2. 接受民主监督、社会监督、舆论监督

（1）民主监督

民主监督，一般是指人民政协或者各民主党派等主体对监察机关及其工作人员的工作进行的监督。[1]

首先是人民政协的民主监督。根据《中国人民政治协商会议章程》，人民政协会议是由中国共产党领导的、以工农联盟为基础的，有各民主党派、无党派人士、人民团体、少数民族人士和各界爱国人士参加的，最广泛的爱国统一战线的组织，是中国共产党领导的多党合作和政治协商的重要机构，是我国政治生活中发扬社会主义民主的重要形式，所以人民政协的监督是一种民主监督。而其主要职能之一也正是民主监督。

在内容上，人民政协的民主监督除了对国家宪法、法律和法规的实施，重大方针政策、重大改革举措、重要决策部署的贯彻执行情况，以及涉及人民群众切身利益的实际问题解决落实情况进行监督，还包括对国家机关及其工作人员的工作等进行监督。而在方式上，人民政协的民主监督则是通过提出意见、批评、建议的方式进行的协商式监督。

由于人民政协中成员的最广泛性，因此在监督国家机关及其工作人员方面具有无可比拟的优势，能够"密切联系各方面人士，反映他们及其所联系的群众的意见和要求，对国家机关和国家工作人员的工作提出建议和批评，协助国家机关进行机构改革和体制改革，改进工作，提高工作效率，克服形式主义、官僚主义、享乐主义和奢靡之风，加强廉政建设"。

其次是各民主党派的民主监督。民主党派民主监督，是指各民主党派通过提出意见、建议和批评的方式，对国家《宪法》、法律和法规的实施，重大方针政策的贯彻执行，国家机关及其工作人员的工作进行监督。[2] 顾名思义，民主党

---

[1] 中共中央纪律检查委员会、中华人民共和国国家监察委员会法规室编：《〈中华人民共和国监察法〉释义》，中国方正出版社2018年版，第242页。

[2] 王舣作：《纪检监察专业方向系列教材监督学概论新编》，中国政法大学出版社2021年版，第182页。

派民主监督的主体是各民主党派。根据 2005 年中共中央出台的《关于进一步加强中国共产党领导的多党合作和政治协商制度建设的意见》（中发〔2005〕5 号），中国共产党与民主党派实行互相监督。这种监督是在坚持四项基本原则的基础上通过提出意见、批评、建议的方式进行的政治监督，是我国社会主义监督体系的重要组成部分。由于中国共产党处于领导和执政地位，更加需要自觉接受民主党派的监督。因而民主党派民主监督的主要内容之一即是"党委依法执政及党员领导干部履行职责、为政清廉等方面的情况"。

(2) 社会监督

社会监督也称为社会群众监督，一般是指公民、法人或其他组织对监察机关及其工作人员的工作进行的监督。[1] 依据我国《宪法》的相关规定，一切国家机关和国家工作人员必须依靠人民的支持，经常保持同人民的密切联系，倾听人民的意见和建议，接受人民的监督，努力为人民服务。并且我国公民对于任何国家机关和国家工作人员，都有提出批评和建议的权利；对于任何国家机关和国家工作人员的违法失职行为，也都有向有关国家机关提出申诉、控告或者检举的权利。党的十九大报告就指出，增强党自我净化能力，根本靠强化党的自我监督和群众监督。因此，社会监督是最为基础的，也是社会主义国家最主要的一种监督方式，是社会主义民主的重要体现。[2]

(3) 舆论监督

舆论监督一般是指社会各界通过广播、影视、报刊、杂志、网络等传播媒介，发表自己的意见和看法，形成舆论，对监察机关及其工作人员的工作进行的监督。[3] 舆论监督的主体既包括一般公民，也包括新闻媒体和各种社会组织。在内容上，舆论监督是对监察机关及其工作人员在监察工作中的违法犯罪行为，以及工作人员的个人品行和道德发表看法，作出批评。在传播渠道上，舆论

---

〔1〕 中共中央纪律检查委员会、中华人民共和国国家监察委员会法规室编：《〈中华人民共和国监察法〉释义》，中国方正出版社 2018 年版，第 243 页。

〔2〕 王舵作：《纪检监察专业方向系列教材监督学概论新编》，中国政法大学出版社 2021 年版，第 236 页。

〔3〕 中共中央纪律检查委员会、中华人民共和国国家监察委员会法规室编：《〈中华人民共和国监察法〉释义》，中国方正出版社 2018 年版，第 243 页。

监督的形式多种多样。而随着社会进步和技术的发展,网络舆论监督因其内容丰富、方便灵活、传播广泛、可互动交流等特点成为非常重要的舆论监督。

(五)特约监察员制度

1. 特约监察员制度的源起

我国的特约监察员制度可以追溯至 1989 年 5 月监察部印发《关于聘请特邀监察员的几点意见》而决定建立的特邀监察员制度。[1] 此后,监察部于 1991 年根据《行政监察条例》(1990 年发布,已失效)制定了《监察部聘请特邀监察员办法》,又于 2013 年根据《行政监察法》及其实施条例制定了《监察机关特邀监察员工作办法》。及至 2018 年《监察法》颁布,中央纪委、国家监委颁布《国家监察委员会特约监察员工作办法》,形成了如今的特约监察员制度。

2. 特约监察员制度对特邀监察员制度的发展

特邀监察员和特约监察员一字之差,表明后者对前者有继承的同时更有发展。

在目的上,两者是一脉相承的。《监察机关特邀监察员工作办法》第 1 条表明,特邀监察员制度是为了充分发挥人民群众对国家行政机关及其工作人员的监督作用;《国家监察委员会特约监察员工作办法》第 1 条则表明,特约监察员是为了深化国家监察体制改革,充分发挥中央纪律检查委员会和国家监察委员会合署办公优势,推动监察机关依法接受民主监督、社会监督、舆论监督。就此而言,特约监察员制度和特邀监察员都是为了更好地发挥人民群众对国家行政机关及其工作人员的监督作用。

在具体职责上,特约监察员制度的侧重点则有所不同。特邀监察员和特约监察员的职责都包括给监察机关参谋咨询、作为桥梁纽带联系群众和监察机关、宣传监察工作的方针政策、对监督对象进行监督。[2] 但是,特邀监察员既监督其他国家机关及其工作人员,参加监察机关开展的执法监察、效能监察等工作,也监督监察机关及其工作人员履行职责情况,且这并非其首要职责。与

---

[1] 王高贺:《特约监察员与特邀监察员的比较与启示》,载《河南社会科学》2020 年第 2 期。

[2] 王高贺:《特约监察员与特邀监察员的比较与启示》,载《河南社会科学》2020 年第 2 期。

之相比,特约监察员的首要职责是对纪检监察机关及其工作人员履行职责情况进行监督,提出加强和改进纪检监察工作的意见、建议。

可见特约监察员的定位已存在较大不同,其定位从监督所有国家机关及其工作人员转变为仅对监察机关及其工作人员进行监督,是对监督者的监督。这是与国家监察体制改革相匹配的,因为监察机关的职责就是对所有公职人员进行监督,实现国家监察全面覆盖,这比特邀监察员更具优势。相反,此时的监察机关因为权力和资源都更为集中,应更加注重对监察机关本身的监督,故而对监察机关及其工作人员进行监督成为特约监察员的首要职责。正因如此,本书将特约监察员制度置于外部监督中。

3. 特约监察员的职责

根据《国家监察委员会特约监察员工作办法》第9条的规定,特约监察员履行下列职责:(1)对纪检监察机关及其工作人员履行职责情况进行监督,提出加强和改进纪检监察工作的意见、建议;(2)对制定纪检监察法律法规、出台重大政策、起草重要文件、提出监察建议等提供咨询意见;(3)参加国家监察委员会组织的调查研究、监督检查、专项工作;(4)宣传纪检监察工作的方针、政策和成效;(5)办理国家监察委员会委托的其他事项。

4. 特约监察员的选聘和履职保障

根据《监察法实施条例》第256条的规定,各级监察机关可以根据工作需要,按程序选聘特约监察员履行监督、咨询等职责。特约监察员名单应当向社会公布。同时,监察机关应当为特约监察员依法开展工作提供必要条件和便利。

《国家监察委员会特约监察员工作办法》对特约监察员的聘请、换届、解聘以及履职保障都作了较为详细的规定。此处不再赘述。

二、内部监督

依据《监察法》第55条的规定,监察机关通过设立内部专门的监督机构等方式,加强对监察人员执行职务和遵守法律情况的监督,建设忠诚、干净、担当的监察队伍。具体而言,监察机关的内部监督包括以下方面。

(一)对关键环节的监督制约

从职能的角度看,监察机关享有监督、调查、处置三项职能。从环节来看,监察工作则有监督检查、线索处置、初步核实、立案、调查、审理、处置等诸多环节,且各个环节层层递进、环环相扣。这对监督监察机关及其工作人员而言,通过在监察工作不同的关键环节进行恰当的分工和程序设计,将能起到好的监督效果。

1.建立部门间相互协调制约的工作机制

据《监察法实施条例》第258条的规定,监察机关应当建立监督检查、调查、案件监督管理、案件审理等部门相互协调制约的工作机制。《监察官法》第42条也规定,监察机关应当规范工作流程,加强内部监督制约机制建设,强化对监察官执行职务和遵守法律情况的监督。国家监察委员会关于内设机构的设置,正是由不同部门分别负责监督检查和一般违法问题线索处置、立案调查、案件审理以及对监督检查和调查过程的监督。

其中,据前引法条的规定,较为关键的就是监督检查和调查部门应实行分工协作、相互制约。由监督检查部门主要负责联系地区、部门、单位的日常监督检查和对涉嫌一般违法问题线索处置。调查部门则主要负责对涉嫌严重职务违法和职务犯罪问题线索进行初步核实和立案调查。

在此之外,案件监督管理部门则负责对监督检查、调查工作全过程进行监督管理,做好线索管理、组织协调、监督检查、督促办理、统计分析等工作。案件监督管理部门发现监察人员在监督检查、调查中有违规办案行为的,及时督促整改;涉嫌违纪违法的,根据管理权限移交相关部门处理。

2.对关键环节进行经常性监督检查

除了建立部门间相互协调制约的工作机制,《监察法实施条例》第259条还规定,监察机关应当对监察权运行关键环节进行经常性监督检查,适时开展专项督查。也就是要求案件监督管理、案件审理等部门按照各自职责,对问题线索处置、调查措施使用、涉案财物管理等进行监督检查,建立常态化、全覆盖的案件质量评查机制。

不仅如此,前引条例第261条还专门规定,监察机关及其监督检查、调查部门负责人应当定期检查调查期间的录音录像、谈话笔录、涉案财物登记资料,加强对调查全过程的监督,发现问题及时纠正并报告。这一个明确到人的规定直接规定了监察机关及其监督检查、调查部门负责人对关键环节进行监督检查的义务。

(二)报告和登记备案制度

《监察法》第 57 条及《监察法实施条例》第 262 条均规定,对于监察人员打听案情、过问案件、说情干预的,办理监察事项的监察人员应当及时报告。有关情况应当登记备案。这是关于报告和登记备案制度的规定。实践中,监察机关应当全面如实记录上述情况,做到全程有痕,有据可查。

此外,发现办理监察事项的监察人员未经批准接触被调查人、涉案人员及其特定关系人,或者存在交往情形的,知情人应当及时报告。有关情况应当登记备案。其中,知情人为监察人员的,应当及时向上级负责人报告。

报告和登记备案的主要目的是加强内部监督,避免出现跑风漏气、以案谋私、办人情案等问题。[1] 如果被调查人通过关系打听案情,极有可能因泄漏案件信息而影响调查;而如果某些监察人员可以随意过问案件,则很有可能以此对案件施加影响,最终都会使得违纪违法分子得不到应有的惩罚。同时,监察人员在打听案情、过问案件、说情干预的过程中,还有可能对办案人员造成腐蚀,长期以往,必将破坏党纪国法的权威性。因此,报告和登记备案制度将监察人员在线索处置、日常监督、调查、审理和处置等各环节有打听案件、过问案件、说情干预等行为予以报告和登记,使得相应的行为有了记录,更利于对相关行为的监督和威慑,使得监察人员不敢影响案件的公正办理。

(三)回避制度

回避制度是为了保证监察工作的公平公正而将与案件的办理结果有利害关系的监察人员排除在案件办理工作之外的制度规定。理论上回避有自行回避和申请回避两种类型,前者是指监察人员知道自己具有应当回避的情形而主

---

〔1〕 中共中央纪律检查委员会、中华人民共和国国家监察委员会法规室编:《〈中华人民共和国监察法〉释义》,中国方正出版社 2018 年版,第 253 页。

动向所在机关提出回避申请;后者则是指监察对象、检举人及其他有关人员认为监察人员具有法定回避理由,而向监察机关提出申请,要求他们回避。而按照启动主体对回避类型进行划分,则还包括指令回避,即监察人员存在应予回避的情形时,有权机关可以依职权要求其回避。[1]

1. 应回避的情形

依据《监察法》第58条的规定,办理监察事项的监察人员有下列情形之一的,应当自行回避,监察对象、检举人及其他有关人员也有权要求其回避。(1)是监察对象或者检举人的近亲属的,即如果办理监察事项的监察人员是监察对象或者检举人的配偶、父母、子女、同胞兄弟姊妹,则由于亲情关系很有可能会影响案件的公平公正。(2)担任过本案的证人的。此处强调的是"担任过",意即办理监察事项的监察人员曾作为证人参与案件的监察工作的,则既不能同时,也不能参与以后的调查处置环节。(3)本人或者其近亲属与办理的监察事项有利害关系的。此处的利害关系既包括一致的利害关系,也包括相反的利害关系。(4)有可能影响监察事项公正处理的其他情形的。

2. 回避的提出和决定

根据《监察法实施条例》第263条第1款的规定,办理监察事项的监察人员有《监察法》第58条所列情形之一的,应当自行提出回避;没有自行提出回避的,监察机关应当依法决定其回避,监察对象、检举人及其他有关人员也有权要求其回避。

据此,回避是由具有应予回避情形的监察人员自行提出回避,或由监察对象、检举人及其他有关人员提出申请回避。在没有自行提出回避时,则由监察机关依法决定指令其回避。同时,《监察法实施条例》第264条规定,自行回避和申请回避应当以书面或者口头提出,并说明理由。如若口头提出的,应当形成记录。

关于回避的决定,《监察法实施条例》第264条第2款规定,应予回避的监察人员同时也是监察机关主要负责人的,其回避由上级监察机关主要负责人决

---

[1] 马怀德主编:《监察法学》,人民出版社2018年版,第376—377页。

定；其他监察人员的回避，由本级监察机关主要负责人决定。此外，据《公职人员政务处分法》第48条第2款的规定，监察机关或者上级监察机关发现参与违法案件调查、处理人员有应当回避情形的，可以直接决定该人员回避。

3. 回避的适用对象

除监察人员应按照《监察法》第58条的规定适用回避制度外，据《监察法实施条例》第263条第2款的规定，选用借调人员、看护人员、调查场所，也应当严格执行回避制度。此外，从《监察法实施条例》第151条第3项，即"鉴定人故意作出虚假鉴定或者违反回避规定的"的规定来看，鉴定人也适用回避制度。

(四)保密、防止利益冲突

《监察法》第59条规定，"监察机关涉密人员离岗离职后，应当遵守脱密期管理规定，严格履行保密义务，不得泄露相关秘密。监察人员辞职、退休三年内，不得从事与监察和司法工作相关联且可能发生利益冲突的职业"。这是关于监察人员脱离监察工作岗位后的保密和防止利益冲突的规定。

1. 保密义务

《监察法》第18条对监察机关及其工作人员在监察工作中的保密义务已有规定，即"监察机关及其工作人员对监督、调查过程中知悉的国家秘密、商业秘密、个人隐私，应当保密"。鉴于监察人员在工作中知悉了大量国家秘密和工作秘密，而这些秘密的泄露和流出极有可能给国家安全和利益带来重大危险，或是给当事人的权益造成严重损害，因此对监察人员在岗和脱岗后的保密规定同样重要。

根据《监察法实施条例》第267条的规定，监察机关应当严格执行保密制度，控制监察事项知悉范围和时间。监察人员不准私自留存、隐匿、查阅、摘抄、复制、携带问题线索和涉案资料，严禁泄露监察工作秘密。并且，监察机关还应当建立健全检举控告保密制度，对检举控告人的姓名(单位名称)、工作单位、住址、电话和邮箱等有关情况以及检举控告内容必须严格保密。

在监察机关涉密人员离岗离职后，则应当遵守脱密期管理规定，严格履行保密义务，不得泄露相关秘密。

2. 防止利益冲突

《监察法》第 59 条、《监察官法》第 49 条以及《监察法实施条例》第 269 条均规定,监察人员辞职、退休 3 年以内,不得从事与监察和司法工作相关联且可能发生利益冲突的职业。这与《公务员法》《检察官法》《法官法》中对公务员、检察官、法官辞职、退休后的从业限制规定,在目的上是一致的,即为了避免监察人员在职期间利用手中的权力为他人谋取利益换取辞职、退休后的回报,或者在辞职、退休后利用自己在原单位的影响力为自己谋取不当利益[1]。

具体而言,监察人员在离任后,不得担任原任职监察机关办理案件的诉讼代理人或者辩护人,但是作为当事人的监护人或者近亲属代理诉讼或者进行辩护的除外。据此,对于监察人员离任前所在的监察机关办理的案件,监察人员均不得担任该案件中当事人的诉讼代理人或者辩护人。但从反对解释看,这一规定并未限制监察人员在离任后担任原任职监察机关之外的监察机关办理案件的诉讼代理人或者辩护人。并且,在原任职监察机关办理的案件中,若监察人员该案件当事人的监护人或者近亲属的,可以监护人或者近亲属的身份代理诉讼或者进行辩护。

通说认为,如果监察人员是因被辞退、被开除而离职的,不适用《监察法》第 59 条关于从业限制的规定。因为被动离职的人员已经失去良好的个人信誉,离职后即便从事与监察和司法工作相关联且可能履行利益冲突的职业,也难以在原单位发挥影响力[2]。不过,《监察官法》第 49 条第 3 款特别规定,"监察官被开除后,不得担任诉讼代理人或者辩护人,但是作为当事人的监护人或者近亲属代理诉讼、进行辩护的除外"。据此规定,除例外情况,应认为被开除的监察官不得担任任何监察机关所办理案件的诉讼代理人或者辩护人。

另外,不仅监察人员有从业限制,《监察法实施条例》第 270 条还规定,监察人员应当严格遵守有关规范领导干部配偶、子女及其配偶经商办企业行为的

---

[1] 中共中央纪律检查委员会、中华人民共和国国家监察委员会法规室编:《〈中华人民共和国监察法〉释义》,中国方正出版社 2018 年版,第 257—258 页。

[2] 中共中央纪律检查委员会、中华人民共和国国家监察委员会法规室编:《〈中华人民共和国监察法〉释义》,中国方正出版社 2018 年版,第 258 页。

规定。违反规定的,予以处理。同时《监察官法》第 51 条还规定,监察官的配偶、父母、子女及其配偶不得以律师身份担任该监察官所任职监察机关办理案件的诉讼代理人、辩护人,或者提供其他有偿法律服务。

(五)上级监察机关的监督

依据《监察法》第 9 条和第 10 条的规定,上下级监察机关之间是领导与被领导的关系,并且地方各级监察委员会对本级人民代表大会及其常务委员会和上一级监察委员会负责,并接受其监督。因此,上级监察机关对下级监察机关的监督同样是监察机关内部监督的重要形式。

为此,《监察法实施条例》第 265 条规定,上级监察机关应当通过专项检查、业务考评、开展复查等方式,强化对下级监察机关及监察人员执行职务和遵纪守法情况的监督。此外,在监察人员履行职责的众多环节和程序中,事实上均有上级监察机关对下级监察机关的监督,如监察措施的决定和审批,故此处不赘述。

《监察法实施条例》第 266 条还规定,监察机关应当对监察人员有计划地进行政治、理论和业务培训。培训应当坚持理论联系实际、按需施教、讲求实效,突出政治机关特色,建设高素质专业化监察队伍。

三、对监察机关和监察人员的责任追究

责任追究是监督管理的应有之义,没有责任追究,监督管理便形同虚设。[1] 因此,对监察机关和监察人员的责任追究,事实上也是对监察进行监督的重要组成部分。

(一)"一案双查"及办案质量责任制

《监察法》第 61 条规定,"对调查工作结束后发现立案依据不充分或者失实,案件处置出现重大失误,监察人员严重违法的,应当追究负有责任的领导人员和直接责任人员的责任"。这是将纪委"一案双查"的制度规定纳入了《监察

---

[1] 中共中央纪律检查委员会、中华人民共和国国家监察委员会法规室编:《〈中华人民共和国监察法〉释义》,中国方正出版社 2018 年版,第 264 页。

法》中,只是在适用情形上有所调整。

《中国共产党纪律检查机关监督执纪工作规则》第73条第1款规定,"对案件处置出现重大失误,纪检监察干部涉嫌严重违纪或者职务违法、职务犯罪的,开展'一案双查',既追究直接责任,还应当严肃追究有关领导人员责任"。具言之,"一案双查"就是对监督检查、调查工作全过程进行监督检查过程中,发现存在立案依据不充分或者失实,案件处置出现重大失误,监察人员严重违法的情形时,不仅要对存在上述情形的监察人员追责,还要对为此负有责任的领导人员进行追责。所以中央纪委指出,"一案双查"的本质是对失职失责行为进行问责。[1] 这样规定的主要目的是强化对调查工作的监督管理,督促监察人员在立案审查前做实做细初步核实等基础工作,在立案审查后严格依法处置,严格自律。[2]

因此,通过"一案双查"的督促作用,最终使案件经得起审查检验。而为了使案件使案件经得起审查检验,《监察法实施条例》第273条在规定了"一案双查"之外,还规定了办案质量责任制,即"监察机关应当建立办案质量责任制,对滥用职权、失职失责造成严重后果的,实行终身责任追究"。《监察官法》第54条也明确规定,"实行监察官责任追究制度,对滥用职权、失职失责造成严重后果的,终身追究责任或者进行问责。监察官涉嫌严重职务违法、职务犯罪或者对案件处置出现重大失误的,应当追究负有责任的领导人员和直接责任人员的责任"。同时规定了"一案双查"和监察官的终身追责制,意在保证监察案件的质量,使其经得起实践、历史和人民的检验。

(二) 办案安全责任制

监察法中有诸多关于办案安全的规定,如《监察法》第44条第2款、《监察法实施条例》第100条规定,监察机关应当保障被留置人员的饮食、休息和安全,提供医疗服务;《监察法实施条例》第103条规定留置场所应当建立健全保

---

[1] 国明理主编:《强化自我监督的制度利器〈中国共产党纪律检查机关监督执纪工作规则〉十讲图解版》,东方出版社2019年版,第167页。

[2] 中共中央纪律检查委员会、中华人民共和国国家监察委员会法规室编:《〈中华人民共和国监察法〉释义》,中国方正出版社2018年版,第263—264页。

密、消防、医疗、餐饮及安保等安全工作责任制,制定紧急突发事件处置预案,采取安全防范措施。《监察法实施条例》第 75 条第 1 款规定,与未被限制人身自由的被调查人谈话的,应当在具备安全保障条件的场所进行。同时,《监察法实施条例》第 103 条第 2 款还规定,留置期间发生被留置人员死亡、伤残、脱逃等办案安全事故、事件的,应当及时做好处置工作。

为了确保办案安全,《监察法实施条例》第 277 条规定,监察机关应当建立健全办案安全责任制。首先,承办部门主要负责人和调查组组长是调查安全第一责任人。其次,调查组中还应当指定专人担任安全员。最后,案件监督管理部门应当对办案安全责任制落实情况组织经常性检查和不定期抽查,发现问题及时报告并督促整改。

据此,在案件办理过程中形成了承办部门主要负责人到调查组组长,再到安全员,最后到案件监督管理部门的办案安全责任网。

不仅如此,前引法条第 2 款还规定,地方各级监察机关履行管理、监督职责不力发生严重办案安全事故的,或者办案中存在严重违规违纪违法行为的,省级监察机关主要负责人应当向国家监察委员会作出检讨,并予以通报、严肃追责问责。这进一步将办案安全责任网从省级监察机关主要负责人延伸至调查组中的安全员。

(三)追究监察机关及其工作人员责任的具体情形

依据《监察法》第 65 条的规定,监察机关及其工作人员有下列行为之一的,对负有责任的领导人员和直接责任人员依法给予处理:(1)未经批准、授权处置问题线索,发现重大案情隐瞒不报,或者私自留存、处理涉案材料的;(2)利用职权或者职务上的影响干预调查工作、以案谋私的;(3)违法窃取、泄露调查工作信息,或者泄露举报事项、举报受理情况以及举报人信息的;(4)对被调查人或者涉案人员逼供、诱供,或者侮辱、打骂、虐待、体罚或者变相体罚的;(5)违反规定处置查封、扣押、冻结的财物的;(6)违反规定发生办案安全事故,或者发生安全事故后隐瞒不报、报告失实、处置不当的;(7)违反规定采取留置措施的;(8)违反规定限制他人出境,或者不按规定解除出境限制的;(9)其他滥用职权、玩忽职守、徇私舞弊的行为。据此,发生以上行为的,对负有责任的领导人员和直接责任人员都应当依法给予处理。

需注意的是，《监察法实施条例》第278条与《监察官法》第52条以及前引《监察法》第65条各自间的规定均有所不同。首先在行为主体与责任主体方面，《监察法》第65条规定的行为主体是监察机关及其工作人员，责任主体则是负有责任的领导人员和直接责任人员；《监察法实施条例》第278条规定的行为主体与责任主体均为监察人员；《监察官法》第52条行为主体与责任主体均为监察官。在具体情形上，《监察法实施条例》第278条与《监察法》第65条的规定基本一致，主要是新增了"贪污贿赂、徇私舞弊的"和"不履行或者不正确履行监督职责，应当发现的问题没有发现，或者发现问题不报告、不处置，造成严重影响的"两类情形。而《监察官法》第52条所规定的情形相比《监察法》第65条，同样新增了《监察法实施条例》第278条所增加的情形，并另外增加了"隐瞒、伪造、变造、故意损毁证据、案件材料的"，以及"违反规定采取调查措施或者处置涉案财物的"行为，不过后者在部分含义上可与《监察法》中的规定部分重合。此外，对于监察官的其他违纪违法行为，如影响监察官队伍形象，损害国家和人民利益的，依据《监察官法》第52条的规定也应依法追究相应责任。

在对上述法规的适用上，应当认为，在重合的部分优先适用《监察法》第65条的规定，既追究负有责任的领导人员的责任，又追究直接责任人员的责任；在不重合的部分，则分别适用各自的规定。

(四)监察人员违法犯罪的法律责任形式

根据《监察法实施条例》第279条的规定，对监察人员在履行职责中存在违法行为的，可以根据情节轻重，依法进行谈话提醒、批评教育、责令检查、诫勉，或者给予政务处分。构成犯罪的，依法追究刑事责任。

第十章 反腐败国际合作

第一节 反腐败国际合作概述

腐败是全人类的公敌,反腐败是世界各国面临的共同难题。伴随着经济的全球化,腐败问题也变得全球化。一些腐败分子利用全球化的便利收受贿赂,转移赃款,又利用不同国家和地区间的政治制度、法律环境差异以及国际法的漏洞,在案发后逃避侦查和追捕,进而躲避应有的惩罚。这对所在国家的社会、经济和民主法治都造成严重损害。应对腐败的"全球化"问题,急需要国际之间的通力合作。《联合国反腐败公约》序言中即指出,"腐败已经不再是局部问题,而是一种影响所有社会和经济的跨国现象,因此,开展国际合作预防和控制腐败是至关重要的"。因而,反腐败国际合作就是国际行为主体在反腐败领域开展的国际合作,就是各国际行为主体之间就反腐败问题进行的各种形式的配合与协作。[1]

---

[1] 马海军、邹世享:《中国反腐败国际合作研究》,知识产权出版社2011年版,第30页。

一、反腐败国际合作的主体

合作是个人或群体之间为达到共同的目标而相互协作,彼此配合的一种联合行动方式。故而对反腐败国际合作而言,首先涉及的问题是合作的主体。如前所述,腐败是全人类的公敌,反腐败是世界各国面临的共同难题。对此,《联合国反腐败公约》在序言中指出,"预防和根除腐败是所有各国的责任,而且各国应当相互合作,同时应当有公共部门以外的个人和团体的支持和参与,例如民间社会、非政府组织和社区组织的支持和参与,只有这样,这方面的工作才能行之有效"。所以反腐败国际合作并不仅限于国家与国家之间的合作,其合作的主体是相当广泛的,甚至包括个人在内。当前,主要的反腐败国际合作的主体有主要有以下几类。

(一)主权国家

主权国家是国际社会最基本的成员,是国际关系的主要参加者。因而主权国家同样也是反腐败国际合作中最基本的主体。包括《联合国反腐败公约》《联合国打击跨国有组织犯罪公约》《关于打击国际商业交易中行贿外国公职人员行为的公约》在内的诸多国际公约,其缔约主体即为主权国家。此外,腐败问题是世界性的问题,但其最开始是主权国家内的问题。正因如此,在因经济全球化而逐渐形成腐败"全球化"的情况下,主权国家也是积极推动反腐败国际合作的最基本的动力。[1]

(二)国际组织

如果说主权国家是国际社会最基本的成员,是国际关系的主要参加者,那国际组织就是国际社会的主要成员和重要参加者。国际组织,是指两个以上国家或其政府、人民、民间团体基于特定目的,以一定协议形式而建立的各种机构。国际组织可分为政府间组织和非政府间组织,也可分为区域性国际组织和全球性国际组织。[2]

---

[1] 马海军、邹世享:《中国反腐败国际合作研究》,知识产权出版社2011年版,第45页。
[2] 赵林如主编:《中国市场经济学大辞典》,中国经济出版社2019年版,第1197页。

国际组织由于具有跨国际性的特点,因而对于国际反腐败合作具有天然的优势,能够发挥出重要的作用。例如,联合国是最大的全球性政府间国际组织,其于 2003 年通过的《联合国反腐败公约》成为联合国历史上第一个反腐败领域的全球性公约,是各国开展反腐败合作的重要法律依据。又如亚太经合组织,在我国的推动下,于 2014 年 11 月在北京通过《北京反腐败宣言》,并成立了亚太经合组织反腐败执法合作网络(ACT-NET),[1]有力地促进了亚太地区反腐败和执法机构间的沟通、联络和能力建设,推动了打击腐败、贿赂、洗钱和非法贸易等方面的务实合作。

此外,有一些国际组织其建立的直接目的就与反腐败有关。例如国际刑警组织(the International Criminal Police Organization),是一个包含 190 多个成员的政府间国际组织。该组织通过网络在成员之间实时访问包含有关犯罪和罪犯信息的数据库和服务。[2] 我国也是成员之一,位于北京的中国国家中心局是国际刑警组织在中国的常设机构。为国人所熟知的"红通"即是该组织所签发的"红色通报"(Red Notice)的简称。又如透明国际(TransparencyIntemational),是一个致力于国际商贸领域反腐败治理的非政府、非营利性的国际组织。其发布的清廉指数和行贿指数,具有极大的国际影响力。[3]

(三)政党和政治团体

在一国范围内,无论是执政党还是非执政党都是基本的政治力量和行为主体。[4] 不同政党关于反腐败的政策和方针将因其不同的影响力而对所在国家产生不同程度的影响。相应地,政党也就在反腐败国际合作中具有独特的作用。比如我国在中国共产党的领导下,不断地推进国家监察体制改革。同时,中国共产党也是反腐败国际合作的积极推动者,推动我国成为最早签署和批准

---

[1] 江国华主编:《司法反腐年度报告 2015》,中国政法大学出版社 2017 年版,第 12 页。

[2] 《什么是国际刑警组织》,https://www.interpol.int/Who-we-are/What-is-INTERPOL,2022 年 6 月 6 日访问。

[3] 徐文斌编著:《商业银行合规体系重构新视野下的管理实践》,中国金融出版社 2018 年版,第 313 页。

[4] 马海军、邹世享:《中国反腐败国际合作研究》,知识产权出版社 2011 年版,第 45 页。

《联合国反腐败公约》的国家之一。[1]

二、反腐败国际合作的形式

依据区域范围的不同,反腐败国际合作可以分为三种形式:双边合作、区域性合作以及多边国际合作(全球合作)。其中,双边合作,是指一对一的国家之间的合作;区域性合作,是指在区域范围内多个国家的小型多边合作;多边国际合作,是指真正意义上的全球性的反腐败合作方式。方根是在以联合国为核心的各种全球性国际组织,包括非政府民间组织框架下开展的各种相关合作和全球性的反腐败国际会议、国际公约。[2] 若从合作对象的多寡角度而言,双边合作为一对一,区域性合作以及多边国际合作均为一对多,因而认为反腐败国际合作包括双边合作和多边合作两种亦无不可。

(一)双边合作

如前所述,双边合作是一对一的国家之间的合作。不过鉴于反腐败国际主体的多样性,关于反腐败的国际双边合作当然不仅限于国与国之间的合作。双边是反腐败国际合作的重要形式,但是现实中许多国家却也要求以缔有双边引渡条约作为开展引渡合作的前提,这种坚持以双边引渡条约作为引渡合作的前提条件甚至唯一依据的做法称为"条约前置主义"。[3]

我国开展反腐败双边合作的形式主要有:建立反腐败交流合作关系、签署双边合作谅解备忘录、将反腐败合作纳入战略与经济对话、签署反腐败经验交流与互学互鉴的合作协议等。[4] 截至 2020 年 8 月,我国已经与 81 个国家缔结引渡条约、司法协助条约、资产返还与分享协定等共 169 项,与 56 个国家和

---

[1] 梅芬:《〈联合国反腐败公约〉走过 15 年——合作应对腐败中国步履坚实》,载《中国纪检监察》2018 年第 21 期。
[2] 任建明主编:《反腐败制度与创新》,中国方正出版社 2012 年版,第 385 页。
[3] 湖北省纪委监委协调指挥室编著:《反腐败国际追逃追赃理论与实践》,中国方正出版社 2020 年版,第 60 页。
[4] 中共中央纪律监察委员会、中华人民共和国国家监察委法规室:《〈中华人民共和国监察法〉释义》,中国方正出版社 2018 年版,第 228 页。

地区签署金融情报交换合作协议。[1]

（二）多边合作

"多边反腐败国际条约"，是指我国与两个以上的国家、地区、国际组织签署的反腐败国际条约，如《联合国反腐败公约》。迄今为止，我国参与了 15 个国际反腐败多边机制，如二十国集团反腐败工作组、亚太经合组织反腐败工作组、亚太经合组织反腐败执法合作网络、国际反腐败学院、金砖国家反腐败合作机制、亚洲监察专员协会理事会等。[2]

三、反腐败国际合作的内容

作为反腐败国际合作方面的基本依据和蓝本，《联合国反腐败公约》的内容涵盖了预防措施、定罪和执法、国际合作、资产的追回，以及技术援助和信息交流五个方面。其中的国际合作又包含了引渡、被判刑人的移管、司法协助、刑事诉讼的移交、执法合作、联合侦查等内容。《监察法》第 51 条则规定，"国家监察委员会组织协调有关方面加强与有关国家、地区、国际组织在反腐败执法、引渡、司法协助、被判刑人的移管、资产追回和信息交流等领域的合作"。可见我国反腐败国际合作的主要内容为反腐败执法、引渡、司法协助、被判刑人的移管、资产追回和信息交流方面，这与《联合国反腐败公约》中国际合作的主要内容是基本一致的。

（一）反腐败执法合作

反腐败执法合作，是指我国公安机关、司法行政机关部门等，与有关国家、地区、国际组织在调查腐败案件、抓捕外逃涉案人等方面开展的合作。[3]《联合国反腐败公约》第 48 条对国际反腐败执法合作作了相应规定。除了鼓励缔约国之间开展更多的直接的双边或多边协定或者安排等合作，关于反腐败执法

---

〔1〕 详见杨晓渡 2020 年 8 月 10 日在第十三届全国人民代表大会常务委员会第二十一次会议上所作《国家监察委员会关于开展反腐败国际追逃追赃工作情况的报告》。

〔2〕 中共中央纪律监察委员会、中华人民共和国国家监察委法规室：《〈中华人民共和国监察法〉释义》，中国方正出版社 2018 年版，第 228 页。

〔3〕 中共中央纪律监察委员会、中华人民共和国国家监察委法规室：《〈中华人民共和国监察法〉释义》，中国方正出版社 2018 年版，第 227 页。

合作的主要内容有：加强联系渠道、开展腐败犯罪有关的调查、互通情报及内容、人员交流。

具体而言，在尊重缔约国主权和具体国情的基础上，缔约国应当采取有效措施开展合作。首先，"加强并在必要时建立各国主管机关、机构和部门之间的联系渠道，以促进安全、迅速地交换有关本公约所涵盖的犯罪的各个方面的情报，在有关缔约国认为适当时还可以包括与其他犯罪活动的联系的有关情报"。其次，"同其他缔约国合作，就下列与本公约所涵盖的犯罪有关的事项进行调查：(1)这类犯罪嫌疑人的身份、行踪和活动，或者其他有关人员的所在地点；(2)来自这类犯罪的犯罪所得或者财产的去向；(3)用于或者企图用于实施这类犯罪的财产、设备或者其他工具的去向"。再次，"在适当情况下提供必要数目或者数量的物品以供分析或者侦查之用""与其他缔约国酌情交换关于为实施本公约所涵盖的犯罪而采用的具体手段和方法的资料，包括利用虚假身份、经变造、伪造或者假冒的证件和其他旨在掩饰活动的手段的资料"。最后，"促进各缔约国主管机关、机构和部门之间的有效协调，并加强人员和其他专家的交流，包括根据有关缔约国之间的双边协定和安排派出联络官员"。

(二) 引渡

引渡是一国根据条约、有关国家的司法请求等引渡理由，将本国境内而被请求国指控、追诉、追捕、通缉或判刑的人移交给请求国审判或执行处罚的国家间司法协助行为，是国家的主权行为、两国之间司法合作的重要形式、国家主权的合法体现。[1] 通常情况下，引渡应当有引渡条约作为根据，因为引渡发生于主权国家之间，若无引渡条约则被请求国并无引渡的义务。即便有引渡条约，一般也遵循政治犯不引渡、双重犯罪原则。[2]

依据《联合国反腐败公约》第 44 条第 1 款的规定，"当被请求引渡人在被请求缔约国领域内时，本条应当适用于根据本公约确立的犯罪，条件是引渡请求所依据的犯罪是按请求缔约国和被请求缔约国本国法律均应当受到处罚的

---

[1] 黄秋丰、徐小帆著：《国际法学》，对外经济贸易大学出版社 2016 年版，第 78 页。
[2] 梁西原主编：《国际法》(第 3 版)，武汉大学出版社 2011 年版，第 253—255 页。

犯罪"。与双重犯罪原则相比,这一规定确立了双重可罚原则。此外,依据本条规定,公约中所列举的各项犯罪均应当视为缔约国之间现行任何引渡条约中的可以引渡的犯罪,且缔约国在以本公约作为引渡依据时,如果其本国法律允许,这些犯罪均不应当视为政治犯罪;在两国之间若未签订引渡条约的,可以将公约作为引渡的法律依据。不过,现实中仍有不少国家坚持"条约前置主义",仅在有双边引渡条约时才予以引渡。

(三)司法协助

依据《联合国反腐败公约》第46条第1款的规定,"缔约国应当在对本公约所涵盖的犯罪进行的侦查、起诉和审判程序中相互提供最广泛的司法协助"。因此,此处的司法协助是指在腐败犯罪的侦查、起诉和审判程序中提供最广泛的司法方面的协助。这在理论上称为小司法协助,而且仅是刑事领域的司法协助,因为在民商事领域同样存在司法协助。广义的国际刑事司法协助包括引渡、小司法协助、相互承认与执行判决、刑事诉讼移管四个方面。[1]

依据《联合国反腐败公约》第46条的规定,反腐败国际合作方面的司法协助包括诸多方面。比如为调查取证而请求的协助,包括:(1)向个人获取证据或者陈述;(2)送达司法文书;(3)执行搜查和扣押并实行冻结;(4)检查物品和场所;(5)提供资料、物证以及鉴定结论;(6)提供有关文件和记录的原件或者经核证的副本,其中包括政府、银行、财务、公司或者商业记录;(7)为取证目的而辨认或者追查犯罪所得、财产、工具或者其他物品;等等。对于被羁押或者服刑的人,如果被要求到另一缔约国进行辨认、作证或者提供其他协助,以便为就与公约所涵盖的犯罪有关的侦查、起诉或者审判程序取得证据,在满足本人本人同意条件以及双方缔约国主管机关同意等条件下,可以予以移送。此外,司法协助还包括根据公约第五章的规定辨认、冻结和追查犯罪所得,以及据本公约第五章的规定追回资产。

依据我国《国际刑事司法协助法》第2条的规定,国际刑事司法协助,是指

---

〔1〕 湖北省纪委监委协调指挥室编著:《反腐败国际追逃追赃理论与实践》,中国方正出版社2020年版,第171页。

中华人民共和国和外国在刑事案件调查、侦查、起诉、审判和执行等活动中相互提供协助，包括送达文书，调查取证，安排证人作证或者协助调查，查封、扣押、冻结涉案财物，没收、返还违法所得及其他涉案财物，移管被判刑人以及其他协助。

（四）被判刑人的移管

被判刑人的移管，是指根据国际条约和国内法的规定，经请求，一国将在本国境内被判处自由刑的犯罪人移交给其国籍国或惯常居住国，并由该国执行对犯罪人所判刑罚的国际刑事合作形式。[1]《联合国反腐败公约》第45条中对被判刑人的移管的规定是，"缔约国可以考虑缔结双边或多边协定或者安排，将因实施根据本公约确立的犯罪而被判监禁或者其他形式剥夺自由的人移交其本国服满刑期"。

这种相互承认和执行刑事判决的国际合作形式于1997年首次在我国得到确认和应用，既维护了司法审判的尊严，也使被判刑人得以回归故国，在熟悉的环境和靠近亲友的地方服刑，更是一种人道主义的体现。[2]

（五）资产追回

资产的追回是许多国家在反腐败国际合作中关注的重点，以至于《联合国反腐败公约》第51条将之规定为公约的一项基本原则，缔约国应当在这方面相互提供最广泛的合作和协助。所谓资产追回，是指贪污贿赂等犯罪嫌疑人携款外逃的，通过与有关国家、地区、国际组织的合作，追回犯罪资产。[3]

《联合国反腐败公约》中的资产追回包括预防和监测犯罪所得的转移、直接追回财产的措施、通过没收事宜的国际合作追回资产的机制、没收事宜的国际合作、特别合作、资产的返还和处分、金融情报机构、双边和多边协定和安排等多项内容。其中，直接追回财产的措施和通过没收事宜的国际合作追回资产的机制分别称为直接追回机制和间接追回机制。[4]

---

〔1〕 马呈元：《国际刑法论》（增订版），中国政法大学出版社2013年版，第680页。
〔2〕 张士宝主编：《法学家茶座》（第13辑），山东人民出版社2007年版，第94页。
〔3〕 中共中央纪律检查委员会、中华人民共和国国家监察委法规室：《〈中华人民共和国监察法〉释义》，中国方正出版社2018年版，第227页。
〔4〕 张智辉：《国际刑法学》，中国检察出版社2019年版，第355页。

1. 直接追回机制

依据《联合国反腐败公约》第 53 条的规定,直接追回财产的措施包括三种。各缔约国均应当根据本国法律:其一,采取必要的措施,允许请求国在本国法院提起民事诉讼,以确立对通过实施根据本公约确立的犯罪而获得的财产的产权或者所有权;其二,采取必要的措施,允许本国法院命令实施了根据本公约确立的犯罪的人向受到这种犯罪损害的另一缔约国支付补偿或者损害赔偿;其三,采取必要的措施,允许本国法院或者主管机关在必须就没收作出决定时,承认请求国对通过实施根据本公约确立的犯罪而获得的财产所主张的合法所有权。

2. 间接追回机制

对于间接追回机制,《联合国反腐败公约》第 54 条第 1 款也规定了三种没收措施。各缔约国均应当根据其本国法律:其一,采取必要的措施,使其主管机关能够执行请求国法院发出的没收令;其二,采取必要的措施,使拥有管辖权的主管机关能够通过对洗钱犯罪或者对可能发生在其管辖范围内的其他犯罪作出判决,或者通过本国法律授权的其他程序,下令没收这类外国来源的财产;其三,考虑采取必要的措施,以便在因为犯罪人死亡、潜逃或者缺席而无法对其起诉的情形或者其他有关情形下,能够不经过刑事定罪而没收这类财产。

为保证没收的顺利实施,缔约国可以依据《联合国反腐败公约》第 55 条第 2 款的规定,向被请求国提出辨认、追查和冻结或者扣押涉案犯罪所得、财产、设备或者其他工具的请求。不过相应的条件是该冻结令或者扣押令须提供合理的根据。可见,通过没收追回资产及因其采取的冻结令或者扣押令都有其相应的条件。依据《联合国反腐败公约》第 55 条第 4 款的规定,被请求缔约国依照本条第 1 款和第 2 款作出的没收决定或者采取的辨认、追查和冻结或者扣押行动,都应当符合并遵循其本国法律及程序规则的规定或者可能约束其与请求缔约国关系的任何双边或多边协定或者安排的规定。

此外,依据前引条约第 55 条第 7 款的规定,如果被请求缔约国未收到充分和及时的证据,或者如果财产的价值极其轻微,也可以拒绝给予本条规定的合作,或者解除临时措施。

3. 资产的返还和处分

依据《联合国反腐败公约》第 57 条的规定,被请求国没收的财产的财产,应当由被请求国根据公约的规定和本国法律予以处分,包括依照本条第 3 款返还其原合法所有人。并且,除另有决定外,被请求国可以在返还或者处分没收的财产之前,扣除为此进行侦查、起诉或者审判程序而发生的合理费用。条约还规定,被请求国应当在返还和处分所没收的财产时,能够考虑善意第三人的权利。

(六)信息交流

信息交流,是指我国与有关国家、地区、国际组织之间,发展和共享有关腐败的统计数字、分析性专门知识和资料,以及有关预防和打击腐败最佳做法的资料等。[1] 反腐败是世界各国面临的共同难题,加强信息交流是反腐败国际合作的内在要求和基本内容。通过有关反腐败信息交流,能够学习和借鉴国外反腐败的有益经验,增进互信和共识,最终使反腐败国际合作不断推向深入。

四、反腐败国际合作的重点工作

《监察法》第 52 条规定,国家监察委员会加强对反腐败国际追逃追赃和防逃工作的组织协调,督促有关单位做好相关工作。其中的相关工作就是与追逃、追赃、防逃三项重点工作相关的开展境外追逃合作;请求查询、冻结、扣押、没收、追缴、返还涉案资产;查询、监控涉案人员进出国(境)和跨境资金流动情况,以及在调查案件过程中设置防逃程序。

(一)追逃

依据《监察法》第 52 条第 1 项的规定,有关单位在国家监察委员会的组织协调下,对于重大贪污贿赂、失职渎职等职务犯罪案件,被调查人逃匿到国(境)外,掌握证据比较确凿的,通过开展境外追逃合作,追捕归案。

腐败分子向境外逃匿,意图躲避刑事追诉,如果不将其追捕归案接受制裁,

---

[1] 中共中央纪律监察委员会、中华人民共和国国家监察委法规室:《〈中华人民共和国监察法〉释义》,中国方正出版社 2018 年版,第 228 页。

将助长腐败的风气和腐败分子的侥幸心理,严重损害党的执政根基和法律的权威。因此追逃是反腐败国际合作的重点工作之一。所谓追逃就是反腐败国际追逃,是指对于逃匿到国(境)外的涉嫌重大贪污贿赂、失职渎职等职务犯罪的被调查人,在掌握证据比较确凿的情况下,通过开展境外追逃工作将其追捕归案。引渡是开展反腐败国际追逃的正式渠道和理想方式,遣返、异地追诉、劝返等则是替代措施。[1]

关于引渡,已如前述,此处不赘。而无论是引渡还是遣返,均要求监察机关已掌握的证据比较确凿。尤其引渡,是两国之间司法合作的重要形式和国家主权的合法体现,因而只有充分的理由和确凿的证据才能更好地实现引渡的目标。

1. 遣返

作为法律措施的遣返,即非法移民遣返,是外逃人员所在国根据其移民法律,判定外逃人员在入境、申请居留资格、申请入籍等方面存在违法行为,或者因涉嫌在该国境外犯有严重罪行,违反了该国移民法律对入境、居留、入籍的要求,从而取消其居留资格或者国籍,将其驱逐出境的程序。[2] 由于有些外逃人员在外逃时是非法出境,当然也没有合法的出入境手续,很可能也无法在所在国正常申请居留资格或申请入籍。因此,在我国向外逃人员所在国提供其违法犯罪证据或伪造身份证明等情况下,所在国可以基于本国的出入境和移民法规将外逃人员遣返至我国或遣送至第三国。

2. 异地追诉

异地起诉即异地刑事追诉,是指由逃出国主管机关向逃入国的司法机关提供该逃犯触犯该外国法律的证据,由该外国司法机关依据本国法律对其实行缉捕和追诉。[3] 这是一种在我国无法行使管辖权时的曲线策略,通过让渡管辖权给外逃人员所在国,支持其依据本地法律和我国提供的证据,对我国外逃人员进行定罪

---

〔1〕 中共中央纪律监察委员会、中华人民共和国国家监察委法规室:《〈中华人民共和国监察法〉释义》,中国方正出版社2018年版,第230页。

〔2〕 湖北省纪委监委协调指挥室编著:《反腐败国际追逃追赃理论与实践》,中国方正出版社2020年版,第70页。

〔3〕 黄风:《境外追逃的四大路径》,载《人民论坛》2011年第31版。

判刑。在效果上使得外逃人员无法逍遥法外。同时,若异地追诉成功,外逃人员很可能会因为在所在地国触犯刑事犯罪而最终被遣返回国,为外逃人员最终接受我国法律制裁创造了条件。[1]

3. 劝返

劝返,是指对外逃人员进行说服教育,使其主动回国,接受追诉、审判或执行刑罚的方式。[2] 劝返是一种攻心战术,可以通过外逃人员的亲友对其动之以情,感化劝说,激起其对家庭、亲情的不舍之情;同时还会通过办案人员的劝说教育,晓之以理、晓之以法,使其明白终将难逃天网。此外,与劝返同时采取的引渡、遣返、异地追诉、追赃等措施也会令外逃人员以感受到巨大的心理压力,促使其心理上发生转变,最终回国。因此劝返常常会与其他措施综合使用。

除以上措施外,还有非常规的追逃措施。比较常见的有两种:(1)绑架,采用绑架的手段将在逃人员缉捕回国;(2)诱捕,将犯罪嫌疑人引诱到诱骗国境内、国际公海、国际空域或有引渡条约的第三国,然后进行逮捕或引渡。由于未经主权国家的批准擅自开展调查活动,会触犯所在地国家刑事法律,构成非法拘禁罪或绑架罪,引发外交纠纷,因此,实践中,绑架或诱捕手段很少使用。[3]

(二)追赃

如果说追逃是将逃往他国的腐败分子捉拿归案,针对的是人,那么追赃就是将腐败分子转移至国(境)外的犯罪所得追回,针对的是财物。依据《联合国反腐败公约》第2条的定义,腐败"犯罪所得"系指通过实施犯罪而直接或间接产生或者获得的任何财产。这里的"财产"系指各种资产,不论是物质的还是非物质的、动产还是不动产、有形的还是无形的,以及证明对这种资产的产权或者权益的法律文件或者文书。

依据《监察法》第52条第2项的规定,追赃是有关单位在国家监察委员会的组织协调下,向赃款赃物所在国请求查询、冻结、扣押、没收、追缴、返还涉案

---

[1] 赵秉志、彭新林等著:《中国反腐败新观察》,江苏人民出版社2016年版,第150—151页。
[2] 中共中央纪律监察委员会、中华人民共和国国家监察委法规室:《〈中华人民共和国监察法〉释义》,中国方正出版社2018年版,第231页。
[3] 中共中央纪律监察委员会、中华人民共和国国家监察委法规室:《〈中华人民共和国监察法〉释义》,中国方正出版社2018年版,第231页。

资产。关于资产的追回,前文反腐败国际合作的内容中已有关于资产追回的介绍,此处不再赘述。

(三)防逃

追逃追赃都是在"人"和"财物"已经到了境外之后的追回措施,而且现实中由于各国之间的政治制度和法律环境的不同甚至利益诉求的差异都会使得追逃追赃困难重重,需要消耗大量人力资源、执法资源、司法资源。因此通过完善各项事前预防措施,防止"人"和"财物"逃到国(境)才是更为根本的策略,才能将工作化被动为主动。因此《监察法》第52条第3项的规定,有关单位在国家监察委员会的组织协调下,查询、监控涉嫌职务犯罪的公职人员及其相关人员进出国(境)和跨境资金流动情况,在调查案件过程中设置防逃程序。

所谓防逃,就是通过加强组织管理和干部监督,查询、监控涉嫌职务犯罪的公职人员及其相关人员进出国(境)和跨境资金流动情况,完善防逃措施,防止涉嫌职务犯罪的公职人员外逃。[1]

防逃工作是一项系统工程,涉及组织、外交、司法、海关、边防、公安、银行等等不同机关和部门,涉及证件管控、人员管理、资金监管等诸多方面。发生腐败分子携资金外逃,则表明上述机关和部门之前的协调还需进一步完善,工作仍存在不足。后文对国(境)内防逃工作的内容将对此进一步阐述。

第二节 监察机关在反腐败国际合作中的工作职责

一、国家监察委员会的工作职责

(一)统筹协调反腐败国际交流与合作

依据《监察法》第50条的规定,国家监察委员会的工作职责之一是统筹协调与其他国家、地区、国际组织开展的反腐败国际交流、合作。如本章开头所

---

[1] 中共中央纪律监察委员会、中华人民共和国国家监察委法规室:《〈中华人民共和国监察法〉释义》,中国方正出版社2018年版,第233页。

言,腐败是全人类的公敌,反腐败是世界各国面临的共同难题。在经济全球化的背景下,为应对腐败的"全球化",急需要国家之间的通力合作。对我国而言,加强反腐败国际合作,倡导构建国际反腐败新秩序,有利于表明中国共产党坚定不移反对腐败的鲜明态度,呼吁世界各国共同打击跨国腐败犯罪,为国际反腐败事业贡献中国智慧,提供中国方案。[1]

从前文关于反腐败国际合作的概述可知,反腐败国际合作涉及众多的主体,存在不同的合作形式,且有着多样的合作内容。这无疑会使得反腐败国际交流与合作呈现出纷繁复杂的状态。而经过国家监察体制改革,监察委员会作为行使国家监察职能的专责机关,对所有行使公权力的公职人员进行监督,开展廉政建设和反腐败工作。由国家监察委员会统筹协调开展反腐败国际交流与合作,显然能够整合所有反腐败国际合作的资源和力量,使其发挥协同作用,提升反腐败国际交流与合作的效能。因而《监察法》第51条规定,由国家监察委员会组织协调有关方面加强与有关国家、地区、国际组织等不同的反腐败国际合作,在反腐败执法、引渡、司法协助、被判刑人的移管、资产追回和信息交流等各个领域开展合作。其中的有关方面显然也就包括了官方的有关机关、部门以及民间的组织、团体等。

(二)组织反腐败国际条约实施工作

依据《监察法》第50条的规定,国家监察委员会的工作职责之二是组织反腐败国际条约实施工作。具体而言,国家监察委员会根据《监察法实施条例》第234条第2款的规定,组织《联合国反腐败公约》等反腐败国际条约的实施以及履约审议等工作,承担《联合国反腐败公约》司法协助中央机关有关工作。

我国已经与众多国家、地区、国际组织签订了大量双边或多边条约,积极履行约定,组织条约实施落地是各缔约方的义务。对我国而言,积极开展条约实施落地工作,可能涉及条约与国内法的衔接,甚至推动国内法的制定和修改,能在客观上推动反腐败国际合作的法治化、规范化、国际化。同时,开展条约实施

---

[1] 中共中央纪律监察委员会、中华人民共和国国家监察委法规室:《〈中华人民共和国监察法〉释义》,中国方正出版社2018年版,第225页。

落地工作,也是对国内不同部门或组织的具体职责和工作的协调部署,是顺利实施对外请求或应对请求的必然要求。

《联合国反腐败公约》第 36 条中就明确规定,"各缔约国均应当根据本国法律制度的基本原则采取必要的措施,确保设有一个或多个机构或者安排了人员专职负责通过执法打击腐败。这类机构或者人员应当拥有根据缔约国法律制度基本原则而给予的必要独立性,以便能够在不受任何不正当影响的情况下有效履行职能。这类人员或者这类机构的工作人员应当受到适当培训,并应当有适当资源,以便执行任务"。同时,第 46 条第 13 款规定,各缔约国均应当指定一个中央机关,使其负责和有权接收司法协助请求并执行请求或将请求转交主管机关执行。据此要求,《监察法实施条例》规定国家监察委员会是我国履行反腐败国际合作职能并承担《联合国反腐败公约》司法协助中央机关有关工作的专职机关。

同时,为保证公约的有效实施,《联合国反腐败公约》第 65 条第 1 款规定,各缔约国均应当根据本国法律的基本原则采取必要的措施,包括立法和行政措施,以切实履行其根据本公约所承担的义务。依据第 63 条,还设立了公约缔约国会议以审查公约的实施,具体工作之一便是定期审查缔约国对本公约的实施情况。因此,《监察法实施条例》规定由国家监察委员会组织《联合国反腐败公约》等反腐败国际条约的实施以及履约审议等工作。

(三)组织协调并督促追逃追赃和防逃工作

在统筹协调反腐败国际交流与合作以及组织反腐败国际条约实施工作之外,《监察法》第 52 条还规定国家监察委员会对反腐败国际追逃追赃和防逃工作的组织协调与督促工作。

2014 年 10 月 10 日,中央反腐败协调小组国际追逃追赃工作办公室正式成立(以下简称中央追逃办),把追逃追赃领域分散的职能和力量集中起来,有效破除体制机制障碍,建立起集中统一、高效顺畅的协调机制,使职务犯罪国际追逃追赃工作取得了重要进展。[1] 可见组织协调对于追逃追赃和防逃工作的

---

[1] 详见杨晓渡 2020 年 8 月 10 日在第十三届全国人民代表大会常务委员会第二十一次会议上所作《国家监察委员会关于开展反腐败国际追逃追赃工作情况的报告》。

重要意义。

据此,《监察法实施条例》第234条第3款规定,国家监察委员会组织协调有关单位建立集中统一、高效顺畅的反腐败国际追逃追赃和防逃协调机制,统筹协调、督促指导各级监察机关反腐败国际追逃追赃等涉外案件办理工作,具体履行下列职责:(1)制定反腐败国际追逃追赃和防逃工作计划,研究工作中的重要问题;(2)组织协调反腐败国际追逃追赃等重大涉外案件办理工作;(3)办理由国家监察委员会管辖的涉外案件;(4)指导地方各级监察机关依法开展涉外案件办理工作;(5)汇总和通报全国职务犯罪外逃案件信息和追逃追赃工作信息;(6)建立健全反腐败国际追逃追赃和防逃合作网络;(7)承担监察机关开展国际刑事司法协助的主管机关职责;(8)承担其他与反腐败国际追逃追赃等涉外案件办理工作相关的职责。

二、地方各级监察机关的工作职责

根据《监察法实施条例》第235条的规定,地方各级监察机关的工作职责,是在国家监察委员会领导下,统筹协调、督促指导本地区反腐败国际追逃追赃等涉外案件办理工作,具体包括:(1)落实上级监察机关关于反腐败国际追逃追赃和防逃工作部署,制定工作计划;(2)按照管辖权限或者上级监察机关指定管辖,办理涉外案件;(3)按照上级监察机关要求,协助配合其他监察机关开展涉外案件办理工作;(4)汇总和通报本地区职务犯罪外逃案件信息和追逃追赃工作信息;(5)承担本地区其他与反腐败国际追逃追赃等涉外案件办理工作相关的职责。

此外,省级监察委员会应当会同有关单位,建立健全本地区反腐败国际追逃追赃和防逃协调机制。国家监察委员会派驻或者派出的监察机构、监察专员统筹协调、督促指导本部门反腐败国际追逃追赃等涉外案件办理工作,参照地方各级监察机关有关反腐败国际合作的工作职责规定执行。

三、涉外案件办理工作的具体要求

(一)归口管理

根据《监察法实施条例》第236条的规定,国家监察委员会国际合作局归口管理监察机关反腐败国际追逃追赃等涉外案件办理工作。具体工作包括：负责纪检监察国际交流与合作事宜；组织反腐败国际条约实施工作和履约审议事务；承担反腐败国际追逃追赃和防逃工作的组织协调，协调反腐败执法、引渡等领域国际合作；归口管理机关外事工作和涉港澳台事务等。

同时，前引法条规定，地方各级监察委员会应当明确专责部门，归口管理本地区涉外案件办理工作，即地方各级监察机关无须设立专门的反腐败国际追逃追赃部门，但应有明确的部门负责相应的工作。实践中，广东省纪委监委是由下设的第八审查调查室加挂反腐败国际追逃追赃工作办公室牌子，负责全省反腐败国际追逃追赃和防逃工作的组织协调，承办全省反腐败重点个案的追逃追赃和防逃工作，负责全省反腐败国际追逃追赃和防逃工作的政策措施研究、对外宣传等。而四川省纪委监委则是由案件监督管理室具体承担反腐败国际追逃追赃和防逃工作的组织协调工作。

（二）内部联络机制

根据《监察法实施条例》第237条的规定，监察机关应当建立追逃追赃和防逃工作内部联络机制。承办部门在调查过程中，发现被调查人或者重要涉案人员外逃、违法所得及其他涉案财产被转移到境外的，可以请追逃追赃部门提供工作协助。监察机关将案件移送人民检察院审查起诉后，仍有重要涉案人员外逃或者未追缴的违法所得及其他涉案财产的，应当由追逃追赃部门继续办理，或者由追逃追赃部门指定协调有关单位办理。

（三）国家监委派驻或派出监察机构、监察专员办理涉外案件的要求

根据《监察法实施条例》第236条第2款的规定，国家监察委员会派驻或者派出的监察机构、监察专员和地方各级监察机关办理涉外案件中有关执法司法国际合作事项，应当逐级报送国家监察委员会审批。由国家监察委员会依法直接或者协调有关单位与有关国家（地区）相关机构沟通，以双方认可的方式实施。

第三节　国（境）内工作

《监察法实施条例》将监察机关在反腐败国际合作中的具体工作分为

国(境)内工作和对外工作,并分别作了规定。其中防逃是国(境)内的重点工作。

一、防逃工作

根据《监察法实施条例》第238条第1款的规定,监察机关应当将防逃工作纳入日常监督内容,督促相关机关、单位建立健全防逃责任机制。据此,国(境)内防逃工作包含两个方面:一是监察机关要将防逃工作纳入日常监督内容;二是监察机关应当督促相关机关、单位建立健全防逃责任机制。而据该法条第2款的规定,则还包括第三个方面,即会同有关单位健全防逃预警机制。

第一,将防逃工作纳入日常监督内容。具体而言,首先要加强对公职人员的教育。通过对追逃追赃工作成果和具体案例的展示,展现对外逃人员一追到底的坚定决心,对公职人员形成震慑力和感召力,加强警示教育,消灭其侥幸心理。其次要加强对公职人员的管理和监督。各级监察机关在对公职人员日常监督管理中,不定期开展"裸官"清理,并查核个人有关事项报告的情况。同时加强对公职人员护照的管理和出入境审批。

此外,根据前引条例第238条第2款前半部分的规定,监察机关在监督、调查工作中,还应当根据情况制定对监察对象、重要涉案人员的防逃方案,防范人员外逃和资金外流风险。如把有外逃倾向的干部列为监督重点,对存在外逃风险的及时采取措施,做到早发现、早报告、早处置。对存在违规办理和持有因私出国(境)证件问题的公职人员作出相应处理。

第二,督促相关机关、单位建立健全防逃责任机制。防止涉嫌职务犯罪的人员外逃并不仅是监察机关的责任,而且是所有有关本单位和部门的责任。对外逃人员所在的单位和部门而言,发生涉嫌职务犯罪的人员外逃反映了单位和部门在人员日常监督管理上漏洞和问题;而对于其他单位和部门,如发现存在外逃的情况而不报告或者没有采取相应的防逃措施,则是失职。因此,监察机关要督促各地区各部门强化对防逃工作重要性的认识,将防逃工作纳入主体责任范畴,对出现外逃人员所属单位和部门依法追究主体责任。

第三,会同有关单位健全防逃预警机制。外逃人员出逃,尽然涉及资产转移、身份证件的使用甚至伪造、出入境等诸多环节和部门。因此监察机关应与银行金融机构、公安机关、人事组织部门、海关边防部门等建立信息沟通渠道,汇总形成大数据池,综合研判,及时预警。

此外,根据《监察法实施条例》第 239 条的规定,监察机关还应当加强与同级人民银行、公安等单位的沟通协作,推动预防、打击利用离岸公司和地下钱庄等向境外转移违法所得及其他涉案财产,对涉及职务违法和职务犯罪的行为依法进行调查。

二、防逃工作的具体要求

根据《监察法实施条例》第 240 条的规定,国家监察委员会派驻或者派出的监察机构、监察专员和地方各级监察委员会发现监察对象出逃、失踪、出走,或者违法所得及其他涉案财产被转移至境外的,应当在 24 小时以内将有关信息逐级报送至国家监察委员会国际合作局,并迅速开展相关工作。

监察机关追逃追赃部门统一接收巡视巡察机构、审计机关、行政执法部门、司法机关等单位移交的外逃信息。并且,监察机关对涉嫌职务违法和职务犯罪的外逃人员,应当明确承办部门,建立案件档案。

在涉外案件调查中,监察机关应当依法全面收集外逃人员涉嫌职务违法和职务犯罪证据。开展反腐败国际追逃追赃等涉外案件办理工作,应当把思想教育贯穿始终,落实宽严相济刑事政策,依法适用认罪认罚从宽制度,促使外逃人员回国投案或者配合调查、主动退赃。开展相关工作,应当尊重所在国家(地区)的法律规定。

根据《监察法实施条例》第 244 条的规定,外逃人员归案、违法所得及其他涉案财产被追缴后,承办案件的监察机关应当将情况逐级报送国家监察委员会国际合作局。监察机关应当依法对涉案人员和违法所得及其他涉案财产作出处置,或者请有关单位依法处置。对不需要继续采取相关措施的,应当及时解除或者撤销。

第四节 对外合作

《监察法实施条例》第245条至第250条分别规定了申请发布红色通报、开展引渡、开展刑事司法协助、执法合作、境外追缴五项对外具体工作的要求。

一、申请发布红色通报

监察机关对依法应当留置或者已经决定留置的外逃人员,需要申请发布国际刑警组织红色通报的,应当逐级报送国家监察委员会审核。国家监察委员会审核后,依法通过公安部向国际刑警组织提出申请。

需要延期、暂停、撤销红色通报的,申请发布红色通报的监察机关应当逐级报送国家监察委员会审核,由国家监察委员会依法通过公安部联系国际刑警组织办理。

二、开展引渡

地方各级监察机关通过引渡方式办理相关涉外案件的,应当按照引渡法、相关双边及多边国际条约等规定准备引渡请求书及相关材料,逐级报送国家监察委员会审核。由国家监察委员会依法通过外交等渠道向外国提出引渡请求。

依据我国《引渡法》第49条的规定,引渡、引渡过境或者采取强制措施的请求所需的文书、文件和材料,应当依照引渡条约的规定提出;没有引渡条约或者引渡条约没有规定的,可以参照《引渡法》相关规定提出;被请求国有特殊要求的,在不违反中华人民共和国法律的基本原则的情况下,可以按照被请求国的特殊要求提出。

三、开展刑事司法协助

第一,向外国提出刑事司法协助请求。地方各级监察机关通过刑事司法协助方式办理相关涉外案件的,应当按照《国际刑事司法协助法》、相关双边及多边国际条约等规定准备刑事司法协助请求书及相关材料,逐级报送国家监察委员会审核。由国家监察委员会依法直接或者通过对外联系机关等渠道,向外国提出刑事司法协助请求。

第二,接收外国提出的刑事司法协助请求。国家监察委员会收到外国提出的刑事司法协助请求书及所附材料,经审查认为符合有关规定的,作出决定并交由省级监察机关执行,或者转交其他有关主管机关。省级监察机关应当立即执行,或者交由下级监察机关执行,并将执行结果或者妨碍执行的情形及时报送国家监察委员会。在执行过程中,需要依法采取查询、调取、查封、扣押、冻结等措施或者需要返还涉案财物的,根据我国法律规定和国家监察委员会的执行决定办理有关法律手续。具体规定可见《国际刑事司法协助法》。

四、执法合作

根据《监察法实施条例》第 248 条的规定,地方各级监察机关通过执法合作方式办理相关涉外案件的,应当将合作事项及相关材料逐级报送国家监察委员会审核。由国家监察委员会依法直接或者协调有关单位,向有关国家(地区)相关机构提交并开展合作。

前引条例第 249 条规定,地方各级监察机关通过境外追诉方式办理相关涉外案件的,应当提供外逃人员相关违法线索和证据,逐级报送国家监察委员会审核。由国家监察委员会依法直接或者协调有关单位向有关国家(地区)相关机构提交,请其依法对外逃人员调查、起诉和审判,并商有关国家(地区)遣返外逃人员。

五、境外追缴

根据《监察法实施条例》第 250 条规定,监察机关对依法应当追缴的境外违法所得及其他涉案财产,应当责令涉案人员以合法方式退赔。涉案人员拒不退赔的,可以依法通过下列方式追缴:(1)在开展引渡等追逃合作时,随附请求有关国家(地区)移交相关违法所得及其他涉案财产;(2)依法启动违法所得没收程序,由人民法院对相关违法所得及其他涉案财产作出冻结、没收裁定,请有关国家(地区)承认和执行,并予以返还;(3)请有关国家(地区)依法追缴相关违法所得及其他涉案财产,并予以返还;(4)通过其他合法方式追缴。